王天骦 著

后浪出版公司

孙子兵法
的思维方式
简明本

贵州出版集团
贵州人民出版社

图书在版编目（CIP）数据

《孙子兵法》的思维方式 / 王天骕著. -- 贵阳：贵州人民出版社, 2023.2
 ISBN 978-7-221-17473-4

Ⅰ. ①孙… Ⅱ. ①王… Ⅲ. ①《孙子兵法》—研究 Ⅳ. ① E892.25

中国版本图书馆 CIP 数据核字 (2022) 第 211598 号

Chinese edition © 2023 Ginkgo (Beijing) Book Co., Ltd.
All rights reserved.
本书中文版权归属银杏树下（北京）图书有限责任公司

《孙子兵法》的思维方式：简明本
SUNZIBINGFA DESIWEIFANGSHI: JIANMINGBEN

著　　者：王天骕	
选题策划：银杏树下	
出版统筹：吴兴元	编辑统筹：张　鹏
特约编辑：方宇　张宇帆	责任编辑：王潇潇
装帧设计：墨白空间·杨和唐	
出版发行：贵州出版集团　贵州人民出版社	
地　　址：贵阳市观山湖区会展东路 SOHO 办公区 A 座	
邮　　编：550081	
印　　刷：嘉业印刷（天津）有限公司	
版　　次：2023 年 2 月第 1 版	
印　　次：2023 年 2 月第 1 次印刷	
开　　本：880 毫米 ×1194 毫米　1/32	
印　　张：11.25	
字　　数：252 千字	
书　　号：ISBN 978-7-221-17473-4	
定　　价：49.80 元	

贵州人民出版社微信

后浪出版咨询(北京)有限责任公司　版权所有，侵权必究
投诉信箱：copyright@hinabook.com　fawu@hinabook.com
未经许可，不得以任何方式复制或者抄袭本书部分或全部内容
本书若有印、装质量问题，请与本公司联系调换，电话 010-64072833

目 录

前　言　1

01　《始计篇》注　13

02　《作战篇》注　41

03　《谋攻篇》注　55

04　《孙子兵法》的战略原则　75

05　《形篇》注　91

06　《势篇》注　111

07　《虚实篇》注　131

08　《孙子兵法》的思维方式　151

09　《军争篇》注　165

10　《九变篇》注　191

11　《行军篇》注　205

12　《地形篇》注　225

13　《九地篇》注　247

14　《火攻篇》注　279

15　《用间篇》注　291

16　七字总结　313

历史战例详解一　无法复制的"背水奇迹"　321

历史战例详解二　多瑙河进行曲　339

前　言

《史记》中的孙子

《史记·孙子吴起列传》对孙子的生平记述得极为简略，其中九成的篇幅记载了这样一个故事：春秋时期，著名军事家孙武将自己撰写的兵法献给吴王阖闾。吴王看完后说："你的十三篇兵法写得很好，能否拿我的军队试试？"孙武说可以。吴王再问："用妇女来试验可以吗？"孙武说可以。于是吴王召集一百八十名宫中美女，请孙武训练。

孙武将她们分为两队，以吴王宠爱的两个宫姬为队长。孙子让所有宫女都拿着长戟，排成队列。队伍排好后，孙武便发问："你们知道你们的心、左右手和后背的位置吗？"众宫女回答："知道。"孙武接着说："我发口令向前，就面向心脏所对的方向；向左转，就朝左手的方向转；向右转，就朝右手的方向转；向后，就朝后背的方向转。"众女兵回答："明白了。"孙武命人搬出钺（斩首用的大斧），三番五次向她们申诫，随后便击鼓发出向右转的号令。然而众宫女不但没有依令行动，反而哈哈大笑。孙武见状说："解释不明，交代不清，应该是将官的过错。"便又将操练规则和惩罚措施详尽地解释了一遍，之后再次击鼓发出向左转的号令。众宫女依然只是大笑。孙武说:"解释不明,交代不清,是将官的过错。既然已经交代清楚而依旧不听命令,就是队长和士兵的过错了。"说完,命左右随从把两个队长斩首。吴王见孙武要斩自己的爱姬,急忙向孙武讲情。孙武却说:"我既受命为将军,将在军中,君命有所不受!"遂命左右将两名女队长斩首,再任命另外两人为队长。自此以后,众宫女无论是向前向后,向左向右,还是跪下起立,都认真操练,再也不敢嬉闹了。

于是,孙武向吴王报告说:"军队已经操练完毕,请大王检阅。您可以随心所欲地指挥她们,即使命令她们赴汤蹈火,她们也不会违抗命令。"吴王因为失去两个宠姬,正在痛心后悔,就没好气地说:"你回宾馆休息吧,我不想检阅了。"孙武有些不满,叹息道:"大王只是欣赏我的理论,却不支持我实行啊!"吴王阖闾虽然不悦,但知道孙武果真善于用兵,因此任命他做了将军。这之后,吴国向西打败了强大的楚国,攻克郢都,向北威震齐国和晋国,在诸侯各国名声赫赫。在这个过程中,孙武出了很大力。

这个故事后来演变为成语"三令五申"。可惜故事虽然生动,但并不可信。

首先,这则故事花费的笔墨与孙子的其他事迹不成比例。除了这则故事,《史记》中只有《伍子胥列传》和《吴太伯世家》各有两段话提及孙武的事迹,而且两篇中的这两段话几乎相同。一段是:"将军孙武曰:'民劳,未可,待之。'"一段是:"吴王阖庐请伍子胥、孙武曰:'始子之言郢未可入,今果如何?'二子对曰:'楚将子常贪,而唐、蔡皆怨之。王必欲大伐,必得唐、蔡乃可。'"而《国语》《左传》虽然有伍子胥事迹的记载,却没有孙子的记载。《史记》未记载孙子的身世、生卒、个人功绩,却将孙子见吴王的故事描写得绘声绘色,不免令人生疑。

第二,吴王用这种方式考验孙子的军事才能过于肤浅。《孙子兵法》是顶级的军事著作,吴王看过后不向孙子询问如何称霸天下,却用操练侍女来考察他。钮先钟先生这样评价道:"即令吴王有意要面试孙武的将才,他也不可能采取此种方式,因为操场上的制式训练最多也只能考试连长(上尉),吴王似乎不会无知到那样的程度,居然用考小学生的方法来考博士生。"① 况且吴王要孙子操练侍女,往轻了说是一种轻蔑,往重了说是一种侮辱。吴王的做法一点也不像有求贤若渴的诚意。

第三,孙子训练宫女的故事本身,也存在诸多不合常理之处。

(一)孙子处罚的对象是吴王的两名宠姬。一个还没什么名气的孙武真有这么大胆子,敢当着吴王的面斩杀他的宠姬吗?要知道这可是命专诸刺杀了吴王僚而篡位的阖闾。估计连以刚戾著称的伍子胥都不敢这样做。就算孙武的确是大智大勇,算好了到目前为止一直表现昏庸的阖闾最终会反转成明君,但孙子刚来面试就给老板当头一棒,他就没考虑过以后如何共事吗?

(二)当侍女们经过三令五申还不听从命令的时候,孙子直接祭出了最重的军法——斩首。为什么孙子直接要用最高刑罚?毕竟训练才刚刚开始,杖责这类刑罚就无法让这些"疯丫头"听话吗?何况如此刚戾之风与《孙子兵法》的内容并不相符。

(三)斩杀这两名宠姬的是孙子本人吗?这两名宠姬再怎么

---

① 钮先钟著:《孙子三论》,文汇出版社,2016年,第6页。

"傻白甜"，估计也没笨到乖乖跪下来等着孙子拿大斧子砍。如果孙子不想上演"宫廷里追砍宫女"的闹剧，那么行刑时肯定需要有人帮忙捆绑按住这两名宫女。难道孙子来面试时就预先自带了刽子手随行？还是吴王的刽子手心大到凭孙子这个外来者的一句话就斩了自己国君的宠姬？吴王就算最后爱才任用了孙武，但痛失小宝贝的吴王难道不会拿这几个操刀的小喽啰出气吗？

（四）吴王为自己的两名"宠姬"求情，孙子却以"将在军，君命有所不受"为由强行斩了两个美女。当着吴王的面，在吴王的宫廷里，用"将在军"这种理由杀人是不是太牵强了些？刚来面试就敢拿鸡毛当令箭，等以后掌握了军权，谁还管得了？

（五）孙子真的有权力在吴国的宫廷里杀人吗？更何况孙子还是在吴王及其麾下众多侍卫的面前动手。吴王要是真想救自己的宠姬的话，求情未果还可以找身边的侍卫强行阻拦啊。

经过这些分析可以看出，这个故事莫说是孙子，放到任意一个人身上，几乎都不可能发生。这只是一个由后人杜撰的寓言故事而已。

回到"封建时代"

"封建制"最重要特点就是：国君通过分封各个小领主间接控制自己的国家，而不是在皇权下通过官僚机构实行直接控制。这种间接控制在从属关系、军队组织、税收制度等方面都与之后的皇权时代存在明显的差异。

"我的封臣的封臣，不是我的封臣。"这句话常用来描述欧洲中世纪的封建制度。但是，这种封臣的从属关系其实适用于所有封建时代。封建时代是逐级分封，国王分封诸侯，诸侯分封家臣，如果家臣的土地依然足够庞大的话，还会将土地继续分封给小贵族。最基层的贵族领主（地主）一般直接用支付薪酬的方式换取无地贵族（门客）的服务。

每一级封臣只对自己的封君效忠，对于更高一级的权力则没有任何效忠的义务。在春秋战国时代，这种"我的封臣的封臣不是我的封臣"的例子其实不少，只不过经常被人忽略而已。以管仲为例。管仲先是齐僖公次子公子纠的臣子，当发现刚上位的齐襄公欲对公子纠不利时，就带着公子纠逃到了鲁国。在这个过程中，他没有效忠于齐国的最高统治者齐襄公，而是效忠于自己直接侍奉的主君公子纠。在封建时代，忠诚更多的是一种义务，而不是后世儒家宣扬的道德原则。

同样，封建时代的赋税与兵役义务也是君主的封臣承担的，尤其是封建社会早期。儒家讲"修身、齐家、治国、平天下"。其中的"齐家"并不是说让夫妻子女和睦相处，而是管理一个封建大家族及其封地，包括调解家族成员间以及封地民众间的各种纠纷，管理家族的收支，在主君需要时带领本族的军队参加战斗。比如，日本战国时代常说的德川家、织田家、岛津家等，并不是家庭的概念，甚至超出了家族的界限，带有独立政权的意味。在日本战国时代之后的德川幕府时期，幕府的主要官员均由自己的家臣担任。而当大名在江户参勤[①]期间，领地就会委托给家老

[①] 参勤交代制度是德川幕府控制大名的制度。该制度规定，各大名每隔一年必须在江户居住一年。

（大名的重臣）治理，而家老的工作就是齐家。所以齐家其实相当于管理一块领地，放到现代来说就是在地方主政或是担任企业高管。

领主虽然在军事与外交上要服从封君的命令，但在自己的封地内通常享有独立的行政、司法、税收等权力。服务领主、缴纳年贡是封地内的平民或农奴必须尽到的义务，如不服从，领主有权对其进行惩罚。封地领主的自治权随着上级领主的强势而弱化。在封建时代末期，强势的封君通过制定统一的税率或司法原则来缩小封臣的自治权，封建制逐渐转向中央集权制。

但当封君的权威衰落时，各个封国的独立性就会增强。各国会打破原有的分封秩序，开始相互间的兼并战争。春秋战国时代便是这种情况。为了增强自身实力，各国展开了一轮又一轮的变法革新。而这些改革的最主要目的，就是强化国家力量以赢得战争的胜利。这个过程需要知识和智慧，先秦的诸子百家就是兴盛于这个转变之中，所以他们的著述基本是以封建时代为基础，但又包含许多向君权时代转变的特点。如果不了解这点，人们就很容易误解春秋战国以及更古老时代的许多故事和思想。

《孙子兵法》是春秋末年的作品，当时封建制度仍然比较稳固。如果按照君主集权时代的社会关系去理解它，自然会误读其中的一些内容。

对孙子身份的猜测

如果认定《史记·孙子吴起列传》记载的故事不实，那么孙子可以确定的事迹就只有两件：一、他写下了《孙子兵法》；二、他和伍子胥关系密切。还有一点推测，就是孙子在世时很可能并没有多大名气。

基于以上三点和春秋时代的社会结构，笔者猜测：

首先，孙子出身于下层贵族，世袭担任军队的参谋之职。孙子或他的祖辈因为种种原因离开了自己的国家，投靠在伍子胥门下。孙子是伍子胥的门客，并未直接出仕于吴王。春秋时代极为看重出身，下层几乎不可能身居高位。

其次，孙子的出名是因为他所作的兵法在他身故之后广为流传，也可能得益于他的后人孙膑的名气。

第三，伐楚时，孙子作为伍子胥的参谋随军出征，他的军事策略只提供给伍子胥。如果伍子胥认为可行，再以自己的名义将这个策略呈交吴王或发表在军事会议上。由于《左传》和《国语》只记载"重要人物"，所以并未记载孙子这个"幕后参谋"。而伐楚之后不久，孙子可能就去世了，或因病无法继续随军出征。所以《史记》在伐楚之后就没有关于孙子事迹的记载了。

如果真是如此，孙子的生平可以说和《战争论》的作者卡尔·冯·克劳塞维茨十分相似。克劳塞维茨虽然参加过拿破仑战争，但仅是以参谋的身份，并未亲自指挥过战斗。不过这并不影响他在军事理论上取得的非凡成就。同样，孙子虽然没有像吴起、韩信那样的辉煌战绩，但这并不能撼动他因《孙子兵法》而成就的"兵圣"地位。

也许后世有感于此，尊称其为"武"——我并不认为"孙武"就是孙子的真名。"孙武"之名始见于《史记》，而《史记》中对于先秦人名的记载极为混乱。比如孙子的后世"孙膑"就显然是因为受了膑刑而获得的"艺名"(当然也有极小概率是真名)。可以说,"孙武子"之称,就是对《孙子兵法》作为"兵书之圣"的肯定。

《孙子兵法》的主要版本

先秦兵书在后世亡佚严重,唯有《孙子》十三篇一直完整保存。传世的两个主要版本都起源于宋代,一个是宋代官方编修的《武经七书》本(俗称"武经本"),一个是民间编著的十一家注本。后者因为有十一位前代注家的注解辅助,所以更具研究参考价值。两个文本虽然在文字上有所差异,但是对于内容的理解而言影响并不大。

十一家注本是宋人选取的十一位较有影响力的注家,分别是魏武帝曹操、南朝梁人孟氏、著有《太白阴经》的唐李筌、唐昭义军节度使门客贾林、编著《通典》的唐宰相杜佑、唐诗人杜牧、晚唐人陈皞、北宋人王皙、北宋人梅尧臣、北宋人何延锡、南宋人张预。十一家注本出版之后较有影响力的注家还有金代的施子美和明代的刘寅、赵本学。清人孙星衍虽然校勘了《孙子十家注》,但清代并无出名的注家。民国时刘邦骥、陈启天、钱基博等的注解也很受当代学者重视。

1972年,银雀山汉墓出土了大量竹简,其中就包含《孙子兵法》。经过专家整理,在1976年出版了《银雀山汉墓竹简〈孙子兵法〉》。这是目前为止可以见到的最古老的《孙子兵法》版本

（简称"汉简本"）。汉简本与宋本在很多词句上存在本质差异，有些部分甚至与宋本相反。因此当代注家又有了另一项工作，就是对宋本与汉简本之间的差异做出辨析与取舍。

本书的注解方式

古代注家注解《孙子兵法》主要有三种形式：第一种是解释其中难以理解的字词，第二种是通过进一步的阐述使原文的意思更加易懂，第三种是列举实际战例以论证其中的原理。

现代人读《孙子兵法》又有了新的角度，即将各篇中相关的语句摘录出来，然后结合现代军事、政治、商业或企业管理等学科加以解读。这一般统称为"应用研究"。

20世纪80年代，也就是日本经济最辉煌的时期，包括大前研一、松下幸之助在内的许多管理学家和企业家对《孙子兵法》给予了极高的评价。而随着中国经济的起飞，企业的壮大发展，各种"《孙子兵法》应用研究"大量出现。它们的视角不乏新意，但也包含一些滥竽充数之作。不过这种方式只对《孙子兵法》的个别章句做解读，并不适合帮助读者从整体上理解《孙子兵法》。

在本书中，笔者还是仿效古代的注家，从《孙子兵法》原文的语句含义着手，对其中的思想进行分析解读。在原文之下，直接给出该句的译文。这些译文尽量追求语义准确，以方便读者理解文意。如果有多种理解，则会用阿拉伯数字序号列出。在阅读原文时，读者应主要以会意为主，而不应过于依赖白话文翻译进行理解。在译文之后，本书主要以分段解读的形式，分析阐释

《孙子兵法》的内涵和思想。所谓"尽信书不如无书"，笔者的观点与理解是否正确合理，还需要读者自己思考辨别。

阅读过其他《孙子兵法》注解的读者会发现，本书给出的原文和解释有诸多不同之处。自古《孙子兵法》的版本和注释殊异颇多，这本简明本大多直接给出结论。至于具体分析、取舍的问题，感兴趣的读者可以参看本书的完整辨析版——详注本。

受时代的语言表达限制，《孙子兵法》的很多内容表述得并不详细。《孙子兵法》中的所有篇目几乎都有一个共同特点：只给出目标，但是并不给出实现目标的具体方法。而这也许就是《孙子兵法》可以超越时代的原因所在："达成目的之手段不限于一二常法，而是需要根据时移世易而不断变革。但是，养成一种良好的思维习惯，就能够条理清晰的分析问题；制定合理的战略目标；并知道以何种原则行事、如何制定出巧妙的方案以实现目标。"

对于决策者而言，后者比前者重要得多。

所谓"授人以鱼不如授人以渔"，《孙子兵法》就是这样一部"虽然没有教人'如何去做'，却教给人们'如何去思考'"的书。

最后，在进入正文之前，笔者想再次强调：《孙子兵法》并不是一本名言警句合集，而是一个相当完整的"思考过程"，希望读者在阅读《孙子兵法》时留心其各句、各段、各篇中孙子"一以贯之"的思维方式。

《孙子兵法》虽篇幅不长，只有六千多字，但并不是一本易读好懂的书。为求后世读者能够理解原文内容，历代多有研读者为其添加注解。到清末为止，有版本流传的注本超过二百种。

可惜现代注解《孙子兵法》的多数书籍只提供简单的译文，

对于其中的内涵往往不做解释。一些作者断章取义地将《孙子兵法》中的一些名言附和一些古今事例编辑成一本"速食鸡汤"。而一些不负责任的编辑更是经常将《孙子兵法》与风格完全不同的《三十六计》合并出版,以致读者对《孙子兵法》的内涵产生根本性的误解。

中华文化源远流长,这的确值得中华儿女自傲。然而文化之所以值得骄傲,并不是因为其流传的时间长,而是因为中华文化包含着先贤留下的无数事迹、思想与艺术,供我们后人学习、欣赏、体悟、发扬。若舍弃这些文化内核,再古老的文明也形同无物。所谓文化者,并不是某种具体的行为、器物、语言、风俗或制度,而是那些可以超越时间的智慧、可以磨砺个人品性的修养,以及可以丰富大千世界给人带来愉悦的艺术。回溯并发扬那些千百年来积淀的智慧、修养及艺术才是真正的"文艺复兴"。

本书虽然不是艰深的学术著作,但也并非轻松的速食读本。笔者希望通过本书可以让读者更加透彻地理解《孙子兵法》蕴含的思想。此外,本书虽在个别地方涉及经济、管理等领域的内容,不过本书的主要内容并不是告诉读者"如何将《孙子兵法》应用于商业、管理"。但是笔者相信,全面掌握《孙子兵法》的思维方式,有助于读者分析其他领域的问题或寻求更好的决策。

希望本书可以帮助读者汲取一些中华古典智慧。

01 「始计篇」注

孙子曰：兵者，国之大事，死生之地，存亡之道，不可不察也。

这是《孙子兵法》的第一句话，也是最重要的一句话。之所以说是最重要的一句话，是因为这句话是孙子对战争的定性，其后的一切推论、策略、建议等都是建立在这个定性的基础之上的。

然而很多研究者对孙子给出的这个定性不够重视，以致他们对《孙子兵法》断章取义，将孙子视为不择手段的阴谋家或坚决反对战争的和平主义者。这两种极端的观点都不能真正反映孙子的思想。

战争的失败意味着民众死伤、领土沦陷，甚至国家灭亡。正因为战争失败的巨大代价，所以"不可不察"。也正因如此，后文才会有"兵者，诡道也"的不择手段，以及"不战而屈人之兵"的所谓的和平主义倾向。

"不可不察"是提醒领导者要保持不懈怠的督察状态。"兵"不仅指战争，也包含和平时期的军事准备。古人云"居安思危"，思危的具体做法其实就是"察"，也就是保持关注。训练军队、整备道路、修补城郭、选拔将才、搜集敌情，这些工作如果在和平时期没有做好，战争来临之时就不可能再有时间准备了。而仓促应战必然招致战争失败，从而造成无法挽回的损失。正因如此，即便到了国际政治体系已经使和平有了极大保障的现代，各国对国防建设仍然不敢有丝毫怠慢。

经济运行其实和军事战争有很多相似之处，这大概就是越来越多的现代企业家对《孙子兵法》钟爱有加的原因了。不当决策很可能使巨额投资血本无归，这可谓企业的"死生之地，存亡之道"。

但是商业与战争有着本质的不同。战争中，一方的胜利意味着另一方的失败，双方两败俱伤的例子不胜枚举，而共赢的情况绝不会出现。相反，商业竞争并不是零和博弈。在现代经济学和管理学的帮助下，随着相应的市场竞争规则的建立与不断完善，共赢成为商业竞争的常态。虽然不断有企业在市场竞争中落败，但社会总体经济和技术水平一直保持着稳步增长。古典经济学家认为，充分竞争会给市场带来更便宜的商品。但随着技术的发展，人们最终认识到，充分的市场竞争带给用户的并不是更便宜的商品，而是更优质的商品。而更优质的商品才能切实改善我们的生活。

商业的终极目的并不是击败对手，而是获利。它不像战争那样关系着国家的兴亡、民众的生死。正因如此，商业竞争不能随意照搬兵法。

故经之以五事，校之以计，而索其情：一曰道，二曰天，三曰地，四曰将，五曰法。

应该通过五个方面进行统计分析，来了解具体情况：一是政治，二是气候及其他不可测因素，三是地理条件，四是将领素质，五是政治及军事组织法度。

既然军事"不可不察"，那么从哪些方面来"察"呢？孙子给出了五个方面的内容。

这里首先要重点说明"计"字。"计"的本意是"计算、统计"。虽然现在我们常说"计划"，但事实上"计"和"划"是两个不同的步骤。只有根据"计"之后获得的实际情况，才能进行合理的规划，所以兵法要"始于计"。

读者在阅读、理解《孙子兵法》文意时要明确，各篇出现的"计"字都是"计算、统计"的意思，而不是"计谋、计划"之意，否则对文意的理解就会出现偏差。

道者，令民于上同意，可与之死，可与之生，而弗诡也；

所谓"道"，就是使民众与君主的意志相同，可以死生与共、患难相随，而不违背指令。

"道"说得通俗点就是统治者是否得民心,让民众愿意为国家、为高层决策做出牺牲。

《论语·颜渊篇》记述了这样一段对话:"子贡问政。子曰:'足食,足兵,民信之矣。'子贡曰:'必不得已而去,于斯三者何先?'曰:'去兵。'子贡曰:'必不得已而去,于斯二者何先?'曰:'去食。自古皆有死,民无信不立。'"

子贡向孔子询问政府的执政基础,孔子回答说:"充足的粮食(以应对灾荒)、强大的军队(以应对战争),还有民众对政府的信任。"子贡又问:"如果实在迫不得已,要从这三项里舍去其一,首先舍去哪个?"孔子回答说:"放弃军队。"子贡再问:"如果实在迫不得已,剩下的两项里面该舍去哪个?"孔子说:"放弃粮食储备。人总会死去的,但是如果没有民众的信任,政府就无法存在。"

如果得不到民众的信任,那么国家的政令就无法推行。政令无法推行,国家就会逐渐陷入混乱。所以在孔子看来,"民信"是为政的根本,其后是"足食",然后才有资本"足兵"。《孙子兵法》虽然主要言兵,但是其基本思想与孔子是一致的。《始计篇》将"道"列在首位,而第二篇《作战篇》则围绕"足食"展开论述。没有这两者,国家是不可能赢得战争的。克劳塞维茨也在《战争论》中写道,敌人的抵抗力是两个不可分割的因数的乘积,这两个因数即现有手段的多寡和意志力的强弱。克劳塞维茨所说的"意志力的强弱"其实就是由"道"决定的。

古人云"得民心者得天下"。如果民众支持国家,国家就有源源不断的兵员投入战争。《过秦论》这样描述民众对陈涉反秦起义的支持:"斩木为兵,揭竿为旗,天下云集响应,赢粮而景从。"不仅是封建时代或帝制时代，现代国家的信誉同样决定着民众对战争的态度。法国大革命期间建立的法兰西共和国在建立之初遭到周边君主国的联合进攻。为了应对战争的不利局面，雅各宾派政府于1793年8月23日颁布了《全国总动员法令》，"征召全国的爱国青年为保卫初生的共和国而战斗，直至将敌人完全赶出法国领土为止"。由于民众支持新政权，法国在短时间内募集了四十二万大军。同样，美国在第一次世界大战和第二次世界大战参战前，陆军常备军的人数很少。但是当美国政府决定参战之后，无数热血青年踊跃报名参军，投入反对邪恶政权的战争当中。

天者，阴阳、寒暑、时制也；

> 所谓"天"，就是阴阳、寒暑、四季、节气、时令的更替规律等。

古代与迷信关联性最高的就是天气预报。古人并没有足够的技术手段来预判天气，但是由于天气对农业生产至关重要，古人又忍不住要去预测。虽然人们可以掌握某个地区的气候特征，却无从准确预知具体某日的天气。而天气经常会对战争产生微妙的影响。既然不能预测，那能不能在出征的时候赶上好天气，就全凭运气。

当然，"天"也不是完全不可测的，比如四季和寒暑的变化规律就是明确的。古代人会尽量避免在春耕和秋收时作战，在北方作战要考虑冬天的冰雪，在南方要考虑夏季的洪水。

宋金的交锋更是存在明显的季节性。金朝的女真人常居北方，不适应南方湿热的气候，加之主力是重甲骑兵——甲胄里有皮革或棉布衬里，故尤其畏暑——所以金军通常选择冬天大举南下。相反，南宋则会利用炎热的夏季组织大规模北伐。

战争包含巨大的不确定因素。运气不仅仅包含天气，还包含各种不可测因素，比如特殊的天象（日食、月食、彗星）、瘟疫的暴发，甚至包括将领在出征途中的意外去世。克劳塞维茨在他的《战争论》里也有这样的描述："再没有像战争如此经常而又普遍的同偶然性接触的活动了。"

运气与天气是任何人都无法预料掌握的，只能通过超自然的方式去猜测，这种超自然的方式就是求神问卦。有些现代注家将孙子视为唯物主义者，这显然高估了先秦时代人的认知水准——人类总是会给超出自身认知能力的事物赋予神秘色彩。对于那些超越古人科学认知能力的自然现象，甚至连最理性的人，也难免心生迷信，更别说普通大众了。孙子虽然不迷信鬼神，甚至主张"禁祥去疑"，但如果大部分民众在内心深处抱有迷信观念，那么吉兆或凶兆必将大幅影响部队士气，进而影响战争的胜负。所以孙子将"天"视为战争必须考虑的因素。

对于一场战争中的个别战役而言，这种偶然性很可能是重要因素，有时候甚至是左右成败的关键。最典型的例子就是中途岛海战的"命运的五分钟"。

中途岛海战发生在日本空袭珍珠港半年后。当时美国太平洋舰队可以动用的全部兵力只有三艘大型航空母舰和若干艘巡洋舰、驱逐舰。日本海军则拥有六艘大型航空母舰、十一艘战列舰、四艘轻型航空母舰，还有不少巡洋舰和驱逐舰。双方整体实力悬殊。

日军在同美国开战以后节节胜利，海军内部从士兵到将领都弥漫着强烈的自满情绪。唯独联合舰队司令山本五十六始终忧心忡忡。于是他制订了夺取中途岛的作战计划，希望以此迫使美国航空母舰迎击日军主力，并打算凭借优势兵力将其一举歼灭。在日军看来，胜利是必然的。中途岛作战前的兵棋推演结果于己不利，海军竟然通过篡改数据将失败变为胜利——而且还是由联合舰队参谋长亲自作弊。

毫无疑问，这样的自满必然会招致灾祸。

其实早在1942年初，美军就从在澳大利亚达尔文海域沉没的日本"伊号124"潜艇中获得了日本海军的密码本，从而顺利破译了极其复杂的日本海军密码，这使美军掌握了巨大的情报优势。在中途岛海战中，美国基本了解了日军的全部作战计划，因此美国的航母舰队可以提前到达中途岛海域，甚至知道日本航空母舰的大概位置。

对于密码失窃并不知情的日军则认为，美军舰队最快也要在本方攻击中途岛三天后才会抵达。不过思虑周密的山本五十六严令日本航母舰队指挥官南云忠一，至少要保证三分之一到二分之一的攻击机可以随时对可能出现的美国航空母舰发起攻击。

6月4日清晨4时，日本航空母舰编队对中途岛展开第一轮空袭。但是由于岛上驻军已经有所防备，机场上的飞机已经提前升空，空袭效果甚微。祸不单行，日军航空母舰编队的一架侦察机因为机械故障提前返航——如果继续前进，它本可以发现美军航空母舰。于是，对危险毫无察觉的南云忠一于7时15分决定对中途岛发动第二轮空袭。山本命令留作攻击美国航空母舰之用的飞机，卸下攻击舰船用的鱼雷，换装成轰炸机场用的炸弹。与此同时，从中途岛起飞的美军侦察机已经掌握了日军航母舰队的位置，并通知了美国航母舰队。

上午7时45分，南云忠一突然接到侦察机发现美国航母舰队的报告。这一剧本之外的台词随即引发日本航母舰队的混乱。因为之前已经下令飞机取下鱼雷，换装炸弹，所以当时只有少量未完成换装的攻击机能够攻击航空母舰。如果等到飞机重新换回鱼雷再出发，正好会与空袭中途岛返航的编队发生冲突（当时的航空母舰还不能同时进行起降作业）。又由于驻扎在中途岛的美军飞机的不断骚扰，日军负责舰队防空的战斗机弹药油料消耗严重，急需补给。而在航空母舰上待命的战斗机只能满足舰队防空和攻击美军航空母舰两项任务中的一项。权衡之下，南云忠一决定暂缓攻击美军舰队，让刚刚换装炸弹的飞机重新换装鱼雷，优先收回防空的战斗机与返航的轰炸机编队，然后再组织兵力进攻美军航空母舰。到上午9时，回收工作全部完成。

然而美军并未给日本舰队喘息的时间。9时18分，从美军航空母舰上起飞的第一波鱼雷机编队向日军航空母舰发起攻击。这批飞机被迅速击落。可是没过多久，第二批美军鱼雷机又出现了。日本战斗机刚击退这轮进攻，紧接着10时6分第三批美军鱼雷机展开了新一轮攻击。很遗憾，这些攻击机依旧被全部击落，投放的鱼雷也无一命中。在美军第一波鱼雷机抵达大约一个小时以后，承担防空任务的日本战斗机已经需要补给燃油和弹药。

10时20分，日军航空母舰突然发现舰队上空出现了美军的俯冲轰炸机编队。然而此前被鱼雷机吸引至低空的日军战斗机，根本来不及爬升，故而美军的俯冲轰炸机可以在没有干扰的情况下从容投弹。更不幸的是，日军航空母舰机库内部一片混乱，来回换装的鱼雷和炸弹毫无防护地堆在战机旁边（正常程序是将卸下的弹药放回有防护装甲和防火设施的弹药库内），因此机库一旦被炸弹击中，就会迅速引发大火，甚至导致弹药殉爆。"加贺"号航空母舰被四枚炸弹命中，"苍龙"号被三枚炸弹命中，"赤城"号仅被命中一枚炸弹就引发整艘航空母舰的大火。短短五分钟内，日军的四艘大型航空母舰中，三艘被彻底击毁。几个小时之后，日本的最后一艘航空母舰"飞龙"号也被击沉。中途岛海战以日本的惨败告终。

细看整个战役的过程，会发现所谓的"命运的五分钟"其实是由一系列"偶然"导致的。首先是美军在战前"偶然"地从被击沉的潜艇上获得了日本海军的密码本，从而知晓了日本的几乎全部作战计划。在作战开始后，日本的侦察机又因为"偶然"的故障未能及时发现美国航空母舰。而美国舰载机部队的分批抵达，也不是有意为之，而是因为"偶然"的导航失误，使得原本计划的联合进攻变成了拖拖拉拉的多次进攻。而这一改变最终使美国的俯冲轰炸机"偶然"地在日本航母舰队最虚弱的时候出现了。

这样的一系列"偶然"，不得不让人联想到命运，也就是"天"意。

地者，远近、险易、广狭、死生也；

所谓"地"，就是行程是远还是近，地势是险峻还是平坦，面积是广袤还是狭小，可以用作战场还是后勤路线等。

与具体的地貌相比，孙子更关注"地"的战略形态，有些论述还颇有地缘政治先河的意味。《孙子兵法》的《行军篇》《地形篇》《九地篇》都以"地"为主题，关于"地"的内容将在之后的这些篇章中详细讲解。

将者，智、信、仁、勇、严也；

所谓"将"，就是作为将领所需的五种素质——智、信、仁、勇、严。

与其他四项再次细分成几个子项的方式不同，对于"将"，孙子给出的是明确的素质要求。这些素质不仅是对将领的要求，也适用于所有行业的领导者和决策者。从这五个方面分析，可以很全面地评判一个团队领导者的水准。

曹操注："将宜五德备也。"五德兼备，不可偏废，才称得上真正优秀的领导者。但是人无完人，如果五德不能兼备，那么应当如何选择将领呢？孙子给出的顺序是智、信、仁、勇、严。

首先是"智"。智包含聪明、知识、智慧三个维度。大多数人只看重其中的一项，但其实三者兼得才有资格真正称为"智"。

聪明指天生的智商。高智商者或思维敏捷，或拥有优秀的记忆力。然而如果孩子只是聪明，长大成人后依然会一事无成。伤仲永的故事不就是对这种现象的告诫吗？方仲永五岁就可以写诗，令身边的人啧啧称奇。但是他的父亲并没有让他去读书，而是让他继续写诗。等到成年以后，方仲永就和普通人没有差别了。

所以智不仅是天生的聪明，还必须包括知识的积累。知识是前人智慧的结晶。通过学习知识，我们可以使一些复杂的问题迎刃而解。然而知识多并不等同于聪明或有智慧。读了很多书但并不懂得应用的人数不胜数。读过同一本书，不同的人见识深浅也不一样。导致这种差距的原因就是智慧。随着年龄的增长，人的脑力会有所下降，而知识浩如烟海。虽然人可以不断学习，但没有人可以学会所有知识。智慧则能使人明是非，知对错，权利害，识善恶，见微知著，晓古通今。

没有智慧，就无法做出合理的决策。如果任命的将领"没脑子"，就很容易陷入对方的圈套，战争的结局不难预见。但是在封建时代，以身份高贵者为主将是极为常见的现象。那么如果这些主将在智上有所不足怎么办？这就需要通过下属来弥补。《六韬·龙韬·王翼》专门介绍了辅佐将领作战的十七类专业人员。即便将领足够优秀，他人的辅佐同样不可或缺。曹操就是一例。曹操本人以善于用兵著称，也曾亲自注解《孙子兵法》，但是他依然常常咨询下属的意见。他的谋士班子也是豪华阵容，郭嘉、荀彧、荀攸、程昱、贾诩等著名的智士经常给他出谋划策。

第二条是"信"。军队是庞大而复杂的多层级组织系统，没有上下级之间的"信",军队的指挥系统就无法正常运行。不过"信"还是要排在"智"之后,因为如果没有"智",如何分辨该信谁,该信哪些建议呢?

"信"主要指上下级的信任关系。对于古代等级社会而言,身份高贵的人通常自带威信,并可凭此号令部下。如果没有这种身份优势,上级要获得下级的信任,不但要言出必行、赏罚分明、以身作则,还要在判断力(智)和价值观(仁)上获得下级的认可,这样才能让下级相信上级的决断是正确的。

此外,与下级信任上级同样重要的是上级对下级的信任。上级在制订计划、发布命令时,要相信下级有能力完成任务,也要相信下级在危机时刻有能力做出自己的判断,同时还要在道德上信任下级,比如相信下级不会谋反或做出有悖于组织整体价值观的事。

当然,很少有将帅能独掌人事任免权,以彻底实现这种"信"的上下级关系。其实即便拥有这种权力,由于个人素质的差异,团队成员也不可能全部达到完全信任的程度。那么下属能力不足或道德可疑的问题,就需要通过制度手段来解决。比如,先行制订应对突发情况的预案,以弥补下属在决策上的不足,或者通过审计监察制度约束将领的个人行为等。

第三点是"仁"。虽然"智"和"信"已经足够使人成为一个优秀的团队领导者,但是如果没有"仁",反而可能对社会造成极大危害,比如黑社会组织或恐怖组织头目等。他们如果有智、信、勇、严这四项品德,反而会给社会乃至全人类带来痛苦与混乱。

"仁"并不是指个人道德高尚或性情和蔼,而是指正确的价值观。在孙子看来,军事就是"兵者,国之大事,死生之地,存亡之道"，体现在具体的价值观上就是**以尽可能小的代价实现战争胜利**——这就是最大的"仁"。这一点在后文的分析中还会反复强调。在这个原则下，即便是"诡道"，甚至某些残忍的行为，都可以被视为"仁"。

第四点是"勇"。没有智、信、仁的"勇"只是匹夫之勇，而不是将帅之勇。所谓"将帅之勇"，并不是说将领一定要冲锋陷阵，而是说将帅要勇于担责。处于上位之人，拥有常人所没有的权力，同时也肩负着更大的责任。一旦他们决策失误，国家往往将蒙受巨大损失。对于他们自身而言，错误的代价同样是沉重的，或丢官弃爵，或自怨自责，或以身殉职，或破国亡家，或遗臭万年。所以很多拥有权力的人，反倒更加谨慎，不敢有所作为。相较于决策时畏首畏尾，更严重的问题是没有勇气承担由自己的错误带来的责罚，反而将过错推诿给下级。

没有人可以保证不犯错误，所以对于领导者而言，勇于决断、勇于担责是一项重要而难能可贵的品质。"勇"可以使将领无论遇到危机还是机会，都可以当机立断。即便决断失误，也会反思自身过失，而非将责任推诿他人。将领尤其不应将自身的过错推诿给下属，否则就无法再得到下属的信任。当上级的命令存在明显的错误时，下级也要勇敢地提出反对意见，甚至拒不执行这些命令。这种大勇之将无疑是"国之宝也"。

最后一点是"严"，这相对而言是最容易做到的。以信御人，以严律众。对于可以直接接触者，可以以信为交；对于无法直接接触的众多基层组织成员，则需要通过律法约束。如果有法不依，就无法取信于众。上位者如果执法犯法，更是会成为祸乱之源。

"严"应建立在"仁"的基础上。严格执行仁法，才能真正服众。如果严格执行恶法，必然激起反抗。比如秦末的严刑峻法，就是不问缘由对基层官兵严格执法，即便因为被洪水阻拦，依然要"失期，法皆斩"。这种毫不考虑实际情况的严厉处罚，激起了陈涉、吴广的起义，最终葬送了整个秦帝国。

而曹操的割发代首就充分体现了"严"的限度。曹操在一次出征途中看到麦田已经成熟，就下令"士卒无败麦，犯者死"。于是士兵都下马行军。可是曹操自己的马突然受惊，冲进麦田，踏毁了大量成熟的作物。曹操找军中的执法官来定罪，执法官认为曹操作为主帅不应当受刑。曹操则说："制法而自犯之，何以帅下？"于是割下自己的头发代替首级示众。古代中国男女皆蓄发，只有出家的僧侣或奴隶才削发，所以髡刑可以算是肉体伤害之外很重的精神惩罚。士卒见状，就不敢违反军令了。

不过，许多后世读者认为曹操的这种行为是一种有法不依的奸诈行为。且不说这个故事的真实性（故事出自《曹瞒传》，史学家多认为此书可信度不高），就其本身记述而言，曹操虽然没有从严判自己死罪，但也给了自己相当的惩罚。犯了军法就施加惩罚体现了军法的"严"，而仅割发，不斩首，则体现了"严"的限度：首先，无心之过与有意为之二者有本质的区别，即便行为或结果相同，前者也不应当受到与后者相同的严重处罚，比如现代法律对过失杀人和谋杀的处罚就有根本差别；其次，对于国家或军队有重要作用或素有军功的人，不会因小过受大罚，亦如现代法律中的豁免、缓刑、保释等制度。严而有度，是仁法的根本。

总结一下将领的五德。"智"是打赢战争的基础，"信"是组织管理的核心。有了这两条,其实就足以打赢一场战争了。但是这样的胜利往往难以持久,也许可以连续赢得数次胜利,但是难以保证军队长期的战斗力。所以必须加上后面三项。要有向善的价值观,还要有勇气果敢地做出决断。最后才是通过"严"来约束兵众,让他们把将领的智、信、仁、勇落实到具体的行动中。后三项首推"仁"。有了"仁",才能分清什么时候应该"勇",什么地方应该"严",从而避免暴政苛法。

此五者并不局限于军队,而是适用于组织管理。优秀的政治家、企业家往往也具备智、信、仁、勇、严这五种素质。

法者,曲制、官道、主用也。

所谓"法",就是部队的组织制度、军官的职责范围与选拔规则、军需物资的供应管理制度等。

这里的"法"主要指国家基本军事制度,而不仅仅是军营中的军法。国家的军事制度包括军队的兵员征集、军队的组织形式、钱粮的征收储备、国内交通线的整修、军官的选拔任命、武器装备的制造储备研发等。

古代中国的战争规模远超同时代的其他国家,中国在战国时代就可以组织几十万人的大军。想要组织这样一支大军,军队的组织管理十分重要。

治兵者,法也;治人者,信也;治国者,道也。对于企业而言，公司的价值观和核心竞争优势是"道"，所属经济体系的整体经济趋势是"天"，所在行业的具体市场环境是"地"，公司的管理层是"将"，企业的内部组织管理结构是"法"。其中的每项现今都是一门庞杂的学科。《孙子兵法》确实可以提高企业管理者的决策智慧，但是对于辅助这种智慧的具体的专业知识，还须另外专门学习，否则领导者的决策就只是纸上谈兵。《孙子兵法》虽然蕴含智慧，但无法替代知识。

凡此五者，将莫不闻。知之者胜，不知者不胜。

这五个方面，将领不能不关注。只有全面掌握了这些信息的将领才能取胜，反之则不能取胜。

孙子在这里第一次提到"知"。《孙子兵法》中最著名的一句话就是《谋攻篇》的"知彼知己，百战不殆"。其实《孙子兵法》中所有的"知"，都包含知彼和知己两方面。所以"计"不仅要了解己方的"道天地将法"，也要了解敌方甚至其他所有国家（潜在的敌国或盟友）的"道天地将法"。掌握了敌我双方的情况，才能正确判断双方实力优劣，做出合理的决策。

清朝在第一次鸦片战争以前，下至黎民百姓，上至巡抚总督，对欧洲国家几乎一无所知。他们既不清楚英国地处何方，也不知道其人口多寡，甚至分不清英国、法国、荷兰等欧洲国家。至于"日不落帝国"的工业文明与军事力量发展到了何种程度，更是全无了解。就在这种不闻不知的状态下，清政府稀里糊涂地同英国这样一个现代化军事强国开战了。而且在战败之后，清政府对自己的无知依然没有悔改之意，始终沉醉在自己的"迷之自信"当中，最终将整个国家拖入深渊。

故校之以计，而索其情，曰：主孰有道？将孰有能？天地孰得？法令孰行？兵众孰强？士卒孰练？赏罚孰明？吾以此知胜负矣。

通过比较统计的信息，来衡量敌我双方的优势劣势等具体情况，它们是：哪方的君主更加贤德？哪方的将领更有能力？哪方更占据天时地利？哪方的法令能够有效施行？哪方的士兵体魄更强？哪方的军队更加训练有素？哪方的奖惩机制更加公平透明？我就通过这些方面来了解双方实力的优劣。

孙子用了七个"孰"字，意思是比较敌我双方谁更占优势。由此可见，孙子所说的"计"与我们现在常用的计策、计谋、计划是不同的。"计"就是指计算、统计，通过以上五大项和若干子项计算出敌我双方的整体军事实力对比，就像现代人用国内生产总值（GDP）来衡量一个国家的经济规模一样。如果通过计算，己方的战斗力高于敌方，那就是胜，反之就是败。但是这种计量其实并不精确，就像国内生产总值只能反映经济体的总量，而无法反映其健康程度。

"主孰有道？将孰有能？天地孰得？"可以参考之前的"五事"，这里就不再重复了。

"法令孰行"是说，制度不仅要设计得好，还要能够实施。中国古代的很多军事制度，在王朝刚刚建立时还可以维持，但是随着承平日久，就逐渐废弛。比较典型的是清代。清朝建立之初，八旗兵的战斗力极强。平定中原以后，为了让八旗士兵专操军事，清政府免除了他们的赋税，甚至刻意禁止他们从事商业。但是长久的和平与松散的军事训练，使他们变成了游手好闲的纨绔子弟。到了平定三藩之乱时，原本战力强悍的八旗兵已经无力作战，康熙皇帝不得不依仗汉族的绿营兵平息叛乱。可是绿营兵在制度上与八旗兵一样，同样是父死子继，丝毫没有竞争、失业之忧，所以日久之后也失去了战斗能力。到了太平天国起义时，地方乡绅只能组织团练与太平军对抗。

其实不仅清朝如此，就连欧洲军事强国普鲁士也难以避免这种法令不行的退化。腓特烈大帝麾下的普鲁士军队在七年战争（1756—1763）中赢得了"欧洲最强军队"的美誉。然而到了拿破仑战争时期，普鲁士军队内部已经腐败丛生。比如，连长通过让大量士兵放假务工的形式来贪污军饷；军队的军服越来越短，甚至只做个假领子，装作外套里面有衬衫；底层军官虐待士兵的情况十分普遍，部队士气低落；军备经费被贪污，士兵没有足够的实弹来训练。而拿破仑更是将普鲁士的步枪评价为"能发到士兵手中的最糟糕的武器"。

不过，除了不能严格执行既有法规，历史上法令不行更主要的原因其实是军事制度在设计之初就有先天不足。当问题暴露之后，就要看后世政治家有没有能力进行有效的改革。如果改革失败，国家就难免衰于兵祸。

"兵众孰强"与"士卒孰练"的意思似乎差不多。通常情况下，训练更加有素的士兵战斗力更强。不过除了单兵技能，训练还包括集体训练，也就是阵法训练。所以"强"可能指单兵素质，"练"可能指军队整体对阵法的熟练程度。如果只是士兵个人能力很强，但整体缺乏配合，这样的军队很可能输给团队协作能力更强的军队。比如，拿破仑评价马穆鲁克骑兵："两个马穆鲁克骑兵绝对能打赢三个法国骑兵，一百个法国骑兵与一百个马穆鲁克骑兵势均力敌，三百个法国骑兵大都能战胜三百个马穆鲁克骑兵，而一千个法国骑兵总能打败一千五百个马穆鲁克骑兵。"其原因就在于军队的组织配合。

在冷兵器时代，技术的进步极为缓慢。虽然武器装备同样在战争中发挥着重要作用，但很少起到决定性影响。而在进入火器时代之后，技术进步迅速改变着战争的形态，同时愈发成为决定战争胜负的关键因素。进入信息时代之后，技术的决定作用愈发明显。现代战争的面貌已经与冷兵器时代截然不同，各种高科技的军事装备取代人，成为战场的主角。所以在原本的七项内容之外，还需要增加一条"装备孰精"。

	古代	火器时代	现代
兵众孰强	士兵的体能、力量与技巧	士兵的体能与装弹速度、射击精准度	士兵的体能及相关作战技巧的熟练程度
士卒孰练	军队对阵法的熟练程度	军队对阵法的熟练程度	多兵种协同配合
装备孰精	可以在单兵对决中获得优势	可以在兵团对战中获得优势	先进装备对落后装备存在压倒性优势

当技术成为影响战争胜负的决定性因素时，兵法对现代战争的意义似乎越来越小。不可否认，在现代信息化战争的背景下，精妙的战术可能很快会被强大的技术力量瓦解。但其实这不仅不会使作为竞争哲学的兵法在军事上失去意义，反而会使其范畴变得更广——武器设计本身就是兵法的体现。后文再详细论述这个问题。

虽然"五事七计"基本囊括了国家自身军事建设的全部方面，但是实际影响战争胜负的因素并不止这七种。比如，交战双方与别国的外交联盟关系、国家兵粮物资的储备多寡、政治决策集团内部是否存在矛盾，这些因素也极大地影响着战争的胜负。也许因为后文对这几点做出了比较详细的论述，——比如《作战篇》就是在讨论国家的持久作战能力——所以孙子在本篇并未列出。

将听吾计，用之必胜，留之；将不听吾计，用之必败，去之。

如果将领了解我说的这五方面的情报，任用他就会胜利，所以留用；如果将领不了解我说的这五方面的情报，任用他必然会导致失败，所以将他免职。

需要再次强调的是，"五事"中的察、闻、听应是经常性的，而不是到临战之前才去做。美国总统每天都会听取中央情报局的简报，就是这种经常性的察、闻、听的表现。

计利以听，乃为之势，以佐其外。势者，因利而制权也。

如果统计的结果有利，就筹划"势"，以帮助军队在外作战。所谓"势"，就是根据有利的条件制定决策。

此处是《孙子兵法》第一次提到"势"这个概念。这个"势"与之后《势篇》所讲的"势"是否意义相同，其具体含义是什么，第八章会详述。

"七计"比较过后，敌我双方必各有长短。以己之长，攻彼之短，这就是因利而制权。只有通过"计"明确了敌我双方的优劣所在，才能发挥自身优势并制衡对方的优势。所以因利而制权是建立在"计"的基础之上的——依计而划。

不过这里的计划与后世的军事计划尚有区别，孙子在这里主要讲的是如何根据确定的优势战胜敌人，是一种取胜的思路，而不是像现代军事计划那样描述战争行动的具体实施步骤。

如果计算得出战斗力有优势，那就出兵去构筑"势"。如果计算的结果是没有优势，又该怎么办呢？在这种情况下，肯定不能主动挑起战端。如果强势的敌人来进攻呢？孙子在《九地篇》给出的策略是："先夺其所爱，则听矣。"这点留到之后的《九地篇》再做分析。

兵者，诡道也。

> 用兵是以诡诈为原则的。
> 用兵是"隐藏"的艺术。
> 用兵就是要反常规。

"诡"有违反和隐藏的意思。但在解释这句话时，大多数人将其单纯地解释为欺骗，并凭此批判孙子"为达目的不择手段""推崇欺骗""毫无道德原则"。这种错误的解读很常见，其中很多人可能根本没有完整读过《孙子兵法》。而那些读过《孙子兵法》却仍持这种见解的读者，笔者只能说，他们根本没能理解《孙子兵法》的内涵，甚至仅仅把它当作名言警句合集而已。他们读到这一句时，《孙子兵法》的其他内容便仿佛失去了意义。

孙子说："兵者，国之大事，死生之地，存亡之道，不可不察也。""兵者，诡道也"的本质还是为了实现他所追求的至高目标——**以尽可能小的代价实现战争胜利**。忽略这个前提，而将诡道作为孙子军事思想的最高原则，是一种严重的错误。

军事情报对于各个国家来说都是重要机密。战争中的战略欺骗、战术欺诈、隐藏己方真实意图与目标等做法，即便到了今天，依然是军事行动的重要组成部分。

其实诡道就如同在对抗性比赛中使用假动作。只要在规则允许的范围内，不管参赛者使用多么花哨的假动作（"诡道"），都是被允许的，而且还能大幅增加比赛的精彩程度。但是，如果通过使用兴奋剂、恶意犯规、贿赂裁判、场外干扰等手段来取得比赛的胜利,则会为人所不齿。

战争其实也是这样。虽然原则上战争不需要遵从任何规则,但是那些使战争的损失远大于胜利收益的手段,尤其是那些"使人而不人"的行为,应尽量避免使用。比如,古代战争的不斩来使、不杀降卒,现代公约规定禁止使用生化武器,不可滥杀平民等,都是战争的底线。这些底线不能以诡道为借口打破。

战争无道德,但是人有。如是在战争中化为非人之物,无论结果如何,都已经输掉了一切。

故能而示之不能,用而示之不用,近而示之远,远而示之近。利而诱之,乱而取之,实而备之,强而避之,怒而挠之,卑而骄之,佚而劳之,亲而离之。攻其无备,出其不意。

所以要向敌人隐藏自己的能力,让敌方误以为我方无能。想要利用的东西,让敌人误以为我不会利用。(1.我军距离敌人很近,却让敌方误以为距离尚远;我军距离敌方很远,却让敌方误以为十分接近;2.我军想要接近敌人,反而让敌方以为我军要远离;我军想要远离敌人,反而让敌方以为我军要接近)。通过利益诱惑敌人前进。通过让敌人陷入混乱战胜敌人。敌方准备充分,就小心防备。敌方实力强大,就尽量避免与之接触。敌人气势汹汹就骚扰他。敌人实力卑弱反倒要让其骄傲自满。敌人安逸就要让他变得疲劳。敌人团结就要从内部分化他。攻击敌人没有防备的地方，出现在敌人意想不到的地方。

最后一句"攻其无备，出其不意"指出了诡道的目的。至于其他具体的策略，后面的篇章都有所涉及，这里就不详述了。

此兵家之胜，不可先传也。

这些是战场上的制胜手段，不可能在实际作战之前就给出指示。

从此句可以看出，这里的"兵家之胜"和之前"五事七计"的"胜"并不一样。庙堂上的"五事七计"只是国家之胜，战场上的形势才是真正的"兵家之胜"。战场上的形势常常瞬息万变，种种具体情况是事先无法知晓的，所以具体的作战方案既无法，也不应事先确定。前文说"因利而制权"，如果一切计划都"先传"了，那将领不就无"权（力）"了吗？兵家之胜不是君主可以决定的，需要将领根据战场情况的变化随时调整军事策略。既然计划随时会变，先传又有何用？

夫未战而庙算胜者，得算多也；未战而庙算不胜者，得算少也。多算胜，少算不胜，而况于无算乎？吾以此观之，胜负见矣。

开战之前在庙算中被认为是可以取胜的，是因为得到的胜算多；开战之前在庙算中就被认为是不能胜利的，是因为得到的胜算少。胜算多的战胜，胜算少的就不胜，更何况一点胜算都没有呢？我从这里就可以看出胜负的情况了。

"庙算"是古代出征之前占卜吉凶的一种仪式。此处孙子所说的"庙算"，指计算、统计"五事七计"的具体过程。算是古代的一种计数工具，准确的名称是算筹，其实就是一些长短粗细相同的小木棒。张良在为刘邦谋划时，曾经用筷子替代算筹。可以说算筹是算盘出现之前的原始计算器。

多算意味着"得算多"，简而言之就是得分高。根据七计中的每一条，得算多的一方赢得一个"胜算"，七计全部判断出胜负之后，一方的胜算数量多于对方就叫"多算"，反之就是"少算"。如果一方在七计的所有条目中都逊于对方，那么就是"无算"——毫无胜算。

这段话的意思是："打仗的事情暂时不提，先在'五事七计'的军队战斗力计算上得了高分再说。得分多的胜率就高，得分少的胜率就小，何况得零分呢？通过这些计算，我就可以预判胜负。"

孙子曰：

兵者，国之大事，死生之地，存亡之道，不可不察也。

故经之以五事，校之以计，而索其情：一曰道，二曰天，三曰地，四曰将，五曰法。道者，令民于上同意，可与之死，可与之生，而弗诡也；天者，阴阳、寒暑、时制也；地者，远近、险易、广狭、死生也；将者，智、信、仁、勇、严也；法者，曲制、官道、主用也。凡此五者，将莫不闻。知之者胜，不知者不胜。

故校之以计，而索其情，曰：主孰有道？将孰有能？天地孰得？法令孰行？兵众孰强？士卒孰练？赏罚孰明？吾以此知胜负矣。将听五计，用之必胜，留之；将不听五计，用之必败，去之。

计利以听，乃为之势，以佐其外。势者，因利而制权也。兵者，诡道也。故能而示之不能，用而示之不用，近而示之远，远而示之近。利而诱之，乱而取之，实而备之，强而避之，怒而挠之，卑而骄之，佚而劳之，亲而离之。攻其无备，出其不意。此兵家之胜，不可先传也。

夫未战而庙算胜者，得算多也；未战而庙算不胜者，得算少也。多算胜，少算不胜，而况于无算乎？吾以此观之，胜负见矣。

02 「作战篇」注

篇题中的"作战"和现代汉语的"作战"一词的意思并不相同，篇题中的"作"是"发起"的意思。所以本篇的主要内容实际是在讨论战争中的物资准备。

孙子曰：凡用兵之法，驰车千驷，革车千乘，带甲十万，千里馈粮。则内外之费，宾客之用，胶漆之材，车甲之奉，日费千金，然后十万之师举矣。

战争的常规是需要出动战车上千辆、运输车上千乘、穿戴盔甲的士兵十万人，还需要长途运送粮草。这样，国家内部和驻外军队的日常开支，使者和间谍往来的费用，维护修缮战车和铠甲的胶、漆的消耗，每天需要花费千金巨资。这样十万大军才能出动。

孙子在第一篇里对战争的认识是"死生"，本篇孙子介绍战争的第二个特点——耗费钱粮。

首先是粮食。一方面，几十万士兵每日的食物消耗巨大；另一方面，由于从军的绝大多数士兵是被征召的农民，他们放下农务，离家远征，也会给国家粮食生产造成巨大的损失。

我们总说"兵马未动，粮草先行"，但经常会忽略战争中其他资源的损耗，比如"宾客之用"是"用间"的金钱花费，"胶漆之材，车甲之奉"是修缮各种受损军事装备的花销。不考虑这些消耗，同样可能导致战争的失败。而对于后世的战争而言，金钱变得越来越重要。到了现代战争，兵粮基本不再需要考虑，取而代之的是国家军费开支和生产武器的能力。

其用战也胜，久则钝兵挫锐，攻城则力屈，久暴师则国用不足。夫钝兵挫锐，屈力殚货，则诸侯乘其弊而起，虽有智者，不能善其后矣。故兵闻拙速，未睹巧之久也。夫兵久而国利者，未之有也。

战争的消耗巨大，如果经过很长时间才取得胜利，那么士卒就会十分疲惫，攻打城池则会耗尽军力，长期出兵国外则会导致国库亏空。如果士兵疲惫、锐气受挫、国力耗尽、财政枯竭，那么其他诸侯就会趁这个困顿局面举兵进攻，这样即使睿智的人也难以收拾残局。所以打仗只听说过笨拙而快速的，没有看到过打了很久还称得上巧妙的战争。"战争持续时间很长而对国家有利"这种情况从来没有出现过。

战争规模越大，消耗就越大，时间长了国家就会陷入财政危机，典型的例子如伯罗奔尼撒战争、英法百年战争和万历三大征。长期战争不但会消耗国家财富，也会导致国民身心疲惫——即便他们并没有亲身参与战争。比如在越南战争中，美国的实际军事损失其实并不大，但是长期的战争透支了公众的精神，美国政府最后不得不在国内高涨的反战浪潮中承认越南战争的失败。

一些注家认为"故兵闻拙速，未睹巧之久也"一句是推崇"拙速"，并认定孙子是"贵拙厌巧"。但是从文义上看，"拙速"只是与"巧久"做对比，用于强调"贵速不贵久"。《孙子兵法》的主要内容就是如何实现"巧胜"，《九地篇》的最后总结为"巧能成事"。本篇最后总结为"兵贵胜，不贵久"。战争的首要目标是胜，然后才有速、久之分，而"巧"正是运用兵法实现胜的一种体现。如果巧速可以实现，显然是优于"拙速"的，因此岂有贵拙厌巧之理？"拙速"之所以能够实现胜利，是因为敌人同样是拙，而且比我军更拙。兵法始终是巧胜拙，即便在实力上拥有绝对优势同样如此。因为巧与拙并不仅仅体现在战术上，也体现在军队管理、情报搜集、后勤保障等方面。巧根本上还是为了避免损失自身实力，但如果是"胜久"，则难免消耗大量国力，所以巧和久从根本上是矛盾的，自然不会有"巧久"之说。

兵不贵久的原因，是因为久会导致"钝兵挫锐，屈力殚货"，所以最核心的问题其实不是久，而是如何避免"钝兵挫锐，屈力殚货"的情况出现。最典型的例子是游牧民族远比农耕文明更适应长期战争。游牧民族对于农耕文明国家的侵扰是长期而频发的，蒙古的大征服更是持续了数代人的时间。即便没有侵袭农业文明，游牧民族内部的战争也是经常性的。游牧民族之所以可以保证长时间的战争，是因为战争对于他们而言不仅不会"屈力殚货"，反而是获得财富的重要手段。

能够导致"屈力殚货"的不仅仅是战争，和平时代的军备竞赛也可能如此——曾经强极一时的苏联就是被军备竞赛拖垮的。国防军事支出并不直接创造财富，如果社会的大量资源被消耗在军备竞赛上，那么用于社会经济发展的资源必然受到限制。

同样，如果社会资源被大量消耗在低利润甚至无利润的投资上，这也必然导致社会经济活力的下降。而长期进行这样无效的投资，则会招致经济危机。日本泡沫经济破裂后，政府为了拉动经济，投入巨额资金建设大型基础设施。可惜其中很多项目因为经济效益低，虽然短期刺激了经济，从长期看，却使国家陷入债务泥沼。一些经济学家认为，这正是日本长时间未能走出经济低迷的原因。

对于企业而言，"屈力殚货"对应的就是现金流枯竭，而现金流枯竭往往不是因为企业亏损，而是因为盲目扩张。与之相比，"钝兵挫锐"对公司的影响往往更容易被管理者忽视。经常性的加班和高强度的工作被视为常态，甚至无法避免的情况，这会导致员工的身体和精神陷入长期疲惫，进而导致企业的实际效率下降，更别说创造力了。所以，企业的领导者在做企业发展规划时，也应避免使企业陷入"钝兵挫锐，屈力殚货"的状态。

故不尽知用兵之害者，则不能尽知用兵之利也。

因此，如果不能全面了解战争的害处，就不能真正了解如何从战争中获利。

战争中，将领的过失往往会使军队蒙受巨大的损失，动辄尸横遍野，甚至身死国灭——"兵者，国之大事，死生之地，存亡之道也"。面对如此大的风险，将领在决策过程中必须慎之又慎，尤其要杜绝那些可能导致战争失败、国家疲敝的高危风险。故孙子告诫将领，首先要"尽知用兵之害"，然后才能考虑"用兵之利"。而且孙子在这里强调"尽知"，也就是要了解所有高危风险。排除所有高危风险之后，再去构想如何取得战争的胜利，或者说实质性的、有价值的胜利，这样才能尽可能避免在决策中出现一着不慎，满盘皆输的情况。当然，即便忽略了某些高危风险，仍然有可能获得战争的胜利。但这种胜利其实是侥幸得来的，如果没有意识到这一点，那么这次侥幸的胜利很可能就是下次失败的序幕。

日本自明治维新（1868）之后开始全面学习西方文明，内兴工商修政治，外强军备购武器，其改革力度远超同时期清朝的洋务运动。到了1894年，日本出人意料地击败了号称亚洲最强海军的北洋水师，并在之后的条约中获得了两亿三千万两白银的战争赔款，一跃成为世界强国的末席。十年之后，日本又难以置信地击败了欧洲强国俄国。这两场不可思议的胜利使日本人确信，他们总能凭借武士道精神战胜比自己庞大得多的敌人。可惜日本军国主义者并不清楚,这两次战争其实都是日本压上了自己的全部国运与国力做的豪赌。当时日本的经济虽然突飞猛进,但是为了维持高额的军费开支,日本政府不得不征收沉重的赋税,底层民众的生活比起江户时代几乎没有改善。一旦开战,国库的压力更是雪上加霜。甲午战争只有半年,日俄战争不满两年,但是这两次战争已将日本的财政推向崩溃的边缘。然而,日本的民族主义者与军国主义者并没有意识到自己的胜利只是在巨大的风险下侥幸获得的,依然希望通过持续的穷兵黩武来满足自己的野心,最终日本在侵华战争与其后的太平洋战争中耗尽了自明治维新以来积攒的几乎全部家底。日本的军国主义者就是典型的只知用兵之利,不知用兵之害。

将领了解了战争的利与害,就能够以此赢得战争——对于敌人有害的,通常就对自己有利。然而,某些对敌人有害的,对自己可能同样有害,比如"兵久"。但劣势较大的一方,尤其是极有可能战败的一方,可以通过将战争拖入长期化的方式,让强势方付出更大的代价。如果战争的消耗大于胜利的收益,强势方可能最后不得不通过外交手段与弱势方达成和解。这一点也适用于企业间的法律诉讼。因为双方在长时间的法律诉讼中都会承受巨大损失,所以通常以庭外和解的方式达成妥协,而不是等待法庭的最终宣判。

需要注意的是,在国家与国家之间的战争中,持久战并不会实现真正意义上的胜利,即便达到了战争最基本的目的,比如将侵略者逐出国境,往往也要付出巨大的代价。正因如此,持久战换来的只能说是没有被击败,很难说是胜利。

善用兵者，役不再籍，粮不三载。取用于国，因粮于敌，故军食可足也。

善于用兵的将领，兵员不再次征调，粮食不超过三次补给。各项军需物资从国内取得后，粮草补给通过掠夺敌方来解决，所以军队的补给能够保证充足。

一场战争中，兵员不应该再次被征召（原有的部队刚刚解散不久就重新征召），这就要求将领必须在战役中彻底击败敌人。粮食的远途运输成本极高，输送的次数多了，国家的积蓄难以承受。而且我军既然深入敌境，就应该靠掠夺敌方的粮食来满足军队补给。结合后文《九地篇》的话，就是轻地（只在敌国边境）取用于国，重地（深入敌境）因粮于敌。

国之贫于师者远输，远输则百姓贫。近师者贵卖，贵卖则百姓财竭，财竭则急于丘役。力屈中原，内虚于家，百姓之费，十去其七。公家之用，破车罢马，甲胄矢弓，戟盾矛橹，丘牛大车，十去其六。故智将务食于敌，食敌一钟，当吾二十钟；萁秆一石，当吾二十石。

国家之所以因为出征而贫困，主要是因为军粮的远途运输，远途运输就会使小领主（封臣）贫穷。军队经过的地方，物价就会上涨，这样小领主（封臣）的财富就会枯竭。他们财富枯竭，就会在领地内增加赋税。中原的战争耗尽了民力与财力，导致国内空虚，封臣的资财耗去了十分之七。国家的资财，战车的破损，马匹的死伤，铠甲、头盔、弓弩箭矢、矛戟、盾牌、牛车等，耗去了十分之六。所以，高明的将领从敌方掠夺粮草来解决自己的补给问题。从敌方夺取粮食一钟，相当于从本国运输二十钟；夺取敌人饲料一石，相当于从本国运输二十石。

"百姓"一词并非指今天人们常说的老百姓，而是指贵族领主——春秋时代只有贵族才拥有姓氏。贵族领主拥有土地，并或多或少地享有这片土地的行政权和司法权。相应地，他们也要向君主缴纳赋税，并在战时征召领地内的民众随军出征。至于现在说的老百姓，对应的是《孙子兵法》中的"民"。

国家的基本国防战略也会对军队的规模产生重要影响。进攻型军队更倾向于精兵，而防御性质的军队则倾向于维持更大的规模。原因在于，远征部队消耗的补给品更多，运输的困难更大。因此，为了减少后勤补给，进攻敌国的最好是人数少但战斗力强的精锐部队。

远途运输粮草时，运输车队和负责护送的士兵在路途上要消耗粮食，拉车驮物的牛马也要消耗草料，所以陆路运输的效率很低。正因如此，古代的统治者往往不惜重金和民力开凿重要的运河，邗沟、灵渠和后来的大运河都是为了使粮食运输更便利而修造的。

陆路运输的有效补给率根据距离、道路情况、是否受威胁等条件的不同而存在较大差异。最糟糕的情况是不但没有良好的道路供车辆行进，还需要派重兵保护补给线。汉武帝时期远征匈奴就是这种情况。据说当时的极端情况是，运输三十钟才有一石粮食是有效补给（"率三十钟而致一石"）。也就是说，从山东到漠北前线的有效补给率只有一百九十二分之一。不管是古代波斯远征希腊，还是隋炀帝远征高句丽，都是不折不扣的后勤灾难。

故杀敌者，怒也；取敌之利者，货也。车战得车十乘以上，赏其先得者而更其旌旗。车杂而乘之，卒善而养之，是谓胜敌而益强。

奋勇杀敌是因为愤怒，从敌人那里获取利益，是通过缴获财物。因此在车战中，缴获战车十辆以上，就奖赏立首功的将领，并且更换敌战车上的旌旗。将敌人的战车混编入自己的车阵之中，（1.优待投降的士卒以期收为己用；2.用缴获的敌方物资妥善供养己方士兵，）这就是战胜敌人而使自己日益强大的方法。

战场是死生之地，在战阵中比肩接踵共患难的友谊是特殊而亲密的。古代称战友为"同袍"，当这些生死与共的同袍兄弟在战斗中阵亡，那种伤别离的痛苦会激起极度愤怒，可能会引发士兵对敌方降卒乃至敌国平民进行疯狂的报复性杀戮。孙子并不认可这种做法。

《孙子兵法》的许多语句显示，孙子并不把消灭敌人有生力量作为战争的主要目的。比如《谋攻篇》的"不战而屈人之兵"，《军争篇》的"围师必阙，穷寇勿迫"，都是放敌人一条生路的意思。孙子反而对"怒"多持否定意见，比如《始计篇》有"怒而挠之"，《行军篇》有"吏怒者，倦也"，《火攻篇》有"主不可以怒而兴师"等，这些都在说"怒"的害处。孙子在《九地篇》讲如何让士兵奋勇作战时，并没有说利用赏罚或让士卒进入愤怒状态，而是主张让士卒进入除了执行命令而没有其他选择的状态。

孙子追求的胜利是击败"已败者"（《形篇》），是"以碬投卵"（《虚实篇》），取得没有悬念的压倒性胜利。同仇敌忾的愤怒可以让士兵奋勇杀敌，但不仅无法确保最终的胜利，反而可能使最终的胜利失去意义。

"取敌之利者，货也"的意思是尽量多地缴获和利用敌方的军备财物。前文说"不尽知用兵之害者，则不能尽知用兵之利也"，既然用兵之害者是国家在资源上的巨大消耗，那么和因粮于敌一样，尽量多地缴获和利用敌方的军备财物同样属于用兵之利。《谋攻篇》的"兵不顿而利可全"，以及《火攻篇》的"夫战胜攻取，而不修其功者，凶"，也与此句相呼应。

故兵贵胜，不贵久。故知兵之将，民之司命，国家安危之主也。

最后孙子还是再次强调本篇的主题——战争"不贵久"。

不过需要注意的是，战争的首要问题是胜败，而不是速久。如果实在无法速胜，退而求其次也要追求久胜。如果盲目追求速，结果成了速败，那么速又有什么意义呢？

此处还着重强调将领（主帅）在战争中的决定性作用。"兵者，国之大事，死生之地，存亡之道"，将领就是死生之司、存亡之主。"民之司命，国家安危之主"这个说法并没有褒义或贬义，只是在陈述事实，强调将领的重要性。

孙子曰：

凡用兵之法，驰车千驷，革车千乘，带甲十万，千里馈粮。则内外之费，宾客之用，胶漆之材，车甲之奉，日费千金，然后十万之师举矣。

其用战也胜，久则钝兵挫锐，攻城则力屈，久暴师则国用不足。夫钝兵挫锐，屈力殚货，则诸侯乘其弊而起，虽有智者，不能善其后矣。

故兵闻拙速，未睹巧之久也。夫兵久而国利者，未之有也。故不尽知用兵之害者，则不能尽知用兵之利也。

善用兵者，役不再籍，粮不三载。取用于国，因粮于敌，故军食可足也。国之贫于师者远输，远输则百姓贫；近师者贵卖，贵卖则百姓财竭，财竭则急于丘役。力屈中原，内虚于家，百姓之费，十去其七。公家之用，破车罢马，甲胄矢弓，戟盾矛橹，丘牛大车，十去其六。

故智将务食于敌，食敌一钟，当吾二十钟；䓚秆一石，当吾二十石。故杀敌者，怒也；取敌之利者，货也。车战得车十乘以上，赏其先得者而更其旌旗。车杂而乘之，卒善而养之，是谓胜敌而益强。

故兵贵胜，不贵久。故知兵之将，民之司命，国家安危之主也。

03 「谋攻篇」注

"胜"是首要目标,"速"是第二目标,此外为了尽善尽美,还有第三个目标——"全"。

孙子曰:夫用兵之法,全国为上,破国次之;全军为上,破军次之;全旅为上,破旅次之;全卒为上,破卒次之;全伍为上,破伍次之。是故百战百胜,非善之善者也;不战而屈人之兵,善之善者也。

用兵的守则是:保全国家为上,使国家受到破损就差一些;保全军队为上,使军队受到破损就差一些;保全整个师旅为上,使师旅受到破损就差一些;保全整个团营为上,使团营受到破损就差一些;保全排班为上,使排班受到破损就差一些。所以说打了一百场会战全部获胜的并不是最好的将领,能够做到不与敌人交战就使其屈服的才是兵法最高超的将领。

一些人片面地认为，孙子强调甚至绝对追求不战而屈人之兵，乃至认为孙子反对百战百胜——因为每次战争都会有消耗，打多了就会"钝兵挫锐，屈力殚货"。这种说法的思路并没有错，但是对原文做了过度解读。孙子虽然说百战百胜并不是最好的，但并没有说百战百胜不好。百战百胜虽多有损失，但肯定远比百战百败要"善"得多。孙子说的百战百胜只是在形容将领能征善战（胜率接近百分之百），并没有贬损乃至反对的意思。

如果孙子真的绝对追求不战而屈人之兵，那么之后的《虚实篇》《军争篇》《九地篇》等篇实际上就不用写了。不战而屈人之兵只是兵法的至善状态，是战争的最理想情况，只有在极少数的情况下才有可能实现，在绝大多数情况下还是不得不战。

战争中，无论是人力还是物力都损失巨大，如果不得不战就应该尽量把损失降到最低，比如上一篇《作战篇》讲的速胜就是要将己方的消耗降到最低。除了减少己方的消耗，战胜后获得敌方的战利品自然也是越多越好，所以还应该尽量追求"全胜"。

需要注意的是，在这个"全胜"的理想之下，"全国为上，破国次之"所隐含的前提条件是"全己为上，全敌次之"。比如后文提到，攻城时己方的部队会损失巨大，在这种情况之下，将领首要考虑的是自己的士兵的死伤，以及金钱粮草等物资的消耗，而不是对方城池能不能保全。攻城时，围困、水攻、火攻、破坏城墙，乃至近现代的大规模炮击、轰炸，甚至使用毒气（在此对使用毒气表示强烈谴责），都是为了尽可能减小己方的损失，但是这些手段无疑都会使敌人损失惨重。《形篇》有"自保而全胜"的说法，也就是说，先自保，然后才能"全胜"。

古代战争实现"全胜"靠的是兵法，而现代战争的特点就是通过技术手段来尽可能地实现"全胜"的目的。1982年6月以色列与叙利亚的贝卡谷地空战就是最好的例子。以色列凭借自身电子战的优势，在两天之内击落了叙利亚八十四架飞机，并摧毁了二十六个防空导弹连，而且己方没有一架战机被击落（叙利亚的说法是自己损失六十架飞机，以方损失十四架）。可见技术对战争胜负的决定性影响。当代的各类导弹和无人机，都是为了防止出现人员伤亡而做出的技术替代。而武器的精确打击属性则是为了节省战争成本，同时也能尽量减小敌方的损失，尤其是避免误伤平民。

这些都是兵法直接融入现代武器装备设计的体现。

故上兵伐谋，其次伐交，其次伐兵，其下攻城。

最高级的军事手段，是通过打击对方的国家战略来抑制其发展；次之是通过外交手段让敌人孤立无援，并使我方获得更多盟友；再其次才是在战场上击败敌人；最坏的情况是必须围攻敌人的城池才能迫使敌人屈服。

按孙子的排序来讲，先有"谋"，再有"交"，然后才是用"兵"。后文也有"不知诸侯之谋者，不能预交"的说法。因此，"谋"不是指战争开始后制定的战略规划或谋略，而是指国家长期以来的整体发展战略。比如，这个国家想称霸天下，还是安于太平？想集中资源优先发展军事，还是提高民众的生活水平？这个国家的战略利益与我国的战略目的会不会产生冲突？知道了这些，才能恰当地与特定国家开展外交。古代的合纵连横、隆中对等就属于"伐谋"，然后再根据战略需求建立盟友关系。

放到商业领域，这句话可以改为"上等企业做产品，其次做研发，再次做品牌，其下做市场"。

最优秀的企业总是那些不断向用户提供优秀产品的企业。为了创造更好的产品与服务，这些企业必然在相关的技术领域具有独到之处，其不可替代性必然会为其带来市场上的成功。次一等的企业虽然在技术上可以保持在行业内的领先地位，但不得不依赖其他企业将自己的技术优势转化为实际产品。这样一来，企业的利润空间就受限于应用领域的市场成功。即便如此，技术上的成功也很难被轻易取代，所以这类企业也能拥有较高的利润空间。做品牌其实和做市场相似，只不过做品牌的企业关注的是长期的市场占有，会拥有自己的风格与特色，并因此占有稳定的市场。但由于这些特色并不是不可替代的，所以就不能使它们在同类商品的竞争中产生压倒性的优势，以获取更大的市场占有率或更高的利润空间。最差的企业是做市场。它们只关心短期的盈利，而没有任何长远规划。

所以企业家一定要认识到，企业的核心是产品，而不是市场。

攻城之法为不得已。修橹轒辒（fèn wēn），具器械，三月而后成，距堙（yīn），又三月而后已。将不胜

其忿而蚁附之，杀士三分之一而城不拔者，此攻之灾也。

攻城是在不得已的情况下才采取的办法。为了攻城，修造望楼车、攻城车，准备各种攻城器械，三个月才能完成；堆积攻城的土坡，填平壕沟，又需三个月才能完成。将领如果无法抑制愤怒，就会驱赶着士兵像蚂蚁一样爬上城墙，士卒伤亡了三分之一，城池却还不能攻下来，这是攻城的灾难。

为什么攻城是最下策？当然是因为攻城最困难，代价也最高——若不是为了增加敌方攻城战的难度和代价，又何必劳民伤财地去修建坚固的城池堡垒呢？通常而言，进攻者至少要有三倍于城内守军的兵力优势才能攻城，否则既难以在短时间内强攻取胜，又没有足够的兵力长时间围城。

这里列举了三种攻城方法。

第一种是"器械"，即云梯、投石车、破城锤、攻城塔等。这些巨大而笨重的攻城器械，如果跟着军队一起行动，会严重拖慢军队的行进速度。进攻者更不会先在本国制造这些攻城器械，之后再千里迢迢将其运到敌国城下。大部分攻城器械通常都是在围城后再临时制造，只有如投石机、床弩这样精密的攻城器械会在本国制造后拆分成零件运输，到阵地之后再重新组装。所以孙子说"三月而后成"。

第二种是"距堙"。大城市虽然多位于平原，但是许多军事要塞位于地形复杂的山上。即便通往城门的道路状况还算良好，也会重重布防。这时要想通过崎岖的地形接近防御相对薄弱的城墙，就要人工堆造一道通往城墙的土坡，这个土坡就是距堙，还是"三月而后已"。马萨达围攻战就是典型例子。

如果将领等不了这么长时间，就只能采取第三种手段——让士兵用简易梯子攀爬城墙。这种画面在古代战争题材的电影中经常可以看到。远远望去，攀爬在梯子上的士兵就像蚂蚁一样，而这些士兵的生命也像蚂蚁一样脆弱。站在城墙上的防守方居高临下，或用弓箭射，或用石头砸，或用滚油烫。攻城士兵即便侥幸登上城墙，也要面对远多于己方的敌兵围攻。所以这种进攻方式往往会导致攻城方付出惨重的伤亡。不幸的是，即便付出了惨重的伤亡，也不一定能成功地攻陷敌人的城池。如果死伤三分之一的士兵还没有攻下敌城，对于攻城方而言就是一场不折不扣的灾难。

总而言之，攻城要么费时，要么费力，更头疼的是费尽了千辛万苦之后，还是有可能功败垂成。代价大，风险高，将领自然只有在不得已的情况下才会选择攻城战。

对于企业而言，价格战同样是不得已的手段。如果耗费了大量资金，仍然没有击败竞争对手，这不仅是企业的灾难，甚至可能对整个经济体系造成负面影响。就像国家的青年不应该因为愚蠢的战争而死在战场上，社会的资本也不应该随便浪费在同质化企业的恶性竞争当中。

如前文所述，企业之间的竞争应该着眼于技术与产品的创新，为用户提供更好的产品及服务，而不应该停留在现有市场的价格战之中。新的技术与产品可以大幅提高经济体的劳动生产率，从而在本质上增加社会的财富。而简单的价格竞争使企业在生产效率没有明显增长的情况下大幅收窄了利润空间，进而导致员工降薪乃至失业，最终造成社会消费水准的下降。而消费水准的降低进一步驱使企业降价销售，然后陷入恶性循环，引发经济危机。

所以想要避免经济危机造成的巨大社会灾难，首先要以法律手段规范商业秩序，尤其要防止企业间的恶性竞争和对劳工的剥削。

故善用兵者，屈人之兵而非战也，拔人之城而非攻也，毁人之国而非久也。必以全争于天下。故兵不顿而利可全，此谋攻之法也。

因此善于用兵的将领，使敌军屈服而不需用战争的方式，夺取敌人的城池而不需用攻城的方式，消灭敌国而不需用长久用兵的方式。一定本着尽量保全自己实力的原则争夺天下。这样就能保证军队的战斗力不受损失，战争获得的利益才可以真正保全，这便是"谋攻"的原则。

这段话是对"谋攻"的总结。"谋攻"的目的是寻求以尽可能小的代价获取尽可能多的利益，从而做到"兵不顿而利可全"。

秦统一六国，就是"以全争于天下"的典型案例，可惜历来被人忽视。很多人仅仅从政治上解释秦国如何在十年间统一六国。比如，秦国由于商鞅变法国力逐步强盛，军功爵制使秦军士兵奋勇作战，秦始皇雄才大略，六国政治腐朽等。但事实上秦国之所以能够迅速统一六国，最主要的原因还是军事上的成功——在吞并六国的战争中，秦国的军队基本没有遭受重大损失。

秦国先是灭掉弱小的韩国，之后就将目标转向赵国。秦王派王翦率大军攻赵，而赵军则由名将李牧统领。李牧在此前的战争中多次击败秦军，王翦知道在野战中与李牧对阵很可能战败，而且即便胜利也会损失巨大，于是建议秦王使用离间的手段使李牧失去兵权。李牧被赵王杀害三个月后，王翦就大破赵军，攻灭了赵国。

赵国灭亡之后，燕国十分紧张，于是发生了太子丹主导的荆轲刺秦王事件。秦王因此震怒，命令王翦直接北上攻打燕国，一年后攻克燕都蓟，燕王逃到辽东。第二年，王翦的儿子王贲率领秦军，采用水淹大梁（魏国首都）的方式，只用三个月就迫使魏国投降。

吞并了四个国家之后，秦王有些飘飘然了。当青年将领李信说二十万人就可以征服楚国时，秦王十分高兴，未采纳老将王翦非六十万不可的建议，仅仅将其视为老年人的谨慎。结果李信被楚国大将项燕击败，秦王只得亲自去请求王翦再次出山。王翦说："我去可以，但是必须要六十万大军，得胜之后还要有田产赏赐。"秦王答应了他。随即王翦率领六十万大军出征伐楚。虽然此时的秦军在兵力上拥有绝对优势，但是王翦并不与楚将项燕决战，而是反复派人跟秦王确定得胜后赐田的事。他的部下颇为不解，王翦解释道："秦王生性多疑，现在我指挥着秦国所有部队，只有向秦王表示除了财富别无所求，他才不会担心我拥兵自重。"果然，王翦并未受到来自宫廷的掣肘，在前线军营中安然搞起了"体育竞赛"。如此对峙了近一年，楚王忍不住了，屡次催促项燕出战。项燕无奈，只得出击。而王翦坐拥优势兵力却坚守不出。楚军攻不破秦军营垒，久而久之士卒疲惫，项燕只得领兵撤退。王翦趁此机会率全军迅速追击，大破楚军并斩杀项燕，紧接着挥师直捣楚国都城寿春，灭掉了楚国。五国既灭，齐国最后不战而降。

当年长平之战后，秦军没能直取邯郸，就是因为秦军虽然在长平之战中全歼了赵军主力，但是自身也损失巨大，以至于秦昭襄王与丞相范雎都认为秦军已经无力乘胜攻取邯郸。秦灭六国，除了最为弱小的韩国，其余五国都是王翦、王贲父子攻灭的。而他们用兵的特点就是尽量避免自己的损失，抓住机会击败对方主力部队，然后直接攻破对方的都城，使敌国失去再次组织反抗的能力。如此一来，吞并每个国家时秦军损失都很小，所以可以连年持续征战。《孟子·梁惠王上》有言："（梁惠王）问曰：'（天下）孰能一之？'（孟子）对曰：'不嗜杀人者能一之。'"王翦、王贲父子不正是这样的"不嗜杀人者"吗？

故用兵之法，十则围之，五则攻之，倍则分之，敌则能战之，少则能逃之，不若则能避之。故小敌之坚，大敌之擒也。

所以用兵的法则是：有十倍于敌人的兵力就包围敌人；有五倍于敌人的兵力就进攻敌人；有两倍于敌人的兵力，就分兵夹击敌人；与敌人兵力相当，还能够奋力一战；比敌人兵力少时，就摆脱敌人；实力远不如敌方，就避免与敌军接触。兵力弱小的一方如果顽固抵抗，就会被强大的敌人俘获。

如果"谋攻"了，也没能做到不战而屈人之兵，应该怎么办？那至少该明白在双方不同军力对比之下的各种应对策略。这也属于"谋攻"的范畴。

如果拥有十倍于敌人的优势兵力，那么把对方包围起来，不用打，敌人可能就投降了。如果拥有五倍的兵力，则需要进攻才能逼迫敌人屈服。在这种自己兵力占绝对优势的情况下，获胜一般是全无压力的。

"倍则分之"有两种理解，一种是将敌人兵力分散之后各个击破，第二种是将自己的部队分为两部分，前后夹击敌人。但从上下文来看，这里说的是已经和敌人接战对阵的状态。在两军已经照面的情况下，再通过战略将敌军兵力分散的可能性很小。所以笔者认为，分兵从两个方向夹击敌军的解释更为合理。

"敌则能战之"讲的是双方兵力相当的情况。此时如何保证必胜？这就要靠后面篇章介绍的治气、治心、治力来实现。具体情况待后文再做介绍。

"少则能逃之，不若则能避之"也很好理解。打不过的时候，军队要有能力及时撤退；要是实力相差太大，就得远远避开，根本不要让敌方的大部队接近。其实小部队也并不是全无抵抗大部队的可能，不过要借助地利。如果既没有地形优势，又要在兵力居于绝对劣势的情况下负隅顽抗，最终的结果只可能是被敌方的大部队包围歼灭。

夫将者，国之辅也。辅周，则国必强；辅隙，则国必弱。故君之所以患于军者三：不知军之不可以进而谓之进，不知军之不可以退而谓之退，是谓縻军；不知三军之事，而同三军之政者，则军士惑矣；不知三军之权，而同三军之任，则军士疑矣。三军既惑且疑，则诸侯之难至矣，是谓乱军引胜。

将帅是国家的辅佐。辅佐得周密，国家必然强盛；辅佐有疏忽，国家必然衰弱。君主对军队造成危害的做法有三种：不知道军队不可以前进而命令他们前进，不知道军队不可以后退而命令他们后退，这叫束缚军队；不知道军队的事务却干涉军队的管理，那么将士就会产生迷惑；不知道军队的权谋之变而参与军队人事任免，那么将士就会产生疑问。如果三军将士既迷惑又心存疑虑，其他诸侯就会趁机发难。这就叫君主惑乱军事，而失去胜利的机会。

这段话首先强调了将领对国家的重要作用。平时需要将领练兵素令，战时需要将领谋攻征战。将领的能力强弱、负责与否，直接影响国家军事实力的强弱。

"兵者，国之大事。"作为国家领导的君主难免会关心战事，如若不然，反倒是昏君的做派。但是关心归关心，要是不了解实际情况，还忍不住指导，那就麻烦了。如果军队明明打不过敌人，却强令将领进攻，那军队很可能会吃败仗；如果本来可以乘胜追击却要求军队后撤，就失去了彻底打垮敌人的机会；如果君主不了解军队的管理方法，还要强制推行自己的军政训令，那军队的管理就会变得一团乱麻；如果君主不了解军队的指挥体系，却要干预军队的人事任免，那军士难免心有不甘；如果君主不了解军队的运作逻辑，还要派不懂军事的监军监督将领的行为，那军队内部难免疑神疑鬼。对于"三军之事""三军之权"的解释，注家们虽有所不同，但是孙子这段话想表达的核心内容是明确无误的——不懂的事就不要管。领导者一定要记住这句话。

国君既不通晓军事，也不知道前线的具体情况，在这种情况下给军队下达的指令多半是不切实际的。而不切实际的命令则会导致军事失败。小败是国贫力衰，大败则是身死国灭。这样的例子古往今来可谓不胜枚举，其中最突出也最典型的例子大概要算第二次世界大战期间希特勒对战争的干预。希特勒参加过第一次世界大战，但是只获得了下士军衔。而在第二次世界大战期间，他利用自己国家元首的身份，在最高统帅部内越过德军的高级将领，直接向前线部队下达命令。而且越是在危急时刻，希特勒给前线的命令越多、越具体，有时候甚至具体到某个营的部署。德国的将军可谓名将辈出，历来被认为是一个能力十分优秀的团体。所以有人笑称德国的最高统帅部是"下士指挥将军"。这可谓完全背离了孙子"将能而君不御"的告诫。从这一点来说，纳粹德国在第二次世界大战中的失败是极权主义权力体系导致的必然结果。所谓"乱军引胜"，归根到底还是主孰有道的问题。

企业管理其实也是一样的。如果管理者总是具体地指导下属如何完成工作，那这个公司一定会出现混乱。如果管理者对公司大小事务都事必躬亲，丝毫不给下属自行决断的机会，对于自己不懂的专业问题也要指手画脚，甚至将下属的专业意见视为对自己管理权威的挑战，那么这样的企业，老板会越来越累，中层会越来越烦，基层会越来越乱。公司越扩张，效率就越低下，业绩反而会越差。

故知胜有五：知可以战与不可以战者胜，识众寡之用者胜，上下同欲者胜，以虞待不虞者胜，将能而君不御者胜。此五者，知胜之道也。

> 预测胜负有五个角度：知道什么条件下可以交战，什么条件下不可以交战的，能够取胜；知道"众寡"的灵活运用的，能够取胜；上下一心，目标相同的，能够取胜；有准备对阵无准备的，能够取胜；将领才能出众而君主又不加以干预的，能够取胜。这五条就是预知胜负的途径。

"可以战与不可以战"与《形篇》《军争篇》《地形篇》等篇的内容相关。

"众寡之用"有多种解释，可能指上面的"十则围之"一段，也可能指《虚实篇》介绍的"以众击寡"，还有可能指作为军队指挥控制系统的旌旗金鼓等传令手段——"斗众如斗寡，形名是也"（《势篇》）。

"上下同欲"除了《始计篇》所说的"道者，令民与上同意也"（民众与统治者目标一致），应该还包含其他三个方面，即君主（文官政府）与将领同，主将与副将同，军官与士兵同。

"以虞待"可以从不同角度理解：一个是和平时期军事准备充分的国家可以战胜准备不充分的国家；另一个是事先考虑出现风险的可能，进而有所准备，才能够防患于未然。

"将能而君不御者胜"就是上段所说的"君主不要遥控将领作战"。有人或许会列举曹操、亚历山大、拿破仑这些"君"的例子加以反驳，但是这些人本身就是杰出的军事家，他们正是凭借卓越的军事能力才登上权力巅峰的，自然不能视为"三不知"的君主。

故曰："知彼知己"，百战不殆；不知彼而知己，一胜一负；不知彼，不知己，每战必殆。

"知彼知己"现在常说"知己知彼"，不知道这是从什么时候开始颠倒的，不过这并没有改变这四个字的意思。"百战不殆"则常被人误称为"百战百胜"。"百胜"和"不殆"的区别可就大了，千万不能混淆。"殆"是"危机、困境"的意思，也可以通"怠"，理解为"倦怠"。百战不殆是说"肯定不会在战争中遇到重大危机与困境"，也可以理解为不会出现"钝兵挫锐"的情况。如果能同时做到前文所说的"百战百胜"和此处的"百战不殆"，虽不如不战而屈人之兵，但是离"善之善者"应该相去不远了。

打探敌人的情报毕竟比掌握己方的情况难得多，不过全面了解自身实力，充分发挥自身优势还是有很大胜算的。如果连自己的能力都无法了解，还谈什么了解对方？如果连自己能做到什么不能做到什么都不清楚，就算全面了解对方又有何用？所以不了解自身的情况，便很难取得战争的胜利，即便侥幸胜利也必然付出巨大的代价。

其实《孙子兵法》中所有涉及信息情报的"知"，都需要"知彼知己"。这句话也可以算作对第一部分（前三篇）的总结。从《始计篇》的国防建设，到《作战篇》的求速，再到本篇的求全，都是为了实现百战不殆。而为了实现速与全，就要"知彼知己"，因为"知彼知己"是运用一切兵法的基础。

现代信息战、电子战其实就是在谋求掌握"制知权"——在尽力实现己方知彼的同时，尽量让敌方无法知彼，甚至通过破坏敌方的通讯系统让敌方不知己。1991年的海湾战争便向世人展示了信息化战争的惊人威力。在真正发起空袭之前，美军每天都派遣大量战机在空中游弋，以麻痹伊拉克的防空预警雷达。1月17日凌晨2时38分，分别由一架MH-53电子战直升机和四架AH-64攻击直升机组成的两个分队，采用超低空飞行的方式悄悄越过边境，成功地摧毁了伊拉克的两座预警雷达。随后在2时43分，二十四架战机从这个缺口突入，两架EF-111电子战机负责全方位压制雷达信号，二十二架F-15E战斗机则负责袭击边境附近的空军基地。凌晨3时整，早已埋伏在巴格达上空许久的F-117隐形战机用精确制导炸弹攻击了伊拉克空军指挥所、政府大楼、电视台、机场、电厂等多个高价值目标，随后几分钟内这些目标又被从轰炸机和军舰上发射的巡航导弹再次命中。在此之后，数以百计的多国战机在电子战飞机的保护下，对伊拉克的防空体系发起了全面打击。开战第一天，伊拉克的雷达几乎被全部摧毁，防空导弹失去导引，战机不敢起飞。美军之所以可以实现大胜，就是因为完全掌握了制知权——先通过电子干扰，让敌方雷达失灵，进而将其消灭。美军不仅摧毁了敌方用来知彼的雷达，还动用雷达无法发现的隐形战机深入敌军腹地，摧毁了敌军的防空指挥所和通讯中心，让敌人陷入不知己的绝境。

当然，那些无法诚实面对自己的人，是根本不可能做到知己的。

孙子曰：

夫用兵之法，全国为上，破国次之；全军为上，破军次之；全旅为上，破旅次之；全卒为上，破卒次之；全伍为上，破伍次之。

是故百战百胜，非善之善者也；不战而屈人之兵，善之善者也。故上兵伐谋，其次伐交，其次伐兵，其下攻城。攻城之法为不得已。修橹轒辒，具器械，三月而后成，距堙，又三月而后已。将不胜其忿而蚁附之，杀士三分之一而城不拔者，此攻之灾也。故善用兵者，屈人之兵而非战也，拔人之城而非攻也，毁人之国而非久也。必以全争于天下。故兵不顿而利可全，此谋攻之法也。

故用兵之法，十则围之，五则攻之，倍则分之，敌则能战之，少则能逃之，不若则能避之。故小敌之坚，大敌之擒也。

夫将者，国之辅也。辅周，则国必强；辅隙，则国必弱。故君之所以患于军者三：不知军之不可以进而谓之进，不知军之不可以退而谓之退，是谓縻军；不知三军之事，而同三军之政者，则军士惑矣；不知三军之权，而同三军之任，则军士疑矣。三军既惑且疑，则诸侯之难至矣，是谓乱军引胜。

故知胜有五：知可以战与不可以战者胜，识众寡之用者胜，上下同欲者胜，以虞待不虞者胜，将能而君不御者胜。此五者，知胜之道也。

故曰：知彼知己，百战不殆；不知彼而知己，一胜一负，不知彼，不知己，每战必殆。

04

「孙子兵法」的战略原则

《孙子兵法》的前三篇历来被分为一组，全书中这三篇的视角最为宏观。

从唐代李筌开始，历代注家都强调《孙子兵法》的篇目次序。对于这前三篇，他们这样诠释：《始计篇》讲庙算，《作战篇》讲作战准备，《谋攻篇》讲谋划进攻，这三篇是按国家组织军事行动的时间顺序排列的。这种说法虽有一定道理，然而《孙子兵法》前三篇的内涵远不止如此。

在笔者看来，这三篇阐明了《孙子兵法》的价值观，或者说战略原则。制定政治、军事、企业的策略，必以价值观为指引，否则难免会事与愿违。

在孙子看来，**以尽可能小的代价实现战争胜利**就是善。

典型的反面案例就是宋襄公。在泓水之战中，面对楚军的优势兵力，大臣子鱼向宋襄公建议说："趁楚军渡河渡到一半时攻击他们。"宋襄公说不行。等楚军渡过了泓水，子鱼又建议："趁楚军没有完成列阵攻击他们"。宋襄公还是说不行。等楚军列阵完毕，宋襄公才下令进攻。结果宋军被楚军打得大败，宋襄公的护卫被杀，自己也大腿中箭负伤。面对臣民的责难，宋襄公辩解说："君子不能乘人之危，不能攻打未列好阵势的军队。"

后人对宋襄公的评价呈现两极化。一种观点认为，宋襄公是仁义（高尚的、符合道德的）的典范，虽然最终失败，但是其努力捍卫礼义（周朝传统价值观）的行为值得赞许；另一种观点认为，宋襄公的决策是拘泥于道德的迂腐，是不知道时代变化的愚蠢，甚至有人认为宋襄公仅仅是为了谋取"仁者"的美名。宋襄公是真正的道德高尚，还是沽名钓誉，这里暂且不论。但是宋襄公主张的不使用谋略，不趁人之危，堂堂正正地与敌人正面决战，就是仁义吗？想想那些在战场上死伤的宋国士兵，想想那些因为亲人离去而悲痛的宋国民众，各位还会认为宋襄公这种行为是在践行仁义吗？

历史上，很多人看不起谋略或诡道。他们或是因为自恃勇武，视之为怯懦；或是因为自命高尚，视之为奸诈。只可惜他们的勇武或高尚并不能换来战争的胜利，反而会将国家拖入灾难之中，使士兵横死沙场，累黎民遭战火涂炭。因此，切不可以以个人道德的标准来制定或评判公共决策。兵法中的谋略、诡道是为了保证国泰民安，不同于为了个人私利的不择手段。

何况即便在战争中，孙子也并不认为可以不择手段。虽然《孙子兵法》没有明确的表述，但为了实现"全胜"，很多手段显然是不可以随便使用的。比如，不能欺骗或伤害自己的盟友，否则下次战争便不会有国家愿意与自己结盟，甚至连原本的盟友也会反目成仇。比如，不可以杀害投降的俘虏，否则敌人会在以后的战争中拼死抵抗到底。比如，不能肆意毁坏占领的土地，否则会加剧当地人的抵抗情绪，即便没有引发民众变乱，新占领的土地也需要很长时间才能恢复经济生产。以上这些不择手段的做法，即便在万不得已的时候被迫使用，在胜利后的和平中也会在政治或经济上使国家遭受损失，甚至得不偿失。

"兵者，国之大事，死生之地，存亡之道。"这是孙子对战争的定义，也是孙子创作兵法的基础。中国古代的文人史官总是喜欢从大义的层面去讨论战争。但是过于强调战争的道德属性，反而容易使人忽略战争本身对国家的影响。不同于儒家喜欢给战争做道德定性，不像吴子、约米尼那样按发生的原因为战争分类，也没有像克劳塞维茨那样明确做出"战争是政治的延续"的阐释，孙子看待战争的角度是极为纯粹的。在他看来，无论正义还是邪恶，无论以何种原因发动，甚至无论过程结果如何，战争对于国家民众而言都是"死生之地，存亡之道"，如果不审慎对待，很有可能使国家与国民陷入困顿与灾难之中。正因如此，国家对军事"不可不察"。

等到真正发生战争的时候，还要注意两点：一个是要避免长时间的战争拖垮国内经济——"兵久而国利者，未之有也"；另一个是尽量减少己方在战争中的损失，保存实力——"全国为上，破国次之；全军为上，破军次之"。

孙子看待战争的视角也远超战争本身——和平时期要为可能发生的战争做准备，出外作战的同时要考虑国内经济，交战时就要想到战后的和平与经济复苏。

对于这几点，孙子也给出了相应的战略目标。《始计篇》主张保持对"道天地将法"的经营，从而保证"未战而庙算胜"。《作战篇》提出争取速胜、因粮于敌，以免国家陷入"钝兵挫锐，屈力殚货"的危机。《谋攻篇》认为要尽量减少损失，保证"兵不顿而利可全"，这样才有可能在未来"以全争于天下"。

总结而言，孙子对战争的基本要求有三点——胜利、时间短、损失小。而之后围绕如何用兵展开的讨论，都是为了实现这三个战略目标。这三点就是孙子认为的战争最基本的战略原则。

德国著名军事理论家克劳塞维茨曾说："战争是政治的延续。"他的《战争论》虽是西方现代军事理论的开山之作，可惜并不是一部完善的作品。1827年，他完成了前六章和最后两章的初稿。但是他发现自己的理论存在容易被人误解的缺陷，于是决定大幅修改。正当他不急不缓地通过研究战史来整理理论时，不幸降临。1831年11月16日，他因感染霍乱猝然离世，终年五十一岁。死前他坦言，《战争论》足以定稿的只有第一篇第一章而已，其他部分未及整理修改，之后会遭到不断的误解和批评。遗憾的是，克劳塞维茨不幸言中。后世很多军事指挥者只关心克劳塞维茨的"将军事力量最大化"的思想，却忘记了他在第一章强调的战争的性质："作为战争最初动机的政治目的，既成为衡量战争行为应该达到何种目标的尺度，又成为衡量应使用多少力量的尺度。"这种对战争本质的忽略让欧洲人在第一次世界大战中吃尽了苦头。

进入20世纪，欧洲的几乎所有人都认为各大国间迟早会爆发一场大战。但是在第一次世界大战爆发前，没有人想到战争竟然会如此惨烈，对之后人类历史的影响又如此巨大。

起初，各国都认为自己可以击败对手，而且胜利可以在短时间内轻易实现。这种天真的想法很大程度上来自各国国内高涨的民族主义情绪所带来的自负。甚至连各国军队的高层也没有意识到，技术的进步彻底改变了战争的形式（这种情况同样出现在第二次世界大战中）。即便排除技术因素，在历史上双方势均力敌的战争中，也极少出现可以轻易取胜的情况。两个强国的战争往往要持续数年甚至数十年，而欧洲的将领们却妄想在几个月内取得决定性胜利。更为可悲且可怕的是，参战各国没有明确的政治目的，这导致各国唯一的目标就是军事上的胜利，除非一方彻底失败，否则双方都缺乏恢复和平的意愿。换句话说，只有在其中一方无力维持战争时，才会展开真正的政治谈判。这样一来，无论胜利者的和平条件多么苛刻，战败者都不得不接受。俄国、奥匈帝国、奥斯曼帝国无不如此。不过最屈辱的还是德国。

战争的胜利使法国有机会彻底洗刷其从1871年普法战争失败以来长达半个世纪的屈辱，所以在巴黎和会上，法国的态度尤其强硬，法国总理克里蒙梭甚至希望肢解德国。虽然在英国和美国的坚决反对下，该企图并未实现，但法国还是通过和会达成的《凡尔赛和约》尽可能地报复了德国。条约的主要内容有三点：一、承认波兰独立；二、限制德国陆军不得超过十万人，海军不得超过一万五千人，同时限制武器制造；三、赔款两千两百六十亿金马克，随后虽然被削减为一千三百二十亿金马克，但是这个天文数字还是远远超出了德国的实际支付能力。这样苛刻的条款甚至使法国的福煦元帅惊呼："这不是和平，只是二十年的休战！"

果然，经历了惨痛的长期经济危机之后，纳粹主义横行，希特勒上台，德国在1939年重开战端。后世的一些人认为，德国军国主义之所以能够重新崛起，是因为《凡尔赛和约》还不够严苛。

这种观点显然是荒谬的，因为仇恨的种子必然结下复仇的果实。

到了第二次世界大战时，这种你死我活的战争形态依然没有改变。"无条件投降"原则的提出，虽然彰显了盟军对德国法西斯和日本军国主义者绝不妥协的态度，但是也勾起了德国与日本普通民众对《凡尔赛和约》的恐惧。这种恐惧反而被极权政府利用来鼓动国内民众进行殊死抵抗。

经历了两次惨痛的世界大战之后，英国的著名战略家李德·哈特在他的《战略论：间接路线》中有这样一句话："大战略的视线必须超越战争而看到战后的和平……战略目的为获得更美好的和平。"其实"战后的和平"不仅应该在战争过程中考虑，在开战之前就应该清晰设定关于实现战后和平的政治目标。

克劳塞维茨虽然明确定义了战争的性质，却未提及战争对国家、经济的影响。战争对社会、民众的影响往往受文学家关注，而军事家和军队将领几乎从不研究这个问题。李德·哈特曾在格里菲斯翻译的《孙子兵法》（1963年英译本）序言中这样写道："在第一次世界大战之前的时代中，欧洲军事思想深受克劳塞维茨的巨著《战争论》的影响。假使此种影响能够受到孙子思想的调和与平衡，则人类文明在本世纪（20世纪）两次世界大战中所经受的重大灾难一定可以减轻不少……任何西方政治家和军人都不曾注意他的警告——'兵久而国利者，未之有也'。"虽然在两千五百多年前孙子的时代，军事与政治、战争与和平的划分还不明确，但是孙子对战争的认识即便到了现代依然适用。

1945年8月6日和9日，美国分别对广岛和长崎投放了原子弹，两座城市瞬间被摧毁。人们惊讶于这种武器的巨大威力，就连美国人都感到震惊。也许已经预感到战争的破坏性将脱离人类的控制，美国向联合国提出限制核武器扩散。然而这个提议因为美苏两国的互不信任无果而终。随着1949年8月29日苏联第一颗原子弹的爆炸，美苏两国迅速卷入疯狂的核军备竞赛。

这就是战后新的国际秩序——以联合国为代表的国际仲裁机制和以美国、苏联为首的两大阵营的军事对峙。前者限制战争，后者意味着双方之间本质上的敌对。两者交织形成了"冷战"。

开始时，大力发展核武器的主要原因其实是因为它们远比维持常规军队更加便宜。然而这个状态没过多久就朝着相反的方向一路狂奔。氢弹和洲际弹道导弹的出现，使美苏两国乃至整个世界骤然降于核大战的阴云之下。"相互毁灭保证"（Mutually Assured Destruction，简称M.A.D.或共同毁灭原则）的军事战略思想，要求国家在遭遇敌人核打击的情况下依然拥有核反击能力。制定该策略的专家认为，如果美苏两国都能保证自己在被对方毁灭之后依然拥有毁灭对方的能力，双方就不会爆发核战争。然而令人担忧的是，双方都不知道究竟需要多少核武器才能保证自己拥有"二次打击能力"。于是为了避免爆发核战争，双方都无休止地扩大自身核武库的规模，陆海空"三位一体"的核打击力量每分钟都维持着警备状态。在这种毁灭对峙的高峰期，美苏两国的领导人——拥有"核按钮"的两个人——不得不处在巨大的精神焦虑之中。他们可能在任何时间、任何地点接到紧急电话，被告知需要在二十分钟内决定，是任由自己这半个世界毁灭，还是毁灭整个世界。1962年的古巴导弹危机，着实让美苏两国领导层深切地体验了一把这种让人崩溃的巨大心理压力。

为了避免此类事件再度发生，美苏两国尝试以外交途径限制核军备竞赛升级。1963 年，苏英美签署《部分禁止核子试验条约》以限制大气层内的核试验。1969 年美苏两国首次展开限制战略武器谈判（Strategic Arms Limitation Talks，SALT），之后又举行了多轮谈判。这虽然极大缓解了双方的紧张关系，但并没有实质性地阻止核武器规模的扩张。1966 年，美国的核弹头数量达到峰值的三万两千枚，威力总计大约相当于一百三十六万颗他投放在广岛的原子弹。此时苏联仅拥有大约五千枚核弹头，但增长速度惊人，到 1978 年后就反超美国，并保持着持续增长。

双方的博弈不仅体现在核弹头的数量上，也体现在技术上。

最初，一颗原子弹虽然拥有毁灭一座城市的威力，但是许多人仍然可以在这样的灾难中幸存——可惜这些幸存者还要面对核污染的长久折磨。不过随着核武器威力的增加，在核爆炸中幸存变得几乎没有可能。所幸，核弹必须由经过改造的重型轰炸机投放，只要掌握了己方领土的制空权，就不会遭遇广岛、长崎的悲剧。然而洲际弹道导弹的出现，使本可以寄希望于通过防空力量避免核打击的安全感骤然消失。洲际弹道导弹可以从己方腹地发射，给敌国带来毁灭性的打击。它不但无法拦截，而且预警时间极短。如果不想让对方的核导弹打击自己，就需要先发制人，摧毁敌方腹地的核导弹发射井——拥有此种能力的只有核导弹。当时的导弹精准度还很低，只能通过更大的杀伤面积来保证打击效果——"准星不够当量凑"，这进一步推高了核弹头的威力。

之后，随着导弹技术的进步，导弹越打越准，弹头的当量逐渐减小，但是核导弹的数量仍在不断增加。为了保证可以在先发制人的核打击中完全摧毁对方的核导弹,至少要保证己方核导弹的数量不少于对方。反之,要保证自身的核导弹不会在第一轮核打击中被完全摧毁,同样需要更多的核导弹。弹道导弹本身也在不断进化,发射准备时间越来越短,速度越来越快,还被装在火车和卡车上以保证机动性,一枚导弹可以携带多个分导弹头以打击多个目标,最终发展到一艘核潜舰就足以在核报复中毁灭对方。原有的"相互毁灭保证"的游戏可谓到了极致,沿着原来的发展路径继续前进的意义已经不大。

然而只有经济和科技实力更强的一方才有能力改变游戏规则——美国制订了弹道导弹防御计划,俗称"星球大战"。1983年3月,美国总统里根在演讲中宣布实施该计划。同年年底,科学家根据对火星大气的研究,预言一百枚核武器就足以导致"核冬天"——地球目前的生态系统会遭到彻底毁灭,没有人可以幸存——的出现。核武器可能导致世界毁灭,那就要用常规导弹在敌方核导弹飞行的过程中将其摧毁。不过这项技术的研发难度极大,没有人知道能否真正实现(很多人认为该计划只是一个谎言,目的是用军备竞赛拖垮苏联。然而事实证明,"星球大战"并不仅仅是一个谋略。虽然绝大多数项目因为种种原因被终止,但仍有诸如"爱国者"导弹、"宙斯盾"系统等被实际部署)。

如果美国的这项"黑科技"真的能够实现,缺乏这种弹道导弹防御能力的苏联无疑会在核战略上处于绝对下风。可惜此时苏联的经济实力已经无力跟进,只能继续扩充自己的核武库,意图用超过弹道导弹防御系统极限拦截能力的超饱和攻击挽回战略平衡。到1988年,美国的核弹头数量下降到大约两万两千枚,苏联则有约四万五千枚核弹头可以随时投入战斗。双方都意识到自己的核武库早已大大超过了毁灭世界的极限，而"核竞赛"相应的经济负担越来越沉重。

"兵久而国利者，未之有也。"热战如此，冷战也是如此。1991年7月31日，美国总统老布什与苏联总统戈尔巴乔夫于莫斯科签署了具有历史意义的《削减战略武器条约》，计划将双方的核弹头数量削减到六千枚以下（苏联解体后，1992年俄罗斯、乌克兰等国重新签署条约）。2010年，俄罗斯和美国签署了最新版的《新削减战略武器条约》，承诺将自身的核力量限制在一千五百五十枚核弹头与相应的七百套运载系统。虽然这个数量仍然足以毁灭世界数次，但该条约仍是一个巨大的历史进步。回顾冷战那段历史，站在旁观者的角度，我们总是习惯称其为"美苏争霸"。但是对于美苏两国的领导层而言，他们可能仅仅是在相互毁灭保证的情况下艰难求生而已。

《火攻篇》有言："夫战胜攻取，而不修其功者，凶。"《谋攻篇》有言："故善用兵者，屈人之兵而非战也，拔人之城而非攻也，毁人之国而非久也。"克劳塞维茨明确表示"战争是政治的延续"——战争是实现那些无法通过和平途径获取的政治经济利益的手段，而不是单纯为了击败乃至消灭对手。战争的首要目的是尽量减小自身的损失或提高自身的收益，而不是破坏和毁灭。

"主不可以怒而兴师，将不可以愠而致战。"（《火攻篇》）据说流亡荷兰的威廉二世在晚年读到这句话时，老泪纵横，深悔曾经的自己没有明白这个道理。孙子早在两千五百年前就告诫人们，个人的愤怒乃至国家民族的仇恨并不是发动战争的理由。

发动战争的唯一理由就是利——"合于利而动，不合于利而止"。看到这个"利"字，大概又会有许多人准备责难孙子了。其中很多人估计会引用《孟子·梁惠王上》："王曰：'叟不远千里而来，亦将有以利吾国乎？'孟子对曰：'王何必曰利？亦有仁义而已矣。'"然而梁惠王说的利是物质私欲之利，所以才会"上下交征利而国危矣"。而孙子指的利是什么？是国利——保民生、节公费、安国全军，这些难道不符合儒家的仁义吗？孙子的利用现代的话说，就是社会利益，即李德·哈特所说的"更美好的和平"。而基于仇恨的战争则只是冤冤相报，对社会利益有损无增，注定无法换来更美好的和平。

"不战而屈人之兵，善之善者也。""故上兵伐谋，其次伐交，其次伐兵，其下攻城。"现代的国际争端更少地诉诸战争，而更多地依靠外交或经济制裁等手段。如果能用和平手段获利，那为什么要发动战争呢？如果可以通过有限战争获利，那为什么要扩大为全面战争呢？如果能用常规武器赢得战争，为什么还要使用大规模杀伤性武器呢？以美国为例，作为全世界最富裕的国家之一，美国会冒着毁灭世界的风险发动核战争吗？显然不会。就算美国使用战术核武器——即便在绝对必要的情况下——也会长期受到国际社会和国内民众在道义上的谴责。

核武器不仅会在战争中屠杀大量平民，而且会造成长期的核污染，使当地民众永远无法享受真正的和平生活，也就是说，无法获得更美好的和平。正因如此，笔者虽然认为有时使用核武器是必要的，但同样认为应当保持对这一行为的反思和批判。只有这样，人们才能时刻不忘"更美好的和平才是战争的目的"。而为政者与军事将领则必须肩负"生民之司命,国家安危之主"的责任。

"自古知兵非好战。"这是武侯祠《攻心联》的一句。真正了解战争的人,其实并不喜欢战争,因为战争极为残酷。不管是深陷战争中的战士,还是身处战争之外的民众,都是如此。所以"慎战"一直是中国兵书的重要主题。

《吴子·图国篇》写道:"天下战国,五胜者祸,四胜者弊,三胜者霸,两胜者王,一胜者帝。是以数胜得天下者稀,以亡者众。"

《尉缭子·兵谈》写道:"土广而任则国富,民众而治则国治。富治者,车不发轫,甲不出橐,而威制天下。故曰:兵胜于朝廷。不暴甲而胜者,主胜也;陈(阵)而胜者将胜也。兵起非可以忿也,见胜则兴,不见胜则止。"

《道德经》中的"兵者不祥之器,非君子之器,不得已而用之,恬淡为上"则为《六韬》和《三略》所引用。

然而,虽然慎战思想早在先秦时代就成为兵家共识,但是两千多年来,中国这片土地上依然不断发生着残酷而具有灾难性的战乱。慎战不能阻止战争,也不等同于不战的绝对和平主义。为德军赢得普奥战争与普法战争的著名军事家老毛奇(赫尔穆特·卡尔·贝恩哈特·冯·毛奇)有这样一句名言:"永久的和平只是幻想,战争却是人类生活中必不可少的组成部分,在战争中可以表现出人的崇高……没有战争,世界将陷入自私自利之中。"

这样歌颂残酷的战争,大概会让爱好和平的人士发自本能的心生厌恶吧?如果说战争不可避免,还算情有可原。但若是说残酷的战争是崇高的,那简直就是战争狂了。亲人朋友的生离死别,身体残疾的折磨,以及挥之不去的心理阴影,都证明了战争的残酷。兵不厌诈，欺骗、憎恨、暴虐这些战争中的行为都是恶行。那么战争何有"崇高"可言？

所谓"战争的崇高"，并不是指战争本身崇高。战争的崇高体现在那些为了信念与正义，不顾个人安危参军的个人，以及他们所展现的智慧、勇气、团结、坚韧与责任感。战争虽然残酷——在物质生活越来越丰富的现代，这一点愈发明显——但是我们依然需要了解甚至坚信，仍然有一些事业与信念值得我们放弃优越的生活乃至生命而为之奋斗，这个事业就是创造更美好的和平。

战争是残酷的，会带来巨大的伤痛与悲哀。但是同时，我们也需要认识到，和平也可能是残酷的，甚至可能比战争更加残酷。商纣王传说是著名的暴君，而发动战争的周文王、周武王则被称为圣君。"伐无道"——反抗暴政、维护正义——就是儒家最为推崇的"王者义兵"。王朝初年的开国君主多励精图治，但后世继承者多坐享其成，安于享乐，以致积弊层出、民不聊生。"朱门酒肉臭，路有冻死骨"，面对官宦权贵的肆意盘剥，百姓唯有选择群起反抗，从陈胜吴广到辛亥革命莫不如是。所以这些社会底层发动的反抗暴政的战争，也被称为"起义"。西方的历史同样如此，从古罗马的角斗士斯巴达克斯不甘为奴，到1789年巴黎市民将怒火对准路易十六，从波士顿的倾茶，到第二次世界大战中无数青年加入反对法西斯主义和军国主义的战争，等等。

正义也是一种"利"。如果放在历史的长远尺度来看，正义就是最大的利益，因为**正义就是那个通往更美好的和平的路标**。

05 「形篇」注

孙子曰：昔之善战者，先为不可胜以待敌之可胜。不可胜在己，可胜在敌。

历史上那些善于指挥作战的将领，是先让自己处于不可被战胜的状态，然后等待可以战胜敌人的时机。不可被战胜，关键在自己；可以战胜，关键在敌人。

平庸的将领总想着如何击败敌人，而真正有见地的战略家则时刻让自己立于不败之地。但是在现实中真的能够做到"不可胜"吗？又如何才能做到呢？

很多注家认为，"先为不可胜"指的是"稳固的防守"；也有注家认为，"先为不可胜"指"在'五事七计'上增强自身军事实力"。这两种解释都有合理之处——都能降低自身战败的概率。但是要说这两点能够保证己方不可胜，却又未必。无论是严密的防守，还是强大的军力，都有可能被击败。

所谓"不可胜"，就是让己方在自身的军事管理与作战决策中不要出现失误。古人云"千里之堤溃于蚁穴","一着不慎满盘皆输",都是讲一个小小的过失就可能造成严重的损失。在战争中同样如此,稍不小心就有可能功败垂成。如果在战争中仅仅是绞尽脑汁地谋划怎样战胜敌人,却忽略了自身的某些缺陷,反倒很有可能被敌方击败,即便获胜也很有可能遭受重大损失,从而使国家陷入危机之中。所以孙子在《作战篇》讲要"尽知用兵之害"。不过知害只是理论,想要真正用到实际还要知己。知道了管理的目标,知道了实际情况,还要能够制订可行的具体措施,三者合一才叫完善的管理。

知己 + 尽知用兵之害 + 先为 = 不可胜

在这个基础上,想要胜敌,就要知道敌方的哪些失误漏洞是己方可以利用的——并不是敌方的所有漏洞都可以利用——这就需要"知彼"。又因为敌方的失误存在不确定性,所以还要"待"。总结一下就是:

不可胜 + 尽知用兵之利 + 待 + 知彼 = 敌之可胜

经营企业其实也是这样。先保证自己盈利,然后再想如何扩张,如何与对手竞争。许多企业在进入市场初期,就希望快速扩大自身的市场份额,甚至以牺牲利润的方式用低价拓展市场。殊不知对于企业而言,通过一款符合市场预期的产品来实现盈利才是经营的本质。低价竞争,甚至价格战的最大问题就是扭曲了市场需求。如果一款产品无法在能够获得利润的价格上受到市场欢迎，那么它通过低价"赢得"的市场份额必然无法维持。这个道理其实很简单。如果不能实现盈利，那么扩大了市场份额后不是同样不赚钱吗？而一个产品能够创造利润，就说明这个产品为经济体创造了效益，以此为基础的商业竞争才能促进国家经济的良性增长。所以国家为避免陷入经济危机，在对市场的管理中会尽量避免无利润竞争的情况出现，比如《反垄断法》《反倾销法》等都是为此而制定的。盈利就是企业的"先为不可胜"，维护经济秩序就是国家发展中的"先为不可胜"。

"先为不可胜"是兵法运用的基础，盈利是企业市场竞争的基础，而市场秩序则是国家经济发展的基础。

故善战者，能为不可胜，不能使敌之必可胜。故曰：胜可知，而不可为。

因而善于作战的将领，能做到不可战胜，但不能使敌人必然可以被战胜。所以说，胜利可以预测，但不可强求。

通过《始计篇》中"五事七计"的分析，可以对双方谁的胜算更高做出初步的判断。可惜这种胜利还仅仅是一个模糊的概率而已。等到了战场上，将领可以控制的事就只有让己方时刻保持自身的优势，掩护自己的劣势——敌人同样也会这样。故而想要实现真正的胜利，甚至是"全利之胜"，就不得不等待时机——

一个可以发挥我方优势攻击敌方劣势的时机。但这个时机不是源于己方保持的优势，而是源于敌人的失误。

所以虽然"胜可知"——知道敌人一定会出现失误，甚至大概能猜出敌人会出现哪些失误；但是敌人什么时候出现失误，在什么地方出现失误，出现多大的失误，都不是我方可以确定的——"不可为"。在敌方出现失误之前，我方能做的就是保证自己不出现失误——"能为不可胜"。

名将用兵往往都是十分谨慎的，双方都在保证自己不犯错的情况下，等待对方犯错误。两军长期的对峙实则就是孙子说的"先为不可胜，以待敌之可胜"。正是因为"能为不可胜，不能使敌之必可胜"，所以只能等待。对峙、等待也是一种博弈，既是将领之间心理素质的博弈，也是军队组织管理能力的博弈，还是国家后勤供应体系与国力的博弈，甚至是国家政治清明程度与权力结构之间的博弈。

高手过招，往往对峙多于硬拼。之前提到过秦灭六国，其中最主要也最棘手的两场战役就是灭赵和灭楚。这两战秦国的将领都是王翦，并且都是以长时间的对峙开始，最后也都是因为赵、楚内部出了问题：因为奸臣居高位而君主昏庸，所以秦国才能用离间计杀掉李牧；因为楚国的国君急于取胜（也可能是因为楚国的国力不支），项燕不得不强攻秦军营垒，在"钝兵挫锐"之后，被王翦击败。

不可胜者，守也；可胜者，攻也。守则不足，攻则有余。

面对不可战胜的敌人,则防守;面对可以取胜的敌人,则进攻。防守是因为力量不足,进攻是因为力量有余。

人们常说"进攻是最好的防守"。不过,孙子其实既不强调进攻也不强调防守,进攻与防守只不过是在不同的战局演变中,为了取得胜利的两种不同行动方式而已。《虚实篇》所谓"因敌变化而取胜"。孙子对于攻防两种手段并没有偏好。进攻或防守只是根据敌方是否"可胜"来进行选择的。

善守者,藏于九地之下,善攻者,动于九天之上,故能自保而全胜也。

优秀的防守就如同深藏于地底,优秀的进攻就如同在天上行动,因而能有效保全自己,从而获取全面胜利。

"善守"的要点在于"藏","善攻"的要点在于"动";"藏"能"自保","动"能"全胜";"藏"意味着隐秘,"动"意味着迅捷;"九地之下"形容隐藏得深,"九天之上"形容行动得快。《军争篇》的"难知如阴,动如雷震",与这两句表达的意思相同。

不过究竟如何藏,如何动,孙子在这里没有讲,后面的篇章会有所涉及。现代军事中的藏与动则是通过高科技军事装备实现的。比如,战机或导弹会采用超低空突防战术以躲避敌方的雷达搜索。又如,美国的F-22"猛禽"战斗机最主要的特征"隐形"

（其设计最小雷达反射面积只有 0.005—0.01 平方米左右，实际数据未知）其实就是"藏"，另一项重要指标——超音速巡航能力就是"动"的体现。而地下指挥所、弹道导弹更是对"九地之下""九天之上"的完美演绎。

见胜不过众人之所知，非善之善者也；战胜而天下曰善，非善之善者也。故举秋毫不为多力，见日月不为明目，闻雷霆不为聪耳。

预见胜利没有超过大多数人都已经知道的，不是最好的；通过战场拼杀取得胜利，而且天下人都说好，也不是最好的。就像举起一根毛不算力气大，看见太阳、月亮不算眼力好，听见雷鸣不算听力好一样。

《孙子兵法》只有六千余字，且内容广泛而深刻，可谓字字如金。但是这里的两句话怎么看都像并无高见的"废话"。笔者在很长一段时间里都是这样认为的，直到在注解的过程中，才理解了这句话的作用，以及两个"非善之善者也"的真正含义。不过在此先不表，放到后文再做详细分析。

古之所谓善战者，胜于易胜者也。故善战者之胜也，无智名，无勇功。

古代被称为善战的将领，是战胜容易被战胜的敌人。所以这些善战者的胜利，既没有智谋的名声，也没有勇武的功劳。

"易胜者"的直接理解是"容易被战胜的敌人"。获胜者赢得的是一场简单的胜利，自然"无智名，无勇功"。可惜的是，既没有智名又没有勇功的善战者，因为缺少传奇的故事而很少得到后世的效法。

"无智名，无勇功"的另一种可能是世人看不懂他们的高明之处。《鹖冠子·世贤》记载了这样一个故事。魏文侯问名医扁鹊："你们兄弟三人中谁的医术最好？"扁鹊回答说："我大哥最好，二哥次之，我是最差的。"魏文侯很诧异，问他原因。扁鹊答道："我大哥治病，在病症还未出现之前就将其治好了，所以大家还以为他不会治病；我二哥在疾病刚出现的时候就把病治好了，所以人们以为他只会治小病；而我治疗的都是重症患者，治好之后大家都说我是神医。"

扁鹊的两个哥哥不是不会治病，他们之所以没有名气，只是因为世人看不懂他们高明在何处而已。兵法其实也是一样。胜负的结果所有人都看得到，而实现胜利的过程却只有少数人看得明白。

细想下来，不懂战争是中国历代史家的通病。由于小说家的影响，后世的很多文人将两军沙场对垒视为街头混混打群架的放大版，赢得战争要么是使用奸诈诡计的小聪明，要么是靠力大无穷的猛将力挽狂澜。这样的"智名"和"勇功"反倒通过小说"千古传诵"，而后世却因此连古代战争的本来面目都弄不清楚了。文人笔下的"千古佳话"不但没有成为后事之师，反倒使中国在军事思想上产生了严重的倒退。

故其战胜不忒。不忒者，其所措必胜，胜已败者也。故善战者，立于不败之地，而不失敌之败也。是故胜兵先胜而后求战，败兵先战而后求胜。

所以善战者的胜利从不出现差错。之所以没有差错，是因为他们只投入必胜的战斗，击败已经失败的敌人。所以善于作战的将领，总是确保自己先立于不败之地，而不放过敌人的任何失误。因此，获得胜利的一方是先具备必胜条件，然后再与敌人交战；失败的一方是先同敌人交战，然后再看能不能取胜。

"已败者"可以说是"易胜者"的更进一步说法。"易胜者"似乎还有一些挣扎的机会，但"已败者"就毫无反抗的可能了。对于"善战者"而言，二者的区别在于胜利的代价。如果可以进一步削弱对手，让"易胜者"变成"已败者"，就能取得更加全面的胜利——"全胜"。海湾战争中，以美国为首的多国部队就是通过39天（1月17日—2月24日）的大规模空袭，先将伊拉克从"易胜者"变成"已败者"，然后才展开地面攻势。

到此为止，孙子对胜者和败者使用了数种不同的称谓，值得略加梳理。

"先胜而后求战"不可能真的是说"获得胜利之后才去打仗"，而是"知道此战必胜才去开战"，那么为什么可以"先胜"呢？是因为"胜可知"呢？还是说我方"先为不可胜"？孙子给出的答案是"立于不败之地，而不失敌之败也"。"立于不败之地"的说法和"先为不可胜"是相同的，而"不失敌之败"的意思也与"待敌之可胜"相同。那么"所措必胜"的含义应该就是"立于不败之地，而不失敌之败也"这两条的结合。

在敌方尚"不可胜"的时候，我方当然不能进攻，不进攻就要好好防守，我方在防守时同样要做到"不可胜"——此时双方都保持在"不可胜"的状态。而"不可胜"的要点在于"藏"，在于"难知如阴"——站在敌人的角度就是不让敌人"知彼"。而与此同时，我方却要尽量"知彼"，这样才能发现对方的漏洞。一旦发现敌方出现"可乘之机"就要迅速转入进攻——"动如雷震"，因为只有行动足够迅速才能做到"不失"。

很多人都会有一种误解，认为"进攻"与"防守"是完全对立的两个概念，这种看法是不正确的。军事行动虽然确实只有"进攻"和"防守"两种形态，但是还存在战略与战术之分。在战术上，军队不在"进攻"就是转化为"防守"，即便是行军、宿营、吃饭，即便是表面上敌军远在天边，军队也要时刻保持警惕，防范对方偷袭——随时准备防守。

一支在战略上进攻的部队，在会战中（战术上）很可能是处于防守的状态。同样，在战略上处在防守的部队，也可能会在采用战术上的进攻行动。孙子的时代，或是说他自己，是否已经对战略和战术上的攻防做出了这种详细的区分，我们并不知道。也可能在他们看来，这种详细的区分并无必要，毕竟进攻与防守就像硬币的两面。不过无论在何时，防守的目的都是为了不被击败，而进攻的目的在于谋求胜利。

当然，并非只能在自己兵力具有优势的情况下才能发动进攻。有时恰恰是兵力不足以防守，所以选择进攻。如《九地篇》有言："'敌众整而将来，待之若何？'曰：'先夺其所爱，则听矣。'"进攻与否并不取决于实力强弱，而是取决于敌方的疏漏是否足以让我方取胜——漏洞"不足"的时候就维持防守，漏洞"有余"的情况下就发动进攻。

在孙子看来，防守的主要目的是为了"不可胜"，其主要方式是"藏"，而不是获得防守的战术优势后与敌人硬拼。所谓"善守者，敌不知其所攻"，之所以敌人会"不知其所攻"是因为找不到我方弱点——无论是人还是军队都无法做到完全没有弱点，既然如此只能将自己的弱点"藏"起来，使敌人"不知彼"。

同样，进攻取胜的原因也不在于军力的强大，而在于敌方自身出了问题。军事实力的强弱不仅要看兵力的多寡，士兵的训练水准、将领的管理能力、后勤供应等都是影响军事实力的重要因素。即便是在敌我双方兵力不变的情况下，双方的力量对比也可能出现此消彼长的情况——这就是《孙子兵法》的核心思想之一"虚实"。如何通过"藏"与"动"使敌人变"虚"，让自己变"实"，从而实现"以实击虚"，这些将在后文《虚实篇》介绍，在此先不详述。不过读者在此要明确的是，"可胜"与否虽然在正常情况下与双方军事实力的大小直接相关，但是通过兵法的运用也可以使其失去关联。

"先战而后求胜"就是跟敌人拼蛮力，在战斗结束之前，胜负始终是未知数。这种作战方式可以说是在赌博——赌敌人不会运用兵法，赌敌人不会发现己方存在的问题，甚至赌自己的部队没有任何疏漏。不可否认，历史上赌赢的人不在少数，但孙子显然并不赞同这样的做法。他认为"善战者"应该做到"先胜"，也就是在保证我方始终处在"不可胜"状态的基础上，等待敌人的"不可胜"在对峙过程里出现"可胜"的时机，然后继续运用兵法让敌人从"易胜者"变成"已败者"，这样就可以做到"先胜而后求战"。这正是兵法运用的奥义所在，也只有能够如此的将领才有资格真正被称为"善战者"。

合格的企业先彻底分析市场需求，然后才开发产品——"先胜而后求战"；失败的企业在生产出产品之后才开始找市场——"先战而后求胜"。一件产品之所以能为企业带来利润，并不是因为其先进程度、物美价廉或良好的用户体验，根本在于这个产品能够满足消费者的需求。这个需求不是现成的，而是需要企业家去发现的。当企业家发现了这些"未被满足的市场需求"后，再通过技术或商业手段将其变为现实。优秀的企业在研发的过程中会不断邀请用户去考核他们未成形的产品，直到产品通过测试之后才将其推向市场。相较于推出后直接投入市场的产品，这些在研发过程中就接受过客户检验的产品自然有更大的概率让市场消费者满意。

让消费者满意确实可以获得利润，但仅仅如此还不足以使企业出类拔萃。经济学有一条基本定律：市场竞争会压缩企业的利润。硅谷的创投教父级人物彼得·蒂尔在他的《从0到1》中曾提出这样的观点：企业要获得更高的利润就要避免竞争，实现垄断。垄断其实就是在商业竞争企业追求"立于不败之地"的方式。

彼得·蒂尔所说的"垄断"只是"相对垄断",而非通过权力或恶性竞争实现的传统意义上的"绝对垄断"。传统的垄断通常必须借助一定的权力才能维持,比如用法令或高关税阻止他国企业进入本国或本国殖民地市场。倾销则往往是毁灭竞争对手的有力武器——先用不合理的低价将竞争对手挤出市场,然后垄断企业就可以肆意操纵价格,谋取高额利润。一旦形成了垄断,生产效率就变得不再重要了。换言之,虽然垄断企业自身可以获得高额利润,但社会总体财富和经济效益却没有明显增长,甚至还会下降。

但是,由于当代市场竞争规则的建立以及科技的发展,企业实现长期的垄断已经变得愈发不可能。如果想不断获得"垄断利润",企业就要持续不断地提高自己的效率或为用户提供更有价值的产品。比如,就个人电脑操作系统而言,微软一直维持着压倒性的市场占有率,但是它之所以能够维持这一市场"垄断",靠的是不断的产品迭代与创新。因为一旦止步不前,公司的"垄断"地位极有可能被能为用户提供更高价值的竞争者取代。只有能够持续为用户提供不可替代的价值,微软才能维持"垄断"地位。所以微软只能不断创新,不但要投入巨大的研发经费,更要频繁面临新的风险。同时,新技术、新趋势还会对企业造成不可预测的冲击。微软在智能手机操作系统上的失败就是典型案例。所以说,与"权力型垄断"不同,"创新型垄断"是市场竞争的产物,而非阻止市场竞争的结果。

而创新同样要注意"藏"与"动"。所谓"藏",就是使自身的产品规划和新技术对外保密;所谓"动",就是发现市场空白后迅速研发产品,使其可以尽早投入市场。"藏"与"动"是为了在跟风的竞争者推出类似产品之前尽量长时间地维持自己的"垄断期"。

除此之外,企业还可以通过"避实击虚"获得垄断,这一点在之后的《虚实篇》再做讨论。

本篇从开头至此,可以说都是在做逻辑推导,以论证"想取得胜利就要先做到不被敌人击败"这个道理。丰富的军事家虽然没有使用任何巧妙的战术,但是仅凭其优秀的治军能力让己方"立于不败之地",就足以战胜那些还不懂得如何治军的敌方将领——"已败者"。后世的战争虽然越来越倚重兵法的运用,但是切不可忘记治军是最基础的兵法,而"立于不败之地"才是运用谋略的起点。

善用兵者,修道而保法,故能为胜败之政。

善于用兵的将领,(和平时)总是注意政治清明,确保法度公正,所以(战争中)能够左右战争胜负。

本篇的主要内容是论证"立于不败之地"的重要性。然而不可忽略的是,"立于不败之地"也是有前提条件的,那就是己方在军事实力上不能与敌方相差太远。若是双方实力悬殊,那么无论治军如何严整,兵法运用得如何巧妙,都不可能反败为胜。所以孙子在论证了如何运用兵法"为胜败正"后,还要提醒将领与主政者:一切兵法运用的前提还是《始计篇》中的"道天地将法",

所以要"修道而保法"。

兵法:"一曰度,二曰量,三曰数,四曰称,五曰胜。地生度,度生量,量生数,数生称,称生胜。"

《兵法》有言:"一是土地幅员,二是粮食物资,三是部队数量,四是双方力量对比,五是胜负优劣。度量土地幅员的广狭,土地幅员决定粮食物资的多少,粮食的多少决定兵员的数量,兵员数量决定部队的战斗力,部队的战斗力决定胜负优劣。"

此处的《兵法》应该是某部更古老的兵书。《始计篇》的"五事七计"并没有明确包含兵员数量这一项,这段很可能是一个补充。按封建时代的规则,小领主率领的军队规模与受封的土地面积或粮食产量正相关。如果一个国家的土地面积不发生大的变化,该国可以动员的兵员数量是相对稳定的。故而与"五事七计"中的那些条目不同,兵员数量这一条在封建时代很难通过有效的治理产生明显变化。这可能就是孙子没有将这一条列入"五事七计"的原因。

故胜兵若以镒称铢,败兵若以铢称镒。

所以胜利的一方如同以镒称量铢,失败的一方如同以铢称量镒。

镒和铢都是古代金属重量单位，常用于计算金钱的重量，一镒等于五百七十六铢。这句话的意思很好理解，就是说在巨大的实力差距面前，胜负是没有任何悬念的，正如前文所说的"举秋毫不为多力"。

不过仔细推敲一下，这句话又颇值得玩味。五百七十六比一的差距在现实战争中是没有可能达到的，即便是十倍的优势也是需要通过兵法来实现的，用"以镒称铢"来描述胜利的必然性，是否过于夸张？前文说"胜兵先胜而后求战，败兵先战而后求胜"。既然这两句话都在说"胜兵"和"败兵"，那么这两句话之间有联系吗？

古代称重使用何物？杆秤。那么以镒称铢就应该是用镒做秤砣来称铢。杆秤依靠的是杠杆原理，即重量越大，力臂也就越短。所以用重量大的秤砣来称重量小的物品时，只要将秤砣稍稍挪开平衡点就可以了。相反，如果用小秤砣去称大重量，则需要很长的力臂，这样就需要大幅移动秤砣，这就是以铢称镒。

秤砣在古代称作什么？就是"权"。这个挪动秤砣的过程叫什么？"制权"！而这个"因利而制权"的过程指的就是运用兵法：如果实力远大于对方，就几乎可以不用兵法——只需要小幅挪动秤砣就可以达到杆秤平衡；相反，实力远逊于对方，即便将秤砣移动到秤杆的末端，怕是也无法平衡双方实力的差距。所以，与其说这句话是在说明需要通过巨大的实力优势来谋取胜利，不如说是在重复之前"修道而保法，故能为胜败正"的观点：在实力差距过大的情况下，再高超的兵法家也无法逆转战局。

胜者之战民也，若决积水于千仞之豀者，形也。

高明的将领指挥作战，就像决开千仞深谷中的积水一样，这就是"形"。

"决积水于千仞之豀者"的气势很容易想象，这绝不是人力可以对抗的。如何实现这一点？就是通过"形"。本篇虽以"形"为题，却在最后才提到"形"。那之前讨论攻和守的部分也是在说"形"吗？"形"这个概念又该如何解释？这句话究竟表达的是什么意思？这些问题在此还难以说明，待了解了《势篇》与《虚实篇》之后，再做详细讨论。

孙子曰：

昔之善战者，先为不可胜，以待敌之必可胜。不可胜在己，可胜在敌。故善战者，能为不可胜，不能使敌之可胜。故曰：胜可知，而不可为。

不可胜者，守也；可胜者，攻也。守则不足，攻则有余。善守者，藏于九地之下，善攻者，动于九天之上，故能自保而全胜也。见胜不过众人之所知，非善之善者也；战胜而天下曰善，非善之善者也。故举秋毫不为多力，见日月不为明目，闻雷霆不为聪耳。

古之所谓善战者，胜于易胜者也。故善战者之胜也，无智名，无勇功。故其战胜不忒。不忒者，其所措必胜，胜已败者也。故善战者，立于不败之地，而不失敌之败也。是故胜兵先胜而后求战，败兵先战而后求胜。

善用兵者，修道而保法，故能为胜败之政。兵法："一曰度，二曰量，三曰数，四曰称，五曰胜。地生度，度生量，量生数，数生称，称生胜。"故胜兵若以镒称铢，败兵若以铢称镒。

胜者之战民也，若决积水于千仞之谿者，形也。

06 「勢篇」注

孙子曰：凡治众如治寡，分数是也；斗众如斗寡，形名是也；三军之众，可使必受敌而无败者，奇正是也；兵之所加，如以碫投卵者，虚实是也。

治理人数众多的大部队就像管理几个人一样，是依靠合理的组织编制；指挥大军团作战就像指挥小部队一样高效，是依靠旗帜、金鼓的指挥系统；全军将士与敌交战而不会失败，是依靠运用"奇正"的变化；进攻敌军，如同用石头砸鸡蛋一样容易，是因为以实击虚。

本篇涉及的概念比较多，所以稍显杂乱。孙子开篇便列出了四个概念——"分数""形名""奇正""虚实"。

"奇正"是本章的主要内容，"虚实"是下一篇的内容。"分数"与"形名"都是军法的基础知识，前者是军队的组织管理形式，后者是指挥作战体系。由此可以看出，对于军队而言，组织管理与作战指挥是两套不同的系统，两套系统同样重要。很多人只关心战场上的交锋对决,却忽略了占战争绝大多数时间的战场以外的军事问题。

"治众如治寡,分数是也。"这说的就是战场外的军队管理。比如行军调度的先后顺序如何,如何安排各部队驻扎,每个帐篷住多少人,帐篷相距多远,军马如何安置,军粮如何发放,军队如何从各处营帐集结到战场,等等。

以上是军营里的管理方法,到了战场上情况又不一样了。几万人挤在一起,如何分辨敌友,如何知道某支部队在什么地方,在嘈杂的战场上如何知晓将领的命令?这些就要靠旗帜和金鼓。每支部队有自己的旗帜,举得高高的,远远望过去就可以知道那支部队在什么位置。区域内旗帜数量的多少就能大致判断那里部队数量的多寡。战场上喊杀震天,就需要通过金(一块大金属板)、鼓、号角发出巨大的声音来传达指令,比如击鼓就是命令部队前进,敲金属板就是让部队撤退。这就是"斗众如斗寡,形名是也"。

"形名"其实不仅仅是指挥部队的手段,更是从思维上将实际在战场上拼杀的部队抽象化。这种抽象直接反映在将领的培养过程中——在地图上用不同颜色的旗帜分别代表敌我,分析形势,通过移动旗帜来模拟指挥部队。久而久之,这种模拟演变成各种各样的战棋类游戏。现代军事中,军队也经常使用电脑模拟的兵棋推演来培养指挥官的实战能力。

凡战者,以正合,以奇胜。故善出奇者,无穷如天地,不竭如江河。终而复始,日月是也。死而更生,四时是也。声不过五,五声之变,不可胜听也;色不

过五，五色之变，不可胜观也；味不过五，五味之变，不可胜尝也；战势不过奇正，奇正之变，不可胜穷也。奇正相生，如循环之无端，孰能穷之哉？

但凡作战，都是以"正"应对，以"奇"实现胜利。善于出奇，就像天地运行一样无穷无尽，像江海一样永不枯竭。终而复始，是日月运行的规律；冬去春来，是四季变化的规律。声音只有五种，然而五音通过组合变化，乐曲永远听不完；颜色只有五种，然而五色通过组合变化，图画永远看不完；味道只有五种，然而五味通过组合变化，美味永远尝不完。战争不过奇正两种形式，而奇正的变化，永远无穷无尽。奇正相互转化，就好比圆圈的循环无始无终，谁能穷尽这种变化呢？

按照《形篇》介绍的兵法运用逻辑，"以正合"应该是指双方都处于"不可胜"状态的阶段，在这个阶段通过兵法常规来稳健地应对即可。"以奇胜"应该是说我方以敌人意想不到的奇兵来夺取胜利。为什么一定要用不同寻常的方法取得胜利呢？因为不同寻常就会让敌人难以预料，这就是"不知"。难以预料就会缺乏应对措施，这就是"不虞"。缺乏应对措施就会产生慌乱，而慌乱就会造成漏洞。有了漏洞，就可以赢得简单的胜利。

所以，奇兵不仅仅是将领手中伺机而动的预备队，也不仅仅是从侧后包围敌人，更重要的是奇兵能够出乎敌人意料——让对手意想不到的事才会令其手忙脚乱，甚至惊慌失措。那么如何让人意想不到呢？就是要打破常规，就是不同寻常，也就是所谓的"诡道"。

而所谓"奇正相生,如循环之无端",就是说可以用创新去打破常规,而当创新逐渐成为常规时,又需要进一步的创新去打破之前的创新。这种不断的变化有时会回到原点,抑或不断革新下去。除了具体的阵法和战略战术的运用,国防的建设、武器的设计都可以纳入"奇正"的范畴。

这里需要注意的是,正常战法也可以实现胜利,至少不会是"输得惨"的战法,只有这样的战法才会被教科书称为"正常战法"。既然如此,为什么孙子还要说"以奇胜"呢?因为敌人知道你用这种战法可以击败他,他难道会坐等被你击败吗?肯定不会。所以他的战法也会相应调整,直到不再被这种战法轻易击败。如此一来,便出现了另一种正常战法,而这两种正常战法获胜的概率相近。在这种情况下,想要获得"易胜"就没那么简单了,于是就要"出奇",打破原有的正合平衡。但是,出奇还要正确才行,大多数不同寻常的战法反而会招致失败。如何正确地出奇,就是兵法需要阐述的另一个重要内容了。对于这个问题,《孙子兵法》并没有给出单独的论述,而是在后面的篇章中零散地给出了诸多原则上的注意事项,以及不同行动相应的利害得失。至于如何通过这些原则出奇,就需要后世将领运用自己的智慧得出结论了。更何况写下来的战法都会变成正常战法,出奇怎能可能写得出来呢?"奇正相生,如循环之无端,孰能穷之哉?"

激水之疾,至于漂石者,势也;鸷鸟之疾,至于毁折者,节也。故善战者,其势险,其节短。势如彍弩,

节如发机。

湍急的流水之所以能移动石头，是因为"势"的缘故；猛禽高速俯冲攻击，可以将猎物的骨头折断，是因为发力迅猛。所以善于作战的将领拥有的"势"是险峻的，"节"是短促的。"势"就像张满的弩，"节"就像弩的扳机。

"激水之疾，至于漂石者"是用洪水为喻，凸显"势"不可挡的力量——就连石头也无法抵抗这种力量。

将"势"与"节"融为一体的是弩。想将弓保持在满弦状态，必须通过人力维持。弩则不同，弩在拉满弦之后可以通过机关维持在待发状态，然后等待合适的时机扣下扳机（也就是"节"），将积蓄能量的弩箭发射出去。"势险"是说"势"两边的落差大，所以释放的能量就大。"节短"是指释放的时间短，两者合在一起就是要求一种具有破坏性的、不可阻挡的爆发力。"势"是蓄势待发，"节"是伺机而动。

纷纷纭纭，斗乱而不可乱；浑浑沌沌，形圆而不可败。

战场上双方的旗帜纷乱飞舞，战斗虽然混乱，但是将领的内心不能乱；看似混沌不清，但是只要阵形圆满没有破绽，就不会被打败。

"纷纷纭纭，斗乱而不可乱"讲的是战场上两军厮杀的状况，也是在讲"形名"。"纷纷纭纭"就是旌旗交杂飞舞的样子。前文说过，古代打仗，每支部队都有相应的旗帜。交战之前，这些旗帜都整齐地树立、飘扬着，但陷入混战后，双方的旗帜就变得杂乱，看不清了。现代人多少可以通过影视作品来了解战场的实际状态——现代很多电影对古代战争场面的描绘已经十分准确——敌我交杂，人马混同，尘土飞扬，喊杀震天，以及银幕无法呈现的鲜血的味道和尸体的恶臭，这就是"斗乱"。

"形圆"是指"阵形圆满没有破绽"。意思是，即便看上去有些混乱，但敌人找不到能将我方击败的突破口。

乱生于治，弱生于强，怯生于勇。故善动敌者，形之，敌必从之；予之，敌必取之。以利动之，以卒待之。治乱，数也；强弱，形也；勇怯，势也。

（如果将领管理不善或决策失误，）原本秩序井然的军队就会变得混乱，原本强大的战斗力就会变得羸弱，原本勇敢的士兵就会变得怯懦。善于调动敌军的将领，敌人就会不得不服从他的安排；给予诱饵，敌军必然上钩。用利益引诱对方，让士兵等待敌人落入圈套。军队治理有序或者混乱，是组织能力决定的；军力强大或者弱小，是"形"决定的；士兵勇敢或者胆怯，是"势"决定的。

本以为能捞到好处，却突然遭到伏击的军队会出现什么状况？本来整齐的阵形会开始变得混乱；本来气势汹汹的士兵转而魂飞魄散；本应是强悍的猎人，结果瞬间变成了弱小的猎物。"形之，敌必从之；予之，敌必取之。"这两句话就是通过实例给出一种强弱转换的方法（但并不是说强弱转换只能通过这一种方法）。

这里又提到了"形"，不过这里的"形"应该是动词。上一章中，我们并没有具体说明"形"的概念。这段出现了两个"形"字——"形之，敌必从之"和"强弱，形也"——这两个"形"的意思似乎不太一样。那么"形"到底应如何解释呢？

到此，除了下一篇的主题"虚实"，本篇开头出现的四个概念都已经或略或详讨论过了。但"形"和"势"这两个概念，似乎依然不甚明了。

故善战者，求之于势，不责于人，故能择人而任势。任势者，其战人也，如转木石。木石之性，安则静，危则动，方则止，圆则行。故善战人之势，如转圆石于千仞之山者，势也。

所以，善于作战的将领依靠"势"来求取胜利，而不是苛求人，因而能够排除人的不确定性而依靠"势"取得胜利。所谓依靠"势"，就是让部队在作战时，像转动木头和石头一样。木头和石头的性质，处于安稳平坦的地方则静止，处于危险陡峭的地方则滚动；做成方形则容易停止，做成圆形则容易推动。所以，善于作战的将领所构筑的"势"，就像让圆石从极高的山上滚下来一样。这就是"势"。

前文说到，遇到伏击后，"本来气势汹汹的士兵转而魂飞魄散"。是什么因素使士兵出现这种变化呢？答案是"势"。

善战者之所以"求势不求人"，是因为人的状态会随着"势"的不同而变化——"勇怯，势也"。而"势"则是可以被善战者人为制造出来的。

什么叫"任势"？就是"如转圆石于千仞之山者"。结合之前的比喻——"激水之疾，至于漂石者，势也"，"势如彍弩，节如发机"——"势"的最大特点就是能量巨大、不可阻挡。

那什么叫作"释人而任势"呢？"如转木石。木石之性，安则静，危则动，方则止，圆则行。"圆形的东西容易转动，尤其是在斜坡上，一旦释放就会自行滚落；而想要移动方形的东西就比较困难。所以想要真正地"任势"，不但要处在高山上，木头、石头的形状还要是"圆"的。既然"其战民也，如转木石"，那么"任势"时，人的"形状"是不是也要是"圆"的呢？当然！前文不是就说"形圆而不可败"吗？

但是如果让人的形状变成"圆"的，是否就与"不责于人""释人"的说法相矛盾了呢？不冲突。无论"圆"还是"方"，都是木石的自然性质。只不过是在不同环境之下，选择其中一种更便于利用而已——静尚方，动尚圆。木石的形状不是他们自己决定的。同样地，士兵的"形状"也不是他们自己决定的。为了更好地理解"释人而任势"，这里需要提前介绍一些《九地篇》的内容。

***

投之无所往，死且不北。死焉不得？士人尽力。兵士甚陷则不惧，无所往则固。深入则拘，不得已则斗。是故其兵不修而戒，不求而得，不约而亲，不令而信。

把士兵扔到无处可去的地方（与敌人交战），就算死也不能逃跑。怎么才能够不死呢？就是尽力拼杀。士兵深陷困境之中，反而不再恐惧；如果无处可逃，就只能坚守阵地。深入敌方领土，士兵就会拘谨而容易被约束，如果迫不得已就会拼命战斗。所以在这样的状态下，将领不需要强调管理，士兵自己就会小心戒备；不去主动要求，士兵也会奋力效命；没有誓言的约束，士兵也能团结协作；不需要三令五申，将领也能够树立威信。

"北"古时同"背"，是"逃跑"的一种委婉说法。"死且不北"的意思就是说"要么战死，要么被俘，反正已经无路可逃了"。士兵当然既不想被俘，也不想战死，因此想要避免这两种情况，就只能奋力拼杀。

"无所往"并不一定是无路可逃，可能仅仅是因为深入敌境，士兵人生地不熟，甚至连语言（方言）都不通，即便想开小差逃回家，怕是也找不到回家的路，半道上还有可能被敌人抓获。这样一来，或许还不如跟随部队前进安全。所以说"无所往则固"。

在敌人的地盘上，必然危机四伏，稍有不慎就会暴露己方部队的行踪，从而被敌人包围。所以士兵就会加倍提防，不敢肆意妄为，故而"深入则拘"，"拘"直译就是"拘谨"的意思。以点火为例。火对于古代人而言，就和现代的电力一样重要，甚至更加重要。火可以带来光，可以取暖，可以煮饭，更重要的是，可以驱散内心的恐惧。但是深入敌境时，士兵就不敢随意生火，因为烟会在白天暴露自己的行踪，火光会在夜里显露自己的位置。现代战争同样如此。夜晚一根放纵的香烟，就可能使自己成为敌人子弹的目标。

正是因为危机四伏，所以士兵才能够"不修而戒，不求而得，不约而亲，不令而信"。那些平日里将领用尽各种手段都难以使士兵完全遵守的军规，到了"甚陷"或"深入"的境地，士兵便会自觉执行。

另一个值得注意的地方是"甚陷"的"甚"字。这也许就是现代心理学所说的"应激反应"——人在极度紧张的状态下，反而会因为自身激素的刺激变得异常兴奋。"甚陷"正是希望通过制造强烈的紧张感，从而激发人本能的应激反应。

吾士无余财，非恶货也；无余命，非恶寿也。令发之日，士卒坐者涕沾襟，偃卧者涕交颐，投之无所往者，诸、刿之勇也。

我们的士兵没有多余财物，并不是因为讨厌富有；舍生忘死，并不是因为讨厌长寿。奉命出征的当天，士兵们无论坐着，还是躺着，都泪流满面。但是当他们到了无处可逃的境地时，就能爆发出像专诸、曹刿那样（不要命）的勇气。

专诸是中国古代最著名的几个刺客之一，可惜他刺杀吴王僚时所用的鱼肠剑反而比他本人更有名。吴国当时的传位方式是"兄终弟及"，阖闾（公子光）的父亲最小，排第四。老三死时，按理应该由他这个老四继位，然而他不肯接受，于是老三就传位给了自己的儿子吴王僚。历史读多了，对当时的情况大致能猜个一二——这种事多半不是自愿的。老四的儿子阖闾心里当然不服，几年之后便开始谋划刺杀吴王僚。于是伍子胥就帮他找来了专诸。在一次宴会上，虽然吴王僚戒备森严，但是专诸将一把匕首藏在鱼肚子里，利用端鱼上桌的机会凑到吴王僚身边，迅速掏出鱼腹内的匕首当场刺死吴王僚。随后专诸也被旁边的侍卫砍成肉酱，但这已经不能妨碍政变成功了。继位之后，阖闾封专诸的儿子为贵族，以示感激。

至于曹刿，《史记·刺客列传》有这样的记载：鲁国在一次战争中败于齐国，不得不割地求和。在鲁国国君与齐桓公的停战谈判中，曹刿突然用匕首挟持齐桓公，胁迫齐国放弃割地的要求。齐桓公虽然勉强同意，但心中怒火难平，回到军中就想背弃刚刚在胁迫下签订的条约。然而他的宰相管仲劝阻他说："如果背弃了盟约，未来就不会有诸侯愿意与我们结盟了"。于是齐桓公如约归还了占领的土地。

专诸和曹刿的共同特点就是"不怕死"。这种"勇"显然不同于"将之五德"中的"勇"，它就是常说的"匹夫之勇"，这对于个人而言其实是一种值得赞许的品质。"匹夫之勇"之所以常被用作贬义词，是因为个人的道德准则与作为领导者需要拥有的能力素质并不相同，有道德洁癖的人往往做不好领导。

这里再说一个刺客的故事——荆轲刺秦。荆轲以献地图为名，近身行刺秦王，无论成功与否必然是有去无回。临行拜别太子丹、高渐离等人时，荆轲唱道："风萧萧兮易水寒，壮士一去兮不复还。"在场的每个人都泪流满面。这个场景就像孙子描述的"令发之日，士卒坐者涕沾襟，偃卧者涕交颐"。谁都怕死，一听说要上战场，坐着的人也哭，躺着的人也哭。但真正面对死亡时，反倒坦然了，这就叫"勇"。相比之下，荆轲的随行秦舞阳十三岁就杀过人，人见人怕，但是跟荆轲走到秦王宫殿门口时反而怂了，吓得瑟瑟发抖。秦舞阳其实就是恶霸无赖的典型，只敢在比自己弱小的人面前耍耍威风，遇到比自己强的人就低三下四，委曲求全。这种人只能叫势利小人，连匹夫之勇都算不上，更不要说担当责任这样的大勇了。

不惧艰险，不畏强权，这才是真正的"勇"。

故善用兵者，譬如率然；率然者，常山之蛇也。击其首则尾至，击其尾则首至，击其中则首尾俱至。敢问："兵可使如率然乎？"曰："可。"夫吴人与越人相恶也，当其同舟而济，遇风，其相救也如左右手。是故方马埋轮，未足恃也；齐勇若一，政之道也；刚柔皆得，地之理也。故善用兵者，携手若使一人，不得已也。

所以善于用兵的将领，指挥部队就像"率然"一样。"率然"是常山上的一种怪蛇，攻击它的头，尾巴就会来救援；攻击它的尾巴，头就会来救援；攻击它的中间，头和尾都会来救援。有人会问："真的能让士兵像'率然'一样吗？"答案是可以。吴国人与越国人是世仇，但是当他们一同坐在一艘遭遇风暴的船上时，就会像左右手一样互相帮助。把马拴在一起，把车轮埋起来，也不足以让士兵坚守阵地。士兵之所以齐心协力奋勇拼搏像一个人一样，是因为将领治军得当；士兵既勇敢又谨慎，是因为将领善于利用战地环境。所以善于用兵的将领，指挥众多士兵就像手把手操控一个人一样，这是因为环境使士兵不得不听从指挥。

"率然"是一种传说中的怪蛇，现实中并不存在，具体的形象也并不清楚。

"刚柔皆得"中的"刚"指勇猛，即"诸、刿之勇"；"柔"与之相对，是"柔弱、温和"的意思，即之前讲的士兵的自我管理。"地之理"指的就是《九地篇》的内容，具体到这段文字，就是"无所往""甚陷""深入"使士兵可以在自我管理的同时勇猛作战。

军队是由一个个拥有独立意志的个人组成的，每个人都有自己的欲望，如何整合这些欲望使"上下同欲""齐勇若一"，就是将领的重要责任。"无所往""甚陷""深入"都是为了让士兵进入同舟共济，如同"率然"的状态。如果士兵同心协力像一个人一样，那么即便表面看上去"浑浑沌沌"，仍能够"形圆而不可败"，甚至像"如转圆石于千仞之山者"一样势不可挡。这些如何实现？

环境逼出来的，正所谓"形势所迫"——"勇怯，势也"。

禁祥去疑，至死无所灾。

禁止迷信的言论，打消士兵的疑虑，到死也不会遇到预言中的灾祸。

古代人无疑很迷信。其实人越是知识匮乏，越容易迷信，现代依然如此。"迷信"经常会左右人的行为，动摇人心，这就是所谓的"妖言惑众"。这些"妖言"绝大多数是骗人的，或者准确地说，并无任何科学根据。但也有很多所谓的预兆，反映了大众当时的心理或期望。比如，民不聊生时，王朝将要灭亡的预言就会大行其道。假借神谕之名的吉兆，常常可以使陷入困境中的士兵获得心理安慰，历史上不乏这样的实例。所以君主和将领通常会严厉禁止凶兆传播，但是往往会对吉兆加以利用。

这里比较奇怪的是要"禁祥"。现代汉语中，"祥"通常表示"好的兆头"。其实古文的"祥"只是"预兆"的意思，既代表吉祥，也代表凶祥。比如，古代注家多将这句话中的"祥"字注为"妖祥"。只是现代人已经不再使用这种说法而已。不过，即便按"吉祥"的含义来理解这个字，这句话也说得通。为什么要禁止吉祥的言论呢？就是要破除士兵的侥幸心理——"不要以为会有神仙来救援，或是死了可以上天堂。如果不想死，就只有打败敌人一条路"。吉利的预言很可能使士兵放松警惕。比如，如果相信

"天意注定我们将胜利",那么士兵就不会再保持紧张状态。而精神一旦松懈,就容易犯各种错误,乃至低级错误。就像《塞翁失马》所说的"福之为祸,祸之为福",好运反而可能会带来不幸。所以"禁祥"不仅仅要禁"凶祥",也要禁"吉祥",甚至更要禁"吉祥"。

＊＊＊

以上便是《九地篇》的部分内容。了解了本篇与《九地篇》的这些内容之后,"势"的概念就比较清晰了。

激水之疾,至于漂石者,势也。
势如彍弩,节如发机。
勇怯,势也。
故善战人之势,如转圆石于千仞之山者,势也。

其实"势"的概念与现今常用的"趋势""局势""势能"等词中的"势"并无太大不同,都是表示一种趋向性。只不过孙子所讲的"势"是特定的战争中的"势"。

战争中的"势",就是根据战争双方临战时的实力对比、士兵身心情况等因素叠加形成的一种状态,或说趋向性。"势"可以极大影响军队的士气("勇怯"),从而进一步决定战争胜负。对于善战的将领而言,人为制造出的巨大优"势",是取得战争胜利的决定性因素。一旦在战场上取得了这种压倒性的优势,就可以做到"战胜不忒"。

"无所往""甚陷""深入"等危险的环境可以迫使士兵团结自律,甚至可以激发出士兵超常的潜能。不过孙子用兵追求的是以"全"为上,是"先为不可胜,以待敌之可胜",这种"置之死地而后生"的战法似乎风险太大,与孙子之前的思想大相径庭。为什么会出现这种前后矛盾呢?

因为即便是在"无所往""甚陷""深入"之地,也并不一定就是以寡击众。甚至在孙子看来,善战者反而可以在这些地方做到以众击寡。这是如何做到的呢?答案就在下一章《虚实篇》。

孙子曰:

凡治众如治寡,分数是也;斗众如斗寡,形名是也;三军之众,可使必受敌而无败者,奇正是也;兵之所加,如以碬投卵者,虚实是也。

凡战者,以正合,以奇胜。故善出奇者,无穷如天地,不竭如江河。终而复始,日月是也。死而更生,四时是也。声不过五,五声之变,不可胜听也;色不过五,五色之变,不可胜观也;味不过五,五味之变,不可胜尝也;战势不过奇正,奇正之变,不可胜穷也。奇正相生,如回圈之无端,孰能穷之哉?

激水之疾,至于漂石者,势也;鸷鸟之击,至于毁折者,节也。故善战者,其势险,其节短。势如彍弩,节如发机。

纷纷纭纭,斗乱而不可乱;浑浑沌沌,形圆而不可败。乱生于治,弱生于强,怯生于勇。故善动敌者,形之,敌必从之;予之，敌必取之。以利动之，故以卒待之。治乱，数也；强弱，形也；勇怯，势也。

故善战者，求之于势，不责于人，故能释人而任势。任势者，其战民也，如转木石。木石之性，安则静，危则动，方则止，圆则行。故善战者之势，如转圆石于千仞之山者，势也。

07 「虚实篇」注

"虚"直观的解释是密度小,而"实"是密度大。所以前者代表"脆而弱",后者代表"坚而强"。

孙子曰:
凡先处战地而待敌者佚,后处战地而趋战者劳。故善战者,致人而不致于人。

凡是先到达作战地点等待敌人进攻的,精力会更加充沛;后到达作战地点追赶对手的,就疲劳被动。所以善于作战的将领,调动敌人而不被敌人调动。

"战地"就是指两军厮杀会战之地,这是一个战略层面的概念,其范围大于战场。其实无论是冷兵器时代还是当代,士兵的战斗力和体力直接相关,所以体力充足的一方在战场上也就更占优势。

能使敌人自至者，利之也；能使敌人不得至者，害之也。故敌佚能劳之，饱能饥之，安能动之。出其所必趋，趋其所不意。

能够使敌人主动前往，是因为用利益诱惑敌人。能够不使敌人前往，是因为让敌人看到祸患。所以能够使精力充沛的敌军变得疲惫，能够使粮食充足的敌军变得饥饿，能够使已经安营扎寨的敌军重新调动。出现在敌人必须救援的地方，从敌人意想不到的地方接近他们。

能够灵活运用利益与祸患去诱导敌人，就能调动敌人的部队，使其疲于奔命，甚至让其前往我方希望其前往的地方，这就叫"致人"。

最后一句话要表达的基本原则还是《始计篇》所说的"攻其无备，出其不意"。

行千里而不畏者，行于无人之地也。

行军千里并不感觉害怕，是因为在没有敌军的地方行军。

行军千里，必然已经深入敌境。深入敌境但不觉得恐惧，是因为周围没有敌人。前一章提到《九地篇》的部分内容，其中有"兵士甚陷则不惧"。危机四伏确实可以让士兵保持警惕，应激反应也可以临时一用。但如果在行进过程中经常有敌方的部队跟随，甚至时常交战，士兵的心里就该打鼓了："孤军深入，会不会被敌军包围啊？在人家的地盘被包围就死定了！"这种情况下，士兵能不害怕吗？但是如果是"行于无人之地"，敌人不知道我在何处，自然无法包围我。士兵虽然同样会精神紧张，但并不会有恐惧感。

当然，深入敌境时想要完全消除士兵的恐惧感，仅靠"隐身"是不够的。攻必克，战必取，"以碫投卵"，才能真正消除士兵的恐惧。

攻而必取者，攻其所不守也；守而必固者，守其所不攻也。故善攻者，敌不知其所守；善守者，敌不知其所攻。

进攻必然取得胜利，是因为攻击敌人没有防守的地方；防守必然稳固不败，是因为防守敌人不来攻击的地方。善于进攻的将领，敌人不知道该如何防守；善于防守的将领，敌人不知道该如何进攻。

敌人不知道该防守哪里，该怎么防守，所以我方可以通过进攻对方没有防守的地方来取得胜利。

需要注意的是，"不防守"和"使用少量兵力依托工事或地形防守"是两个完全不同的概念。常言道，"一夫当关，万夫莫开"。

有些险要地点，只要很少的兵力就可以阻碍大量敌军，但如果毫不设防，敌人则可轻易通过。即便没有地形的依托，小股的警戒部队也可以阻止敌人小规模偷袭，或将敌方大部队的到来报告给己方将领。所以无论和平时期还是战争时期，无论边境还是内陆腹地，都会驻守一定数量的军队。哪里需要部署的兵力多，哪里部署的兵力可以少，这才是将领需要解决的问题。

战争中任意一方的利益都不可能集中在一个目标上，利益的分散就必然产生多个有价值的目标。目标的价值并不平均，且真正毫无价值的目标几乎不存在——城市拥有财富，农村拥有粮食，道路上有来往的货物，即便是旷野或山林，也可以用来行军或埋伏。对进攻者而言，只要发动进攻的成本低于获得的收益，就能够从中获取价值。既然如此，又如何判断敌人不进攻哪些目标，或必然进攻哪些目标呢？

"不攻"有三种可能性：没能力进攻，没意愿进攻，没时间进攻。没能力进攻就是，进攻方的实力不足以击败防御方；没意愿进攻就是，进攻方害怕付出过大的损失与代价，所以不愿意进攻；没时间进攻就是，进攻方不具备长期作战的物资储备或需要赶往其他战略目标。这三种可能性的共同目的就是让敌人"失利"，也就是让进攻得不偿失，故而敌人就不会进攻了。

如果能让敌人感觉无论进攻哪里都得不偿失，就能做到"敌不知其所攻"。敌人"不攻"，自然能够"守而必固"。况且孙子在《形篇》曾经提到"善守者，藏于九地之下"。既然我方已经"藏于九地之下"，敌人又如何进攻呢？

微乎微乎，至于无形。神乎神乎，至于无声。故能为敌之司命。

微妙啊微妙，以至于无影无形。神秘啊神秘，以至于无声无息。所以可以成为敌人生命的主宰。

"微乎微乎"和"神乎神乎"想要强调的都是"隐"。只要"藏"得足够隐秘，就可以做到"无形"；"动"得足够迅捷，就可以做到"无声"。做到"无形""无声"，敌人就无法获得我军的动向，自然也就无法预判我方的行动，这样我军就可以掌握战争的主动权。掌握了主动权，就意味着掌握了敌人的生命。

进而不可御者，冲其虚也；退而不可追者，速而不可及也。

进攻时敌人无法防御，是因为冲击敌人虚弱的地方。撤退时敌人无法追击，是因为撤退迅速，敌人追赶不上。

如果想在成功地"冲其虚"之后安全撤退，那么撤退的速度就要足够快，这样等敌人的"实"来救援"虚"时，我军已经跑远了，跑远之后就可以再次进入"微"和"神"的隐形状态。假使万一没能做到"无形""无声"，结果被敌军发现了，而自己的兵力又远逊于敌军，就要按照《谋攻篇》所讲的原则"少则能逃之,不若则能避之"——也就是要保证"速而不可及",才能成功地"逃"和"避"。

故我欲战,敌虽高垒深沟,不得不与我战者,攻其所必救也;我不欲战,画地而守之,敌不得与我战者,乖其所之也。

我方希望在野外开战,敌人即便依仗着拥有高墙深沟的坚固堡垒,仍然不得不走出来与我方交战,因为我方进攻了他们必须出兵救援的地方。我方不希望开战,即便在地上画条线来防守,敌人也不能与我交战,因为敌人的行动受到了牵制。

如果我方可以做到"微""神",再加上机动性,那么战与不战就都在我方的掌握之中。

怎么让敌人走出防御良好的营寨,主动与我方交战?仅仅通过利益诱惑敌人,并不能保证敌人一定上当;真正有效的策略是攻击其必须救援的地方。为什么敌人必须救援?就是因为敌人没有在这个具有重大价值的目标上部署足够的防御兵力——这是敌人的失误,也就是《形篇》讲的"可胜在敌"。

根据李零先生的考证,"画地"是一种仙术家的术语,用于驱邪避凶,在兵法上常指代阵法,如"太公画地之法"。"画地"与"高垒深沟"相对,是说即便在没有防御工事的情况下,敌人也不能与我方交战。如何做到呢?

"乖"在古汉语中是"背离、违背、反常"的意思，与现代的"乖"字的意思完全相反。"乖其所之也"的意思就是"使敌方背离原先的意图"，让敌人打不到。

故形人而我无形，则我专而敌分。

这里又出现了"形"。之前《形篇》和《势篇》并没有给出"形"的具体解释，而在这里"形"的概念就比较明确了。"形"就是"部署"的意思。"兵力布置"在战术上叫"阵法"，在战略上就是"部署"。《孙子兵法》中的"形"显然更接近后者。

"形人"就是"控制、操纵敌方的兵力部署"。整句话翻译过来就是"所以，要尽量控制敌方的兵力部署，而防止我方的兵力部署被敌方控制，这样我方就可以集中兵力，而让敌方兵力分散"。

古代注家通常将"形人"解释为"我方用虚假的部署来误导敌人"，"我无形"就是"隐藏我方真实的部署"。这种理解可以对照《始计篇》中的"能而示之不能，用而示之不用，近而示之远，远而示之近"，即利用"诡道"来隐藏自己，欺骗敌人。不过这种通过欺骗来"形人"的做法，必须要建立在敌人受骗的基础上。如果虚假的情报被对方识破，我方反而可能陷于被动。孙子在《形篇》讲过，"先为不可胜，以待敌之可胜"。其中很关键的一个字是"待"。"待"显然是被动的。"能而示之不能，用而示之不用，近而示之远，远而示之近"，更准确地说，是先隐藏后欺骗。隐藏是"不可胜在己"，但能不能达到欺骗敌人的效果则犹未可知,所谓"可胜在敌"。

所以,笔者认为"形人"并不是建立在"欺骗敌人"的基础之上,而是建立在"利用敌人的兵力部署失误"之上的(从广义上说,"受骗"也是一种失误)。敌人出现失误,防线就会出现漏洞——"虚";敌方出现漏洞,我方才能加以利用,从而"攻其所必救",进而实现"致人而不致于人"的"形人"的目的。

我专为一,敌分为十,是以十攻其一也,则我众而敌寡;能以众击寡者,则吾之所与战者,约矣。吾所与战之地不可知,不可知则敌所备者多;敌所备者多,则吾所与战者,寡矣。故备前则后寡,备后则前寡,备左则右寡,备右则左寡,无所不备,则无所不寡。寡者,备人者也;众者,使人备己者也。

我方将兵力集中在一起,敌方分为十支部队,那么对阵时就是十倍的兵力优势,这样就是以众击寡。能用众多兵力攻击敌人少量兵力,那么这场战斗的胜利就手到擒来了。敌人不知道我将要进攻的地点,所以敌人就要在多个方向布防。敌人在多个地方布防,那么我进攻时遭遇的敌军就少。所以敌人注意防守前面,后面的防守就会薄弱;注意防守后面,前面的防守就会薄弱;注意防守左面,右面的防守就会薄弱;注意防守右面,左面的防守就会薄弱;所有方向都要布防,那么所有方向的防守就都很薄弱。兵力分散,是因为要防备敌人;能够集中兵力,是因为让敌人需要防备我方。

这一段是在说明集中兵力的好处。如果我方可以集中兵力，而让对方兵力分散，那就能够实现以多打少。如何做到让敌人兵力分散呢？就是让敌人不知道我方要进攻哪里。这样敌人就不知道该防守哪里，所以总会顾此失彼。

不过这些都是建立在一个重要的前提之上的，就是"不可知"。敌人不知道我方的动向，所以我方才能做到"使人备己"。当我方集中部队进攻，让敌人忙于防守，敌方就不再有能力进攻我方了——这就是人们常说的"进攻是最好的防守"。

故知战之地，知战之日，则可千里而会战。不知战地，不知战日，则左不能救右，右不能救左，前不能救后，后不能救前，而况远者数十里，近者数里乎？

如果知道将要会战的地点，知道将要会战的日期，就可以长途行军去与敌人交战。如果不知道将要会战的地点，不知道将要会战的日期，那么一支部队的左翼不能救援右翼，右翼不能救援左翼，前锋不能救援后卫，后卫不能救援前锋。更何况各支部队远的相距数十里，近的也有数里远，如何相互救援呢？

这里有一个问题。"远者数十里"无法互相救援比较好理解，"近者数里"前去救援也需要一定时间，那连数里都不到的"前后左右"为什么也不能相救？一种猜测是，敌军过于慌乱，眼看着身边的兄弟挨揍，都不知道该不该帮忙了。另一种可能性是，旁边的友军也没有足够的兵力提供救援。比如,"我专为一,敌分为十",我方攻击敌方其中一支部队就是"以十攻其一",即便左右敌军前来救援,也是十比三的优势。还有一种可能性是,敌军受到突袭,甚至是在行军途中中了埋伏——这都是"不知战地,不知战日"的恶果。

以吾度之,越人之兵虽多,亦奚益于胜败哉?故曰:胜可为也。敌虽众,可使无斗。

依我之见,越国虽然兵力众多,又能对胜败起到什么作用呢?所以说,胜利是可以创造的。敌人虽然人数众多,但是可以让他们无法投入作战。

这里说"胜可为也",而之前的《形篇》却说"胜可知,而不可为"。为什么会出现这样的矛盾呢?

"胜可知"是因为通过"五事七计"确定了双方各自的实力,以及优势和劣势,并可以大致计算出双方的胜率。但是这种硬实力是和平时期积累的结果,故在开战时是"可知而不可为"。然而在开战之后,我方仍有机会运用智谋隐藏自身的劣势,发挥自身的优势,并让敌方暴露其劣势,从而掌握战争的主动权。如果在每次接战中都能做到以逸待劳、以实击虚,那么就可以逐渐削弱敌人的战斗力,直到对方优势丧尽——"敌虽众,可使无斗",最终赢得胜利。

因此，即便是实力相对弱小的一方，也有可能通过运用兵法来战胜强大的敌人。

故计之而知得失之算，作之而知动静之理，形之而知死生之地，角之而知有余不足之处。

所以，通过周密的计算分析，来知道双方的优势和劣势；通过主动试探，来知道敌军的具体动向；通过控制敌方部署，来决定将要开战的地点；通过比较，来知道双方有余或不足之处。

这里孙子要求将领用"计""作""形""角"四种方式来了解敌我双方的战场局势，本质上还是属于"知彼知己"的范畴。

故形兵之极，至于无形。无形，则深间不能窥，智者不能谋。

兵力部署的极致，甚至可以达到"无形"的境界。达到了"无形"的境界，即便是深入我方的间谍也无法弄清我方的动向，对方的智谋之士也无从出谋划策。

上一句讲用"计""作""形""角"四项勘察敌军的方法，这里就提醒将领尽量不要让敌军了解我方的真实情况。

假若我军可以完全掌握战争的主动权,让敌人疲于奔命、无暇还击,那么我方就不用仔细考虑用于防守的兵力部署了。如果我方的主力部队同时也保持"微"和"神"的"隐形"状态,敌人就会因为看不到我军的部队而感到疑惑,甚至不知所措。这就是兵法运用的极致——"无形"。

想要保证我方军队的行动隐秘,就要清除敌方潜入我军的间谍,至少要让其处于"失能"状态。如果敌方的"深间"(深入我方内部的间谍)侦察不到我方的真实部署与战略意图,敌方的"智者"自然就缺乏足够的情报做具体的谋划了。不过很难确定我方内部绝对没有奸细。如果疑心过重导致己方内部监察过严,反而容易造成军心浮动,人心惶惶。

所以说,"要骗过敌人,先得骗过自己人"。

***

孙子在《九地篇》有这样的话:

将军之事:静以幽,正以治;能愚士卒之耳目,使之无知;易其事,革其谋,使民无识;易其居,迂其途,使民不得虑。

指挥军队作战的原则:(在谋略计划上)要尽量保持静默以至于隐晦;(在军队管理上)要用严正的法规使军心安定;能够蒙蔽

士卒的耳目，使他们不知道行动计划；变更已有的行动，更改原定的计划，使我方士兵无法了解我军的意图；改变军队的驻扎地点，故意绕道而行，使我方士兵不会想逃回家乡。

"将军之事"即"指挥军队"，也可以理解为"指挥官制订的行动计划"。我方真实的作战计划要尽量隐瞒，知道的人越少越好，这是战争的常理，现代依然如此。以核潜舰为例。船员上舰之前根本不知道要去往哪里，具体的作战计划只有少数几个高层军官知晓。这样的保密工作就是尽可能防止核潜舰的动向泄露。军队在没有任务的情况下，要保持日常的训练，维持良好的身体与精神状态；命令一旦下达，就迅速行动。而任务的各种细节，只是在行动前军官们提供的必要内容，在此之前以及"必要"之外的其他内容则是保密的。第二次世界大战中，甚至连美国副总统杜鲁门也是直到意外接任总统后才知晓研发原子弹的"曼哈顿计划"。可见核心军事情报对于己方人员保密之深。

如果连我方的士兵也"无知""无识"，那么混进军中的敌方间谍自然无法从士兵口中得知我方真实的作战意图。不过，要是敌方已经渗透进我方领导层，可以从核心决策层了解军事计划，那再善战的将领，怕是也无法取得胜利。

***

回到本篇。

因形而错胜于众，众不能知。人皆知我所以胜之形，而莫知吾所以制胜之形。故其战胜不复，而应形于无穷。五行无常胜，四时无常位，日有短长，月有死生。

凭借控制敌方的部署来实现胜利，旁观者看不明白。人们都知道我是通过什么样的部署取得胜利的，但不知道我是如何去创制这种部署的。所以这场战争的胜利是无法复制的，只能根据战场上的变化来不断调整部署。五行相生相克，一年四季交替轮换，白天的时间有长短变化，月亮有阴晴圆缺。

最后，孙子依然是通过当时常用的"五行""四时""日月"等概念来说明为什么一定要"因敌变化"才能取胜。另一层含义是说，军队的战斗力并不是固定不变的，而是像四季一样不断变化，所以要耐心等待敌人的实力由强变弱、由实转虚——"待敌之可胜"——再给予敌人致命打击。

后人在回顾战史，分析一场战争胜利的原因时，往往让人觉得胜利是理所当然的。这就是所谓的"事后诸葛"。不过，史料对战争的记载通常像其他历史记载一样，虽然记载了战争过程的诸多要点，但在细节上常常语焉不详。这造成的后果是，人们很容易将胜利归结为某些片面的要点，进而将"我所以胜之形"公式化。公式化的弊病在于，效仿者容易忽略当初成功的战例中的关键细节。这些细节是什么？就是"先为不可胜，待敌之可胜"。而曾经赢得胜利的战术或谋略，只是"待敌之可胜"之后的具体方案而已。因为在不同的情景之下，敌方的"形"不尽相同，所以曾经的胜利并不会以完全相同的形式出现，必须要根据敌方部署的变化做出相应的调整。

"所以胜之形"和"所以制胜之形"之间的差距在哪里？我认为，"所以制胜之形"的断句并不是强调最后的"形"（"所以制胜之/形"），而是强调"制"，故而断句应该是"所以制/胜之形"。翻译成现代汉语就是："人们知道我是用这种谋略取得胜利的，但是并不知道我是如何制订出这种谋略的。"所以这句话的意思其实非常重要，可以说是孙子著述兵法的原因所在。常言道，"授人以鱼不如授人以渔"。既要"知其然"，更要"知其所以然"。只有真正掌握了兵法的思维方式，才能做到"应形于无穷"，实现"形人而我无形"的高超谋略。

夫兵形象水，水之行，避高而趋下，兵之胜，避实而击虚。故水因地而制行，兵因敌而制胜。故兵无成势，无恒形，能因敌变化而取胜者，谓之神。

兵力部署就像水一样。水的流向是从高处往低处流；兵力部署则是避开敌人军力强盛的地方，攻击敌人防守疏忽的地方。水因为地势的走向而流动，用兵要根据敌人的具体情况而调整策略。所以在战争中没有一成不变的"势"，也没有恒定必胜的"形"；能够根据敌人的变化而变化，最终取得胜利的将领，就是被称为"用兵如神"的将领。

以水喻兵，用水"避高趋下"的特点来说明进攻要"避实击虚"，更强调了"要根据实际情况不断改变策略"的重要性。

市场环境与用户需求同样变化无常。一种时尚风潮几年之后可能就会变得落伍。而不断变化的时尚与大众的偏好差异，可以为企业提供源源不断的市场机遇，也就是未被满足的用户需求。街市上的众多餐馆和小吃店，虽然彼此间显然存在着竞争关系，但是都拥有各自的"垄断"地位——有的经营中餐，有的经营西餐；有的口味火辣，有的口味清淡；有的提供大餐宴席，有的兜售甜点零食。即便是相同的菜肴，不同的厨师也能做出不同的口味。

在商业上，人们常将竞争激烈的行业称为"红海"，而将市场潜力尚未充分发掘的行业称为"蓝海"。"红海"相当于"实"，"蓝海"相当于"虚"，在商业中同样要"避实击虚"。当然，企业不是随随便便就可以"击虚"的，必须要有相应的实力——"计利以听，乃为之势"。这里所说的实力可以是先进的技术，或雄厚的资金，或完善的管理，或独到的创新。在战争中，如果"五事七计"不合格，那么敌方的"虚"对于你而言可能同样是高攀不起的"实"。商业竞争同样如此。

孙子曰：

凡先处战地而待敌者佚，后处战地而趋战者劳。故善战者，致人而不致于人。能使敌人自至者，利之也；能使敌人不得至者，害之也。故敌佚能劳之，饱能饥之，安能动之。出其所必趋，趋其所不意。

行千里而不畏者,行于无人之地也。攻而必取者,攻其所不守也;守而必固者,守其所不攻也。故善攻者,敌不知其所守;善守者,敌不知其所攻。微乎微乎,至于无形。神乎神乎,至于无声。故能为敌之司命。

进而不可御者,冲其虚也;退而不可追者,速而不可及也。故我欲战,敌虽高垒深沟,不得不与我战者,攻其所必救也;我不欲战,画地而守之,敌不得与我战者,乖其所之也。

故形人而我无形,则我专而敌分。我专为一,敌分为十,是以十攻其一也,则我众而敌寡;能以众击寡者,则吾之所与战者,约矣。吾所与战之地不可知,不可知则敌所备者多;敌所备者多,则吾所与战者,寡矣。故备前则后寡,备后则前寡,备左则右寡,备右则左寡,无所不备,则无所不寡。寡者,备人者也;众者,使人备己者也。

故知战之地,知战之日,则可千里而会战。不知战地,不知战日,则左不能救右,右不能救左,前不能救后,后不能救前,而况远者数十里,近者数里乎?以吾度之,越人之兵虽多,亦奚益于胜败哉?故曰:胜可为也。敌虽众,可使无斗。

故计之而知得失之算,作之而知动静之理,形之而知死生之地,角之而知有余不足之处。故形兵之极,至于无形。无形,则深间不能窥,智者不能谋。

因形而错胜于众,众不能知。人皆知我所以胜之形,而莫知吾所以制胜之形,故其战胜不复,而应形于无穷。五行无常胜,四时无常位,日有短长,月有死生。

夫兵形象水，水之行，避高而趋下，兵之胜，避实而击虚。故水因地而制行，兵因敌而制胜。故兵无成势，无恒形，能因敌变化而取胜者，谓之神。

08 「孙子兵法」的思维方式

《始计篇》《作战篇》《谋攻篇》是《孙子兵法》的第一组,《形篇》《势篇》《虚实篇》可以分为第二组。第二组三篇的内容与角度既不同于前三篇,也不同于之后的各篇,可以说是《孙子兵法》中最难理解,也是自古以来注释歧义最多的部分。这三篇也是相互联系最为紧密的三篇。甚至可以说,少了其中任意一篇,"形"和"势"这两个主要概念的含义就无法透彻理解了。

在这三篇中,孙子提出了三组抽象概念——"形"与"势""奇"与"正""虚"与"实"。

许多注家并未深究这些概念,因此分析不出这些概念之间的关系,故而无法进一步理解这三篇的内涵。

对于"形"和"势"的理解,各家观点历来有分歧。银雀山汉简《奇正篇》说:"有余有不足,形势是也。"《汉书·艺文志》言:"形势者,雷动风举,后发而先至,离合背向,变化无常,以轻疾制敌者也。"司马光在《资治通鉴》里引汉代荀悦言:"形者,言其大体得失之数也;势者,言其临时之宜、进退之机也。"辛弃疾在《美芹十论·审势》中写道:"何谓形?小大是也。何谓势?

虚实是也。"

当代对于"形"和"势"的理解也多有不同。很多人认为,"形"指"硬实力","势"指"软实力"。也有人认为,"形"是静态的"势","势"是动态的"形"。或者认为,"形"是潜在的"势","势"是变化的"形"。还有观点指出,"形"与"势"相反,而又"我中有你,你中有我",这两个概念的边界比较模糊。

以上这些说法,看似都有一定的道理,但是总给人一种雾里看花的感觉。

先秦著作中,诸如《管子》《荀子》等,大量使用"形势"的概念,但"形势"明显是将"形"和"势"合在一起,作为一个概念来表述的。这个"形势"与《孙子兵法》中的"形"和"势"并无对等关系。

明代茅元仪汇集了当时他能搜集到的各种兵书,编纂了《武备志》一书。对《孙子兵法》,他总结道:"前孙子者,孙子不遗;后孙子者,不遗孙子。"从《汉书·文艺志》记载的书名来看,比《孙子兵法》更加古老的兵书确实可能存在,但是都没有流传下来。所以我们并不能确定,在孙子之前,"形"与"势"是否已经成为兵家常用的概念,抑或孙子是第一个使用并定义了"形"与"势"这两个概念的人。不过,无论哪种情况,想要理解《孙子兵法》中的"形"与"势"的含义,必须从《孙子兵法》的文本入手,加以分析整理。与《孙子兵法》同时代或之后的文本,即便使用了"形"与"势"二字,最多也只能当作参考,其含义并不一定与《孙子兵法》的"形"与"势"相同。若不加辨析,难免产生混淆,造成错误理解。

《形篇》《势篇》《虚实篇》出现"形"的语句如下:

胜者之战民也,若决积水于千仞之溪者,形也。
强弱,形也。
浑浑沌沌,形圆而不可败。
故善动敌者,形之,敌必从之。
微乎微乎,至于无形。
故形人而我无形,则我专而敌分。
形之而知死生之地。
故形兵之极,至于无形。无形,则深间不能窥,智者不能谋。
因形而错胜于众,众不能知;人皆知我所以胜之形,而莫知吾所以制胜之形。故其战胜不复,而应形于无穷。
夫兵形象水,水之行避高而走下,兵之胜,避实而击虚。

"形"是"部署"的意思。"形"在《孙子兵法》中有时候用作名词,有时候用作动词。作为名词时,指"其中一方的兵力部署情况",或"双方不同兵力部署形成的状态"。作为动词,指"兵力部署"这个动作,或其被动用法"控制、操纵敌方的兵力部署"。这样的解释放在以上各句中,都可以解释得通。唯一的例外是孙子定义"形"的第一句话——"胜者之战民也,若决积水于千仞之溪者,形也"。这种形容像是在说"势"而不是"形"。

再来看出现"势"字的语句:

计利以听,乃为之势,以佐其外。势者,因利而制权也。

战势不过奇正。

激水之疾,至于漂石者,势也。

故善战者,其势险,其节短。势如彍弩,节如发机。

勇怯,势也。

故善战者,求之于势,不责于人,故能释人而任势。任势者,其战民也,如转木石。

故善战者之势,如转圆石于千仞之山者,势也。

"势"简单说就是"在具体交战时双方的实力差"。如果说得详细些,就是"根据战争双方临战时的实力对比、士兵身心状况等因素叠加形成的一种状态或胜负趋向性",这与现今常用的趋势、局势、势能等词并无太大不同。但是,这种解释似乎并不适用于两句话。

一句是"计利以听,乃为之势,以佐其外。势者,因利而制权也"。孙子在《始计篇》中将"势"定义为"因利而制权",这似乎是动词。但是之后的"势"基本都是名词。虽然"状态"也可以理解为动词,相当于"达到某种状态",但还是有些牵强。

另一句是"战势不过奇正"。既然"势"是战争中的一种状态,那么这种状态又为什么"不过奇正"呢?

下面说说笔者的理解。《虚实篇》最后说:"兵无成势,无恒形"。能够"如转圆石于千仞之山"的"势"并不是现成的,而是要在使用时临时制造的。换句话说,在战争当中,双方"势"的大小是不断变化的——"日有短长,月有死生"。兵力多、纪律好、体力强、士气旺、准备充分、依托有利地形的一方处在"强势"地位,相反则是"弱势"。其实"强势"与"弱势"就是孙子所说的"虚实"。许多人单纯认为"虚实"就是指兵力多寡,但是孙子在描述兵力的多寡时用的是"众"与"寡"(或表示兵力的集中与分散的"专"与"分")。如果"虚实"仅表示兵力,这章的篇名就不需要叫"虚实",直接叫"寡众"即可。

"虚实"是由综合因素决定的,众寡、治乱、佚劳、勇怯、备怠都是影响"虚实"的因素。但一方不需要在所有方面都处于"实"的状态,才能在总体上获得"强势"地位。比如,少数(虚)体力充沛(实)的部队,可能击败人数众多(实)但疲惫不堪(虚)的军队;数量众多(实)且体力充沛(实)的部队,并不一定能够击败数量少(虚)、吃不饱(虚),但决心拼死一战(实)的军队。

"以实击虚"其间的"虚"与"实"的差距就是"势":

势 = 实 − 虚

由此看来,"势"同"虚"与"实"这两种状态有关。那为什么孙子会说"战势不过奇正"呢?因为"奇正"是造成"虚实"状态的手段——正是由于"奇正"的运用,才能做到"致人而不致于人""我专而敌分""形人而我无形"。

若想击败敌军,而且最好是以最小代价快速击败敌军,则必须营造出"我实敌虚"的态势——要么是以逸待劳("致人而不致于人"),要么是以众击寡("我专而敌分")。想要实现这两点,就要"形人而我无形"。那么如何做到"形人而我无形"呢?答案是"善出奇"。

"出奇"并不是随便出的,而是建立在我方"超能",或对方"失正"的基础之上。

之前曾经提到过,战争中任意一方的利益都不可能只集中在一个目标上,利益的分散必然产生多个有价值的目标。在评估这些目标的价值,并分析遭受攻击的可能性后,将帅会做出最初的兵力部署。对于那些战略价值不高,或者不易受到敌军进攻的后方地区,以及易守难攻的堡垒或天险,就会尽量缩减兵力部署,将多余的兵力投入准备与敌人决战的主力部队当中。然后,通过分析对方对目标价值的判断,以及兵力部署的变化,进而制订相应的作战计划。

在战争进行的过程中,目标的价值也会产生变化。比如,由于军队的推进,之前价值很小的村镇可能变成运输粮草的必经之路,那么显然这个目标的价值就会提高,这样就需要重新分配兵力。在这个不断运动的过程当中,将领首先要考虑如何去保护那些对于己方而言至关重要的战略目标,避免这些目标被敌方夺取("先为不可胜"),然后再去考虑如何夺取敌方有价值的目标。不过敌方将领同样会事先对本方有价值的战略目标设防。如果对方没有及时调整自己的部署,防线就会产生漏洞,这就是"失正"。

当然,敌人的"形"(部署)也可能没有漏洞——至少按照惯常"正"的标准而言,应该是处于"实"的状态。但是,如果我方突破现有的"正",采用"奇形"(超常规部署),原本的"实"可能变成"虚"。比如,进攻方利用隐秘的小径,绕过敌人的关隘,然后再从背后偷袭敌人。或是主动违背"正",故意设置一个"虚"来引诱敌方主动进攻,然后隐藏自己的主力部队进行伏击。这些做法通常需要我方将领和部队,在智谋或能力上超过当时军队的常规水平,这就是"超能"。

所以"出奇"要么是想到了敌人没想到的手段("攻其无备"),要么是发现了敌人未察觉的疏漏("出其不意")。如果想到了敌人没预料到的手段,就可以进攻敌方本以为风险较小的目标(原本符合"正"的目标)。如果能发现敌人没察觉到的疏漏——由于对目标价值或风险的错判,没有安排足够的守备力量(兵力少或松懈,陷入圈套则属于情报与侦察疏失)——则可获得占领或消灭敌方战略目标的机会。这就是孙子所说的"能因敌变化而取胜者,谓之神"。

"出其所必趋,趋其所不意"就是"奇"的主要表现形式——因为不同寻常,所以敌人意想不到。"出其不意""攻其必救"之后,则可转为"正"——明明白白地让敌人看到我方军队在其必须救援的地方,从而使敌军不得不班师回救。同时我方则"并气积力""谨养勿劳",以"正"待敌。等敌人靠近,又可以再次转为"奇"的状态——藏形匿迹,"近而示之远,远而示之近",在敌人必经之路上设置埋伏发动奇袭。出乎敌方预料的攻击可以使我方占据精神上的优势——大多数人在面对没有心理预期的突发事件时会惊慌失措。而精神上的失衡不但会让个人"由勇变怯",也会使军队从整体上"由治变乱"。如此"奇正相生",最终就可以达到"以逸击劳""以备击怠""以勇击怯"的效果。敌人虽然可能在数量上超过我方,但是我方仍可以做到"以实击虚"。

孙膑著名的"围魏救赵"就是很好的例证。被魏国围攻的赵国向齐国求援，齐军的参谋孙膑说服主将田忌放弃直接救援齐国的计划，建议田忌进攻魏国的都城。进入赵国的魏军听说国都告急，果然迅速撤军回救。而齐军则在魏军回援的途中设下埋伏，将疲于奔命的魏军打得大败。

这场战争中，魏国失败的原因主要有三点：第一，开战前未能做好外交工作，没能预料到齐国的外交变化——"伐交"失利；第二，过于集中在对外战争上而忽略了国都的防御；第三，没能做好侦察情报工作，给了齐军伏击的机会。这三点都属于"失正"。

孙子为什么说"见胜不过众人之所知，非善之善者也"？因为真正的善战者要去发现那些对方没想到的方法或未察觉的漏洞。如果敌人的疏漏非常显眼，但敌人全无应对，那么或者是敌方的将领水平太低，或者是敌方故意设下圈套——"利而诱之""予之，敌必取之"。前者肯定不能证明自己是"善之善者"，后者则会使自己成为失败的一方。所以孙子不遗余力地告诫我们，"举秋毫不为多力，见日月不为明目，闻雷霆不为聪耳"——千万不要因为战胜过几个无能的对手而沾沾自喜、自作聪明、轻视敌人。面对那些显而易见的疏漏反而更要谨慎，尽量从敌军的细节中了解敌军的真相（详见《行军篇》）。

如果想要防止敌人发现我方的疏漏，要么尽量减少自身的疏漏，要么快人一步先攻击敌人的疏漏，使敌人无暇威胁我方的漏洞——"立于不败之地，而不失敌之败也"，"形兵之极，至于无形"。

通过以上分析可以发现，"形"与"势"不仅仅是两个抽象的概念，更是一个思考过程、一种思维方式。

孙子在前三篇《始计篇》《作战篇》和《谋攻篇》中，通过分析战争的"利"与"害",告诉将领要争取获得怎样的胜利——速胜全利。那么如何实现这种胜利呢?孙子并没有告诉我们具体的方法,而是教导我们如何思考、分析,进而创造一场"简单的"胜利。

因为要"全己为上",所以要"先为不可胜",而战斗时则最好做到"以碫投卵"。如何才能实现这样的压倒性胜利?要用己方的"势"压倒对方。如何取得强势地位?"形人而我无形。""我无形"是为了"不可胜在己","形人"则是为了制造"可胜在敌"。

所以说,"形"是获取"势"的方式,或说过程——两军"部署"(名词)的情况决定了对阵双方的兵力多少及所处地形,而在"部署"(动词)过程中的消耗则决定了士兵的体力与心理状态。

"若决积水于千仞之溪者,形也。"后人将此句中的"形"与"势"混淆,就是因为误将"积水"视为名词,而仅将"决"字视为动词,把"决积水"理解为"破坏蓄水很高的堤坝",进而将此句与"激水之疾,至于漂石者,势也"一句混同。其实这句话中的"决"和"积"都是动词。在险峻的山谷里"积"水,就要构筑一个水坝,这个构筑水坝蓄水的过程,就是"形"。如果"决"开"千仞之溪"的堤坝,那么"激水之疾"足以"至于漂石",可谓"其势险"。而"决"就是"其节短"中的"节"。孙子曾用弩作比——"势如彍弩,节如发机"。这句同样可以作比"势如积水,节如决堤",可谓异曲同工。

不过从全句"胜者之战民也,若决积/水于千仞之溪者,形也"来看,这句话并不是在给"形"下定义,而是说,要通过"形"("决""积")来实现"胜者之战民"所需的"水于千仞之溪者"的"势"。所以后面加上了"形也"。

同样,"战势不过奇正"并不是在说"势",而是指"形"。"形"是积累"势"的手段,"战势"其实指的就是"形人而我无形"的这个过程。"战势不过奇正"是说,"形"包含"奇"与"正"两种方式。

而在《始计篇》的"计利以听,乃为之势,以佐其外"一句中,"为之势"就是"形","因利而制权"也不是对"势"的解释,而是对"为之势",也就是"形"的解释。其后"兵者,诡道也。故能而示之不能,用而示之不用,近而示之远,远而示之近;利而诱之,乱而取之,实而备之,强而避之,怒而挠之,卑而骄之,佚而劳之,亲而离之。攻其无备,出其不意",同样指"形"的具体方法、策略,而不是作为"势"的备注。所以之后的"势者,因利而制权也"一句的主语,确切地说应该是"为之势者"。

由此看来,孙子对"形"与"势"的概念是始终如一的(后七篇中的"形"与"势"指的是地形、地势),而且界限分明、逻辑清晰。后世多将"形"与"势"混同为"形势",仅作为一种状态的表征,正是因为没能理解《孙子兵法》中"形"与"势"的精义,即以"形"与"势"为工具来思考、分析和谋划的过程。

唐太宗评价《孙子兵法》:"朕观诸兵书,无出孙武。孙武十三篇,无出虚实。夫用兵,识虚实之势则无不胜焉。"李靖也说:"千章万句,不出乎'致人而不致于人'而已。"《李卫公问对》中的这种表述常为后世所乐道,可见大多数读《孙子兵法》的人还是忽略了其中最核心的内容。即便知道应该"致人而不致于人",但是应该如何做到这点呢?如果只知道该做什么,却不知道如何做到，依旧无法克敌制胜。

不知道孙子是确有知人之明，还是不幸言中。"人皆知我所以胜之形，而莫知吾所以制/胜之形"——后人都能看到我是如何取得胜利的，却不知道我是如何思考的。

从第一篇《始计篇》到《虚实篇》，孙子的一个明显的特点是只谈"应该做什么"，不谈"具体如何做"。《始计篇》讲"五事七计"，但是对如何富国强兵只字不提。之后谈"形""势""虚实""奇正"也没有具体说明如何出奇，如何实现我专敌分等。原因何在？因为具体的方案是死的，先前的办法在不同的情景下，不一定会发挥相同的效果。但是在考虑同类事情，比如战争时，只要它的本质（"死生之地，存亡之道"）没有发生变化，那么它的价值原则（胜、速、全）和思考方法（"形势""奇正""虚实"）就不会发生改变。

明确了价值原则，掌握了思考方式，就能根据自己当时所处的具体环境，创造出合适的解决方案。相对而言，研究历史实例只是掌握这一思维方式的学习过程，不能将战例当作某种一成不变的公式。

知识可以传授，方法可以模仿，但是思维方式才真正体现了智者之智。先秦的著作多以问答的形式来阐述问题，或描述，或议论，或感慨。唯独《孙子兵法》记述的既不是评价，也不是论断，而是思考的过程，并希望以此将"竞争中的思维方式"传授给后人。

在彻底弄清"形"与"势"这两个概念后，我们可以回过头来重新体会《形篇》《势篇》和《虚实篇》的内容。

《形篇》的要点是"先为不可胜，以待敌之可胜"。"形"是"部署"的意思。"先为不可胜"就是说，在战争开始时，我方的部署要避免出现战略漏洞，尤其要避免我方的重要战略目标——"必救"的目标受到敌方的威胁。然后"待敌之可胜"，也就是在发现了敌方确凿的战略漏洞后，迅速调整己方的部署，从战略防御转向战略进攻。

这个战略漏洞就是《虚实篇》所讲的"虚"，确切地说，是因为这个战略要点（"虚"），才会形成漏洞。反之，我方集中兵力进攻，就是为了形成"实"。当我方成功通过"藏"与"动"，隐秘而迅速地威胁敌方具有重要价值的目标后，敌方不得不重新调整部署以应对这个威胁，或弥补已经遭受的损失。这种被迫做出的重新部署，通常很容易被我方预判。而且，目标越重要，威胁越高，损失越大，可选择的应对方式反而越单一。这就是孙膑所说的"形格势禁"——站在己方的角度，这个过程就是"形人"。

"势"简单说就是"在具体交战时双方的实力差"。由于军队的战斗力受到兵力、体力、士气等可变因素的影响极大，所以军队的战斗力同样是不断变化的。故而双方的实力差，也就是"势"，也是不断变化的。最好的情况就是《势篇》所说的"其势险，其节短"。"势险"就是说双方的实力差距大，"节短"就是说在不断变化的实力对比中，抓住双方实力差距最大的那一瞬间。

当然，如何做到"其势险，其节短"，就是具体运用兵法的"战争艺术"了。这就是之后篇章的内容。

09 『军争篇』注

通过前八章介绍的战略原则与思维方式，将领已经基本了解了应当如何构划一场战争。但是如何将构划的策略付诸实施呢？在实施的过程中又会遇到哪些问题呢？这就是《军争篇》《九变篇》《行军篇》《地形篇》《九地篇》这五篇论述的内容。其中《军争篇》可以说是这五篇的总纲，起承上启下的作用。

孙子在这几篇中提出了许多军事行动的具体原则。虽然其中一些已经因为时代的变化而过时，但是孙子看待问题的角度、分析问题的方法并不过时。随着时代的演进、战争形态的变化，曾经的原则也许不再适用，但是只要掌握了思维方式，就可以根据新的情况发现新的原则。如果想将《孙子兵法》应用于其他领域，更要学其"大略"而不可以拘泥于文字本身。

孙子曰：凡用兵之法，将受命于君，合军聚众，交和而舍，莫难于军争。军争之难者，以迂为直，以患为利。

用兵作战的法则，从将领接受君主的任命，召集兵马，到与敌人交战，这其中没有比"军争"更困难的事了。"军争"之所以困难，是因为要以曲线为直线，以祸患为利益。

"合军聚众"是指集结和平时期分散驻防在各地的军队，而在封建时代对应的是，召集各地贵族领主带领士兵去指定的地点集结成军队。周朝时，军营的正门称为"和门"，"交和"就是形容两军面对面扎营，准备开战的样子。"舍"是"扎营"的意思，所以古代将行军一天（从早上拔营到晚上再次扎营）的距离称作一舍（约12.47公里）。"将受命于君，合军聚众，交和而舍"这句话是在描述整个出兵打仗的过程。

在整个过程当中，最困难的是"军争"。"军争"争什么？争利，也就是"争夺对胜利有帮助的战略目标"。更进一步说，就是争夺主动权。有了主动权，才能"致人""动敌""形人"；有了主动权，才能做到"我实敌虚"。

我方的战略意图最好不要被敌人发现。如果被敌人发现了，敌方为避免受制于人，势必要调兵遣将与我方争夺这些战略目标。那么我方是否能够在敌方的援军到达前夺取这个战略目标，就是一个至关重要的问题。问题的核心是速度。《形篇》就明确说，"善攻者，动于九天之上"。拿破仑也将军队的战略机动性视为战争艺术的要点，他提出"行军就是战争""战争的才能就是运动的才能""善于运动的军队必然能获得胜利"。

但是打仗不是田径比赛，大家不是按照既定的路线在体育场跑圈。战场是复杂多变的，没有公平的规则。所以在"军争"中，双方的路程并不相同，道路的险易也不相同，不是同时起跑，甚至既没有规则，也没有裁判。但是输掉比赛只是输掉了奖牌，而输掉了"军争"，则可能输掉整场战争。

故迂其途，而诱之以利，后人发，先人至，此知迂直之计者也。

如果想让敌人走更远的路，就用利益诱惑他。能做到比敌人后出发而先到达的将领，就是懂得"迂直之计"的将领。

如果预计敌人先于我方到达目标地点怎么办？可以通过利益来诱惑和分散敌人的注意力，使他们在诱饵的引导下多跑一些路程，这样就可以使本应比我方先抵达的敌军反而在我方之后才到达。

然而，如果这就是"迂直之计"的全部内容，那"迂直之计"似乎显得太过单薄。从《始计篇》对"计"的解读来看，"迂直之计"中的"计"并不是后世"计谋"的意思，而同样是"计算"的意思。之后《地形篇》有"计险易远近"，显然这个"计"也是"计算"的意思，而且这句话表达的意思很接近"迂直之计"。但不可否认，本句中的"迂直之计"确实像在说一种计谋，一种通过利诱让敌人绕弯路的计谋。

那么"迂直之计"究竟指的是什么？待了解了后文的内容，再做进一步分析。相比之下，孙子详细分析了"以患为利"，还列举了三种不同情况给读者作为参照。

军争为利，军争为危。举军而争利则不及，委军而争利则辎重捐。

"军争"是为了利益，"军争"也存在危险。动员全军和敌人争夺利益时，如果行军速度慢，可能会赶不上敌人。如果想要加快行军速度，则要放弃（甚至丢弃）粮草辎重。

军队行军，不仅是士兵的行进，还需要运输各种军需物资。这些军需物资主要有三种，分别是军备、粮草和营帐。士兵虽然可以随身携带一部分军备，可这样并不够。军队需要携带大量箭矢，以及修补损坏的兵器和战车的材料等。士兵虽然可以携带一部分口粮，但是数量有限，不是长久之计。军队也不可能随时因粮于敌，所以必须要有一定的储备。除了粮食，做饭、打水的各种器具也需要运输。打仗时经常风餐露宿，但不至于天天如此，否则一遇刮风下雨，兵营就容易暴发疾疫。比如，对拿破仑打击最大的不是反法联盟的军队，而是俄罗斯的"冬将军"。御寒的棉袄、被褥在气候寒冷的地方无疑是必需品，如果长时间驻军，帐篷更是必不可少。在某些情况下，军队还要储备一些做饭取暖用的柴火。穿越沙漠时，则要预先规划如何补充饮水。没有这些，军队无法长时间作战。

那么问题来了。让士兵带着大包小包，与拖运各种物资的大车一起前进，必然会严重拖慢行军速度。而扔下这些后勤补给，让士兵快速前进，又无法长久作战。若只留下小部队运输补给，很可能遭敌方袭击。为了避免小部队被敌人歼灭，或是为了不分散大部队的兵力,有时候这些补给品只能就地丢弃,所以叫"辎重捐"。如何在辎重与行军速度之间做出选择,这确实是一个难题。

是故卷甲而趋,日夜不处,倍道兼行,百里而争利,则擒三将军。劲者先,疲者后,其法十一而至;五十里而争利,则蹶上将军,其法半至;三十里而争利,则三分之二至。是故军无辎重则亡,无粮食则亡,无委积则亡。

所以让士兵打包铠甲,轻装疾行,昼夜兼程,兵分几路同时前进,一天急行军百里与敌方争夺利益,那么我方的将领就会被敌人擒获(全军覆没)。军中体能好的人跑在前面,体能差的人落在后面,按照这种做法,大约只有十分之一的士兵可以抵达目的地。急行军五十里与敌方争夺利益,这样会折损前军先锋,有半数的士兵可以抵达。急行军三十里与敌方争夺利益,则会有三分之二的士兵抵达。所以军队没有辎重就会败亡,没有粮食就会败亡,没有储备就会败亡。

士兵的身体素质良莠不齐,有些体能好,有些跑得慢。如果全军一起不分昼夜向一百里外的目标地点急行军,那么就会像跑马拉松一样,队伍会散开,最后大概只有十分之一体力最好的士兵可以到达目的地。但是到达目的地只是开始,因为这是在和敌人"争",到达目的地后不免还要和敌人打一仗。然而,我方只有十分之一的部队到达，所以必然会被敌人的大部队击败，而我方散落在途中的士兵同样面临这种困境。这种情况类似于孙子说的"以十攻其一"，军队容易被人各个击破，如此全军上下都会成为敌人的俘虏。

春秋初期，晋文公创立上中下三军，以中军为尊。对照之后历史常用的部队划分来讲，中军指主力部队，上军指前锋或先头部队，下军则是殿后部队。即便一天急行军五十里，也会有一半的士兵无法到达。如果此时与敌人交战，我方很可能仍然在人数上居于劣势。想要尽力保护中军，上军前锋就要拼死作战。虽然不一定会全军落败，但前锋将军有可能战死。

即便急行军三十里——这基本是当时正常一天行军的距离——也会有三分之一的人无法到达。为什么会这样？有几种可能。第一个是正常一天行军三十里是指在道路情况良好、没有敌人阻拦的情况下行军的距离，而孙子说的可能是在没有道路、地形复杂的条件下行军三十里。第二个是这里的三十里是急行军，追求速度，不一定有完整的一天时间。第三个是部队到达后还要同敌人交战，所以会有三分之一的人因为体力不支而无法继续作战。第四个是要留下三分之一的部队保护后方辎重，这些人无法参加战斗。

由此可见，在急行军之前，将领必须先算一笔账，算算我军有多少人可以到达，到达之后能不能击败敌军，然后才能制订作战方案。否则，即便抢先到达了目标地点，也会被敌人击败。在现代战争中，虽然投送士兵的能力远超古代，但是这样的计算仍是必不可少的。原因在于，机动化部队可能因为推进速度太快，不得不停下等待后方补给及步兵跟进；伞兵虽然可以突入敌军后方，但依赖于空军的不断补给，同时要规划好接应或撤退行动。如果不在行动前考虑利害得失，孤军深入的部队虽然可能给敌人造成暂时混乱，却免不了全军覆灭的危险。

对于商业而言，这段话可以用来形容扩张速度与保证公司现金流之间的关系。企业用大量资金扩张企业规模或投资研发新技术虽然可以提高自身的竞争优势，但也可能造成公司的资金链紧张，甚至可能因小的失败导致资金链断裂；保证现金流充裕，却有可能导致自身的扩张慢于竞争对手，从而造成市场份额流失。这不就是"军争为利，军争为危"吗？至于如何取舍，就要看将领和企业家的智慧与判断力了。

故不知诸侯之谋者，不能预交；不知山林、险阻、沮泽之形者，不能行军；不用乡导者，不能得地利。

不知道诸侯的国家战略，就不能在战争之前预先做好外交工作。不了解当地的各种地理、地形，比如：哪里有山林，哪些地方易守难攻，哪里有沼泽无法通行，等等，就不能规划行军路线。不能雇当地人作为向导，就不能充分利用地形和环境的优势。

在山林、险阻、沮泽等不同地形，行军速度甚至方式都是不同的，将领不能详细了解，就不能制定行军方案。这些将在《行军篇》详细解读。

第三句里的"乡导"指"熟悉当地情况的当地人"。与现代的城市居民不同，古代人对周边的环境了如指掌，因为绝大多数生活物资要从周围的环境中取得。外来人虽然可以通过侦察大概了解当地的地形，但是当地的道路状况如何，天气如何变化，哪里有山泉、水井，有没有常人难知的隐秘小路，什么地方有不同寻常之处等，都不是可以在短时间内查清楚的，必须通过本地人才能了解。只有外来人了解了这些情况，才能充分利用当地的地理优势。

不过"乡导"一词大概很容易让人联想到"汉奸"——当地人怎么可以向敌国的军队提供情报呢？其实，即便在本国的土地上作战，军队往往也要依靠"乡导"的帮助，更何况古代的边境远不如现代清晰。当地人是否支持外人，主要看其对外来者的印象，以及当地执政者是不是得民心。如果当地执政者横征暴敛，视民众如草芥，那么即便遇到侵略，当地人也未必会帮助执政者；相反，如果侵略者肆意荼毒当地百姓，除非用残忍的手段胁迫，否则基本不可能得到帮助。这便是所谓的"得民心者得天下"，也是孙子在《始计篇》说的"主孰有道"。当然，"乡导"中难免有利欲熏心的人，不问善恶对错，只为个人利益，就会给入侵者提供帮助。

这段话在后面的《九地篇》中还会重复出现。在本篇中，这段话主要强调后两句——不知道地理条件和各种地形的行军方法，就无法带领军队快速行进。

故兵以诈立，以利动，以分合为变者也。

"兵以诈立"是后人批评《孙子兵法》最主要的原因之一，与

《始计篇》中的"兵者,诡道也"一样,都被用来作为"孙子提倡阴谋诡计,做事不择手段"的证据。中国古代儒家喜欢标榜仁义道德,看不起法家,对兵家也常有微词。从司马迁开始,史学家受儒家影响极大。所以《史记》及之后的史书对法家、兵家的诸多人物带着不小的偏见。遗憾的是,这种不客观的记述极大妨碍了后世分析、总结前代成功和失败的原因。这也许正是中国古代军事思想在先秦达到顶峰后,一直持续衰落的一个重要原因吧。

"诡"与"诈"无疑是战术的基础。只有不让敌人了解我方的真实意图,甚至错判我方的真实意图,战术才有可能达到相应的结果。敌人如果事先了解了我方的战术和计划,自然会相应地做出防备。所以要"故能而示之不能,用而示之不用,近而示之远,远而示之近"。现代各种武器装备携带的干扰弹,也是"兵以诈立"的体现。军队不但在战争中与敌人对峙时要"以诈立",在和平时期同样如此。在侦察手段高度发达的当今,各国对自己的兵力部署仍然严格保密。为什么?"兵者,国之大事,死生之地,存亡之道。"

这里讲"兵",很多读者只看到第一句,就认为"诈"是"兵"的基础或核心。这种看法完全忽略了后面两句。从句式上看,三句应该是并列关系。也就是说,"诈立"只是兵的一部分,还有"动"和"变"两个方面。

"动"一定要以"利"为目的,轻举妄动只会徒然消耗士兵的体力与补给。之前提到过,孙子将"利"看作"动"的充分必要条件。

"以分合为变"也很重要。后文还有多处涉及"变"的内容,比如"治变""九变""九地之变""五火之变"。不过历代注家对"分合"的解释不尽相同。一种理解是,"分合"指军队兵力的分合(有人引申为分进合击);另一种理解是,"分合"指接触或离开敌军;还有人认为,"分合为变"就是指"奇正之变"。这几种说法哪种更合理,待到后文再做讲解。

故其疾如风,其徐如林,侵掠如火,不动如山,难知如阴,动如雷震。

急行军时,像风一样迅速;缓慢推进时,像树林一样严整;进攻掠夺时,像火一样猛烈;防守时,像山一样岿然不动;隐蔽时,像阴影一样难以察觉;行动时,像雷震一样声势浩大。

日本战国时代的名将武田信玄直接用"疾如风,徐如林,侵掠如火,不动如山"作为自己的军旗号令。作为当时首屈一指的名将,其在日本的影响力很大。更重要的是,他还在三方原之战中大败日后一统日本的德川家康。经历了惨败的家康痛定思痛,认真研究武田信玄的兵法,尤其是备受信玄推崇的《孙子兵法》。其实不止武田家,战国时代其他重要的大名同样十分推崇《孙子兵法》。不过这本书在战国时代通常是各家秘藏,直到进入江户时期才广为流传,可供中下层武士学习。

许多人认为这句话在《孙子兵法》的诸多名句中并不出彩,那为什么武田信玄会对此句情有独钟,将其书于军旗之上呢?因为孙子用寥寥数语就描绘了一支任何将领都渴望拥有的精锐部队。有了这样一支军队，在"士卒孰练"一条上绝对可以稳操胜券了——治军练兵也是兵法的重要组成部分。正是在"风林火山"旗的督促之下，武田军团成为日本战国时代首屈一指的精锐部队。

"风林火山"同样适用于现代军事装备的研发。"其疾如风"相当于机动能力，"其徐如林"相当于装备之间的协同配合能力，"侵掠如火"相当于打击能力，"不动如山"相当于生存能力，"难知如阴"相当于隐蔽能力，"动如雷震"相当于快速打击能力。

掠乡分众，廓地分利，悬权而动。

不断掠夺敌国乡村，分散敌军的兵力；扩大战场范围，削弱敌军原有的地利优势；保持自己的灵活性，根据敌人的变化伺机待发。

孙子不但"提倡"欺诈，竟然还大逆不道地"提倡"抢劫！

其实，在现代军功荣誉、后勤体制、福利保障体系建立之前，禁止士兵在战争中掠夺几乎是不可能的。战场是"死生之地"，正如曹操所讲，"军无财，士不来；军无赏，士不往"。若是没有足够的收益，有几个人会愿意冒生命危险上阵杀敌呢？

抢敌国一斤粮食，就相当于为本国的民众节省了二十斤粮食（"食敌一钟，当吾二十钟"），二者孰轻孰重？为了个人的名誉毁谋弃诈，却任由自己的士兵在战场上被敌军屠杀，于公于私孰仁孰暴?"兵者,国之大事,死生之地,存亡之道。"用最小的代价赢得战争,就是将领最大的"仁"。而这个"最小的代价"就是《谋攻篇》所说的"全"。如果可以,自然是"全敌为上,破敌次之";如果无法实现,则是"全己为上,全敌次之"。

军纪良好的部队,通常只掠夺敌国的官府库存和官宦私宅。假若缺乏粮草,军队难免会向当地百姓"强征"——通常是有组织的。若是战争烈度高,我军伤亡大,将领就会些许放松对士兵的管束。如果军纪败坏,将领又不加约束,甚至将领本人就性情暴虐,那当地百姓的境遇就比较凄惨了……对于后两种"掠",从《孙子兵法》的内容来看,孙子并不赞同。尤其是最后一种,孙子还在《火攻篇》中明确提出了批评。

先知迂直之计者胜,此军争之法也。

能够事先规划路线,计算出行军日程的将领可以获得胜利,这就是"军争"的法则。

影响军队抵达目标地点的时间有三点:1.士兵的行进速度;2.距离的远近(迂直);3.行军过程中是否遇到阻碍(引诱或阻击)。而影响军队行进速度的因素也有三点:1a.士兵的身体素质与队列训练情况;1b.道路及地形的状况与对其的熟悉程度("乡导");1c.携带战略物资的多少。当然,还要考虑天气及地质灾害可能造成的影响。这部分情况有些是可预估的,比如冬季大雪会将山路封锁等；有些是不可测的，比如突如其来的洪水等。

"诱之以利"只是第 3 条（行军过程中是否遇到阻碍）中的一种情况而已，显然很难作为"以迂为直"的全部要领。

"以患为利"则涉及 1c。而孙子提到的要依靠"乡导"帮助属于 1b，"风林火山"的军容属于 1a。此外，孙子还提到了军争失败后的弥补措施。影响军队抵达目标地点时间的第 2 条"距离的远近"虽然是较为客观的存在，但是我方仍可以参照《始计篇》所说的"近而示之远，远而示之近"，使敌人察觉不到我方已经展开了行动，使敌人贻误时机，从而使我方做到"迂而先至"。

既然"以患为利"是对我方军队投送能力和敌方守卫兵力的权衡，那么"军争"另一个至关重要的问题就是全军抵达目的地所需的具体时间。而具体的时间就是根据以上诸多影响进行计算的结果——我认为这才是真正的"迂直之计"，即对不同路径行军时间的计算。规划行军路线是将领及其参谋的一项基础能力，虽然孙子的时代很难做到精确的计算，但是双方谁计算得更全面、更准确，谁就可以对多条路径多种情况进行比较分析，这就是将领才智的体现。

《军政》曰："言不相闻，故为之金鼓；视不相见，故为之旌旗，故夜战多火鼓，昼战多旌旗。"夫金鼓旌旗者，所以一民之耳目也。民既专一，则勇者不得独进，怯者不得独退，此用众之法也。

《军政》说:"因为听不见对方的话,所以使用金鼓这些乐器;因为看不清行动,所以使用高悬的旗帜。这就是为什么夜间的战斗多使用火把与鼓,白天的战斗多使用旗帜。"金鼓旗帜都是为了统一士兵的耳朵和眼睛,使他们能够统一行动。如果统一了士兵的行动,那么勇敢的士兵就不会独自前进,胆小的士兵不会单独后退,这是指挥大部队的基本法则。

《军政》是比《孙子兵法》更古老的兵书,其内容相当基础,就是战场上号令的传递。这在之前的《形篇》中已经有所涉及。

旌旗可以传递很复杂的信息,比如海军用的旗语。但是在黑夜中看不见怎么办?只能依靠火光和声音。有些注家认为这句话是"虚增旌旗火把,以扰乱敌方"的意思,这只能算作一种策略。

金鼓旌旗的作用是短时间在大范围内传递军令,让军队整齐划一,不会因为有些部队收到命令,有些部队没收到命令而使军队整体出现混乱。对于将领来说更重要的是,要训练士兵听命行事,让军队成为一个整体。

在战场上,假若胆小的士兵慑于敌方的气势自行逃跑,这不但会使己方的阵形出现缺口,更会动摇其他士兵的精神。逃跑的士兵越多,阵形的缺口就越大,军队就越无力与敌人对抗,进而导致溃败。

防止出现逃兵比较好理解,然而为什么"勇者"也不可以"独进"呢?试想,如果一个"勇者"脱离大部队,率先冲入敌军战阵,他就要面对被敌方多人围攻的局面,而身后的队友又在后面迟迟无法支援,那么这些孤零零的"勇者"多半会在两军真正交战之前就被杀死。最勇敢的人先死了,这自然会对没那么勇敢的人造成不小的心理打击,部队的战斗力会大打折扣。

战争是一种集体行动,之所以强调军队的纪律,正是为了使部队"齐勇若一"。

三军可夺气,将军可夺心。

军队的气势可以消减,将领的心智可能混乱。

"气"是中国古代的一个重要概念,本意是"气体",引申为生命力及精神状态的体现。"心"在这里主要指人的意志力与判断力。

之前也提到过,《军争篇》是后几篇的总纲。《行军篇》和《地形篇》主要涉及"地利",而《九变篇》和《九地篇》则涉及"气心"。

是故朝气锐,昼气惰,暮气归。善用兵者,避其锐气,击其惰归,此治气者也。

这是因为人在早上斗志最旺盛,白天会变得怠惰,到了晚上就希望回去休息。善于用兵的将领,会避开敌人斗志最旺盛的时候,在敌人精神倦怠的时候发动攻击,这是对士兵精神状态的管理。

在一天中的不同时段，人的精神状态是不同的。早上精神状态最好，然后逐渐变得疲惫。在我方军队精神状态好，敌人精神状态不好的时候发动攻势，就可以取得不小的优势。然而人的生物钟是相同的，我方"朝气锐"的时候，敌人同样"朝气锐"；敌方"昼气惰"的时候，我方同样"昼气惰"。正因如此，才需要对军队"治气"——保持己方的"锐气"，而让敌人产生"惰气"。当然，孙子也可能是用"朝气""昼气""暮气"来形容士兵的斗志随着时间不断衰减的状态。

《三国志》记载了这样一个故事。曹操出兵征讨张绣时，包围了穰城。对峙期间，曹操听说北方的袁绍要乘虚攻打自己的都城许昌，于是撤兵回援。张绣要追击，谋士贾诩劝阻说："追击必败。"张绣不听，领兵追击，果然被曹操痛击。张绣率兵回城，贾诩又说："将军赶快再次领兵追击，必然能够取胜。"张绣不明白怎么回事。贾诩则保证："情势已经发生变化了，你听我的，肯定能胜。"张绣听从了建议，再次追击，果然击溃了曹操的后卫部队。得胜归来后，张绣请教其中的原因。贾诩说："您虽然善战，但是终究比不上曹操。曹操善于用兵，必定亲自断后。在没有遭遇失败的情况下撤兵，军队的士气依然旺盛，所以即便将军率精兵追击，曹操已然有所防备，因此必定失败。曹军撤退仓促，必然是大后方出现了变故。成功阻击了追兵之后，曹操势必会让原先殿后的精锐部队全速回援，新的殿后部队以为不会再有追击，所以防备就会松懈。因此第二次追击反而能够取得胜利。"张绣的第一次追击失败，是因为曹操即便撤军，还保持"锐气"。第二次追击成功，是因曹操认为不会再次遭到追击而产生了"归气"，新的后卫则是转为了"惰气"。

所以"治气"不仅要治理自己部队的精神状态,也要了解(甚至控制)敌方的精神状态。虽然这里讲的是"治",但同样要"知彼知己"。后文的其他三"治"亦然。之前的"军争"同样要"知彼知己"——只有知道了对方的情况,才能正确地选用哪种方式来"军争"。"知彼知己"(情报)是兵法运用的基础,希望读者在阅读《孙子兵法》的过程中谨记这点。

以治待乱,以静待哗,此治心者也。

我方保持秩序井然,等待敌人出现混乱;我方保持镇静,等待敌人军心动摇。这是对军心的管理。

军心也是将领管理能力的体现。战争中,驻军在外的士兵多半无所事事。时间长了,士兵不免思乡。无聊久了,军中难免生事。

如果将领自己也陷入焦虑,注定管不好军队,更可能因为自己的心浮气躁而出现决策错误。

日本剑道史上最著名的比武"岩流岛之战"就是典型的例子(不过对此战的记载,戏说的成分多过史实)。后起之秀宫本武藏挑战成名已久的剑道高手佐佐木小次郎。佐佐木小次郎不敢怠慢,在决斗之日早早来到两人相约的地点岩流岛等待。但是宫本武藏迟迟没有出现,直到将近黄昏,才拿着一把用船桨削成的木刀出现。经过一天的等待,早已心绪焦躁的佐佐木拔出长刀,扔掉刀鞘便冲向宫本武藏。武藏见状说道："刀与鞘本是一体，你扔掉刀鞘，如何赢我？"扔掉刀鞘说明佐佐木小次郎已经因为长时间的等待而心焦气躁，宫本武藏的言语则更带有激将的成分。最终，悟到"一切即剑"的宫本武藏凭借一把木刀将奉行"剑即一切"的佐佐木小次郎击杀。这一战，宫本武藏便是胜在"以静待哗"。

以近待远，以佚待劳，以饱待饥，此治力者也。

要让我方士兵走的路程短而让敌人走的路程远，要让我方精力充沛而让敌人疲惫不堪，要让我方士兵吃饱喝足而让敌人饥肠辘辘。这是对士兵体能的管理。

这句和《虚实篇》中的"致人而不致于人"是一个意思。这里要多说一句，为什么《虚实篇》说"致人而不致于人"，就能做到"饱能饥之"呢？原因就是前文说的"委军而争利则辎重捐"。就是说，敌人为与我军争夺，不得不扔下本来充足的粮草，加快行军的速度，所以原本能够吃饱的士兵不得不饿着肚子赶路。对于敌人来说，这就是"军争为危"。将领如果能够做到"形人""致人"，进而就能够做到"以近待远，以佚待劳，以饱待饥"。

"治力"与"治气"的关键就是《势篇》所说的"节"，也就是时机。因为"力"和"气"都会逐渐衰弱，所以要尽量在其顶峰时快速释放，这就叫"节短"。否则时间一长，就会"力竭气衰"，积累的"势"就会消耗殆尽。

无邀正正之旗，勿击堂堂之阵，此治变者也。

不要去挑战旗帜整齐的敌人，不要去进攻阵形严整的敌人，这是对于"变"的管理。

"正正"和"堂堂"就是气盛、心静、力强，所以不可击。

问题是这一句为什么是"治变"？而之前孙子说"以分合为变"，两处"变"的意思是否相同呢？之前介绍了"分合"的三种解释：一是己方兵力分开或合并，二是敌我两军分离或接触，三是同"奇正之变"。这里的"无邀"与"勿击"显然是不要同敌人交战的意思。不同敌人交战，是要分散兵力，还是要出奇制胜？孙子没有明说。而"与敌军分离"则与"无邀""勿击"意思类似。既然如此，是否可以确定，孙子说的"变"是"攻击或不攻击敌人"（类"变通"）的意思呢？

对于"变"的含义的解释十分重要，因为这对理解之后《九变篇》的内容很有帮助。这个问题留待《九变篇》再详加讨论。

"治气""治心""治力""治变"对现代企业管理同样具有参考价值。管理好员工的工作积极性与创造能力就是"治气"。如果不能控制好员工的心理和情绪，很可能造成公司的管理混乱，这属于"治心"。保证员工身力充沛、精神饱满，有助于提高员工的工作效率、积极性，减少员工的失误率。而一味通过加班来换取业绩增长的企业必然无法保持长久的竞争力，这就是不懂得"治力"。知道什么项目可以接，什么项目不可以接，什么领域可以进，什么领域不可以进，这就是"治变"。不懂"治变"的公司会因为无效的投资使企业损失大量利润,甚至面临倒闭。

故用兵之法,高陵勿向,背丘勿逆,佯北勿从,锐卒勿攻,饵兵勿食,归师勿遏,围师遗阙,穷寇勿迫,此用兵之法也。

> 用兵的法则:不要仰攻地势高的敌人,不要迎击从山坡上冲下来的敌人,不要追击假装逃跑的敌人,不要进攻斗志旺盛的敌人,不要理睬诱骗我方出战的敌人,不要阻拦撤回国内的军队,包围敌人时要留出让敌人逃跑的缺口,对于走投无路的敌人不要逼迫太紧。这些都是用兵的法则。

最后,孙子又列举了八种禁忌,与之前"无邀""勿击"十分类似。如果将"变"理解为"攻或不攻",那么这八种情况也可以看作对"治变"的补充。

"高陵勿向,背丘勿逆"的意思相同。人从高处往下冲的时候,速度快,动能大,冲击力强。相反,登高更为耗费体力。所以在高地山坡上的一方更有优势。这一点直到现在依然如此,只不过飞机的出现使战场拥有了新的"高陵"——天空。现代军事中的用兵法则是,不要进攻拥有制空权的敌人。

"佯北勿从"和"饵兵勿食"的含义类似,"佯北""饵兵"都是想把敌人吸引到特定的地点。

"锐卒勿攻"是"治气"。

"围师遗阙"和"穷寇勿迫"同样意思相近。为什么包围敌人后，还要留一个缺口？因为没有活路的士兵会拼死作战，杀出一条生路，这反而可能使我军蒙受巨大伤亡。留一个缺口，敌人就会争相从缺口处逃脱。围困易守难攻的要塞时，这一点尤其重要。"穷寇勿迫"一句也经常被人错解，甚至被误传为"穷寇勿追"。"穷寇"现在多被理解为"战败的敌人"。但是"穷"的本意是"没有出路"，"穷寇"就是"无处可逃的敌人"。对于无处可逃、走投无路的敌人，不能步步紧逼，否则敌人就会拼死作战，鱼死网破。对于这样的敌人，我方只要将其围困，然后给他们一条生路，让他们自行逃散（是逃散，而不是有组织的撤退）或向他们进行劝降即可，通常不需要诉诸武力。如果穷途末路的敌人依然不逃跑，而且还宁死不降，将领就该仔细检讨"主孰有道"一条了。

比较难解的是"归师勿遏"一句。"归师"直译就是"正在返回国内的军队"，但是这样的军队为什么不能"遏阻"呢？（"遏"可不是说追击。）大多数注家认为"归师勿遏"和"围师遗阙""穷寇勿迫"的道理一样，敌军士兵会因为急于回家而拼死作战。但是这种解释笔者觉得有些牵强，毕竟垓下"四面楚歌"的思乡之情并没让楚军爆发出成倍的战斗力，反而多有逃散。而且"归师"在什么情况下才会被拦截呢？如果敌军将我军击败之后得胜而归，我军还有实力拦截吗？如果将敌军击败之后拦截，多半能够扩大战果。

第三种可能性是未经交战便班师回国。古希腊历史学家色诺芬的《远征记》记述的便是这种情况。一支万人的希腊雇佣兵受雇参与了波斯帝国内部王位争夺战争，但是由于雇主小居鲁士突然阵亡，内战早早结束。作为失败的一方，他们不得不穿越波斯属地，前往黑海沿岸的希腊殖民地。在这个归途中，这支希腊军队通过包括战争在内的各种手段从沿途部落获取补给品，最后成功抵达了黑海沿岸，并乘船返回希腊。

从这个实例中我们可以发现"归师"的一些特点。首先，他们通常都是精锐部队（因为远征的花费巨大，详见《作战篇》），因此普通的驻军通常不是对手。第二，他们最主要的目的是返回本国，而不是取得军事胜利。以守军的视角来看，对方是精锐部队，作战不一定能取胜，即便取得了胜利，对方残存的士兵可能会变成山贼土匪，反而会引发更严重的治安问题。因此孙子说的"归师勿遏"意思很简单，就是让这支军队赶紧从自己的领土上离开。"归师"在己方领土上停留的时间越长，自己受到的掠夺也就越多。第三，本地与"归师"之间可能并不存在直接的敌对关系（可参见《九地篇》中的"绝地"），比如在《远征记》中，希腊军队与途经的波斯附庸之间事实上并不存在敌对关系，发生冲突只是因为希腊远征军必须要获得足够的食物。即便放走"归师"，也不会增加日后被入侵的风险，这样一来就更没有遏制"归师"返家的理由了。

"归师勿遏"与能不能取胜的关系不大，而应该是因为无利可图，所以属于要尽量避免的不必要的战争。

孙子曰：

凡用兵之法，将受命于君，合军聚众，交和而舍，莫难于军争。军争之难者,以迂为直,以患为利。故迂其途,而诱之以利,后人发,先人至,此知迂直之计者也。

军争为利,军争为危。举军而争利则不及,委军而争利则辎重捐。是故卷甲而趋,日夜不处,倍道兼行,百里而争利,则擒三将军。劲者先,疲者后,其法十一而至;五十里而争利,则蹶上将军,其法半至;三十里而争利,则三分之二至。是故军无辎重则亡,无粮食则亡,无委积则亡。

故不知诸侯之谋者,不能预交;不知山林、险阻、沮泽之形者,不能行军;不用乡导者,不能得地利。故兵以诈立,以利动,以分合为变者也。故其疾如风,其徐如林,侵掠如火,不动如山,难知如阴,动如雷震。掠乡分众,廓地分利,悬权而动。

先知迂直之计者胜,此军争之法也。

《军政》曰:"言不相闻,故为之金鼓;视不相见,故为之旌旗。故夜战多火鼓,昼战多旌旗。"夫金鼓旌旗者,所以一民之耳目也。民既专一,则勇者不得独进,怯者不得独退,此用众之法也。

三军可夺气,将军可夺心。是故朝气锐,昼气惰,暮气归。善用兵者,避其锐气,击其惰归,此治气者也。以治待乱,以静待哗,此治心者也。以近待远,以佚待劳,以饱待饥,此治力者也。无邀正正之旗,勿击堂堂之阵,此治变者也。故用兵之法,高陵勿向,背丘勿逆,佯北勿从,锐卒勿攻,饵兵勿食,归师勿遏,围师遗阙,穷寇勿迫,此用兵之法也。

10 『九変篇』注

《九变篇》是《孙子兵法》最短但问题最大的一篇。最关键的问题是,这一篇的篇名为什么叫"九变"?自古以来的历代注家对于"九变"究竟包括哪九个"变"莫衷一是。虽然很多人提出了自己的看法,但至今仍没有得到广泛认同的答案。

孙子曰:凡用兵之法,途有所不由,军有所不击,城有所不攻,地有所不争,君命有所不受。

用兵作战的法则:有些道路不应该经过,有些敌军不应该进攻,有些城池不应该争夺,有些地点不应该争夺,有些命令不应该接受。

这五句的风格与《军争篇》的"无邀正正之旗,勿击堂堂之阵,此治变者也"十分类似,依然符合"以分合为变"中"攻或不攻"的含义。

前四句与其他篇章的内容高度相关。"途有所不由"涉及《行军篇》的内容,"军有所不击"在《军争篇》与《地形篇》中有所论述,"城有所不攻"在《谋攻篇》中曾有描述,"地有所不争"则在《军争篇》中分析过。

"君命有所不受"这句可能是对前四句的总结,也有可能指《谋攻篇》所说的"君之所以患于军者三:不知军之不可以进而谓之进,不知军之不可以退而谓之退,是谓縻军;不知三军之事,而同三军之政者,则军士惑矣;不知三军之权,而同三军之任,则军士疑矣"。

故将通于九变之利者,知用兵矣。将不通九变之利,虽知地形,不能得地之利矣;治兵不知九变之术,虽知五利,不能得人之用矣。

"九变""五利"的概念自古以来多有分歧,至今仍未有定论,在此不再做详细讨论。不过可以确定的是,孙子认为,无论是治军还是对阵,将领都要了解"九变",所以本章的内容很重要。

是故智者之虑,必杂于利害,杂于利而务可伸也,杂于害而患可解也。

所以有智慧的人考虑问题,必然同时包含"利""害"两方面。考虑"利",那么他设定的目标就是值得实现的。考虑"害",那么就会为可能遇到的祸患准备解决方案。

抛开对于"九变"概念的疑惑,本章的要点在此出现——"智者之虑,必杂于利害"。

任何决策都是双刃剑,有得就有失(机会成本),追求利益同样意味着面临风险。所以领导者在做决策时,必须同时考虑"利""害"两个方面。能够使己方获得利益的决策,才是有意义的。而事先考虑这个决策可能带来的相关风险,这样的决策才是完整的——这样在遇到可能出现的问题时,才能将其造成的损失降到最低。

正因如此,决策时才要"变",也就是有所取舍。"九变"就是"因利害而变",也就是要思考行动带来的收益是否足以弥补支出的成本及造成的损失。即便有利可图,依然要看利益是否够大,可能会遇到哪些风险,这些风险有没有办法解决,如果解决不了,能不能够承受相应的损失。权衡之后,如果"害"大于"利",那就要选择"有所不"——"途有所不由,军有所不击,城有所不攻,地有所不争,君命有所不受"。这就是"变"。将领只有知道了如何权衡利害之后,才能有效地运用兵法——"将通于九变之利者,知用兵矣"。

这个道理不仅适用于军事,也适用于政治、经济、生活。所以相对而言,这句话的语气比《作战篇》的"不尽知用兵之害者,则不能尽知用兵之利也"缓和许多;主语也没有用"善战者"或"善用兵者",而是用"智者",因为好的决策都要"杂于利害",这不仅限于军事,一切决策皆然。投资家巴菲特有这样一句名言:

"别人贪婪的时候我恐惧,别人恐惧的时候我贪婪。"可以说这就是对"杂于利害"的诠释。人们看到巨大的利益时,容易忽略风险,而看到风险后,却没有勇气去探究其背后可能存在的利益。

19世纪末,德国急速扩张海外市场,这使它与老牌殖民帝国英国的利益冲突越来越大,好大喜功的德皇威廉二世更是不顾老臣俾斯麦的反对,想要建立一支可以与英国比肩的强大舰队。显然,德国只看到了海外殖民地的利益,却忽略了英德关系恶化乃至敌对的风险。到了1938年,英国与法国因为害怕与德国开战而签署了《慕尼黑协定》,但这一懦弱的举动反倒助长了希特勒进一步扩张的欲望。正是因为这些决策没有做到"杂于利害",所以一直被后世当作错误决策的典型案例加以警示。

是故屈诸侯者以害,役诸侯者以业,趋诸侯者以利。

想让诸侯屈服,就让他们看到害处;想让诸侯服从,就让他们一起完成某个功业;想让诸侯追随,就让他们得到利益。

这三句是讲"伐交",其方法就是运用"利害"。

故用兵之法,无恃其不来,恃吾有以待之;无恃其不攻,恃吾有所不可攻也。

所以指挥军队的法则，不能依仗敌人不来侵犯，而要依仗自己有所准备，等待敌人的到来；不能依仗敌人不进攻，而要依仗自己周密的防守让敌人无处可攻。

这句话是对"杂于害而患可解也"的补充说明：如果事先对敌人的到来与进攻有所准备，那么即便出现这种"患"，我方行动也不会受到影响，甚至还可以加以利用。不过从含义上讲，本句与《形篇》的"先为不可胜""立于不败之地"关联更大一些。理念上则与《始计篇》中的"不可不察"相呼应。

此句推而广之，也可以被理解为"居安思危"。《左传·襄公十一年》有言："书曰：居安思危。思则有备，有备无患。"《孟子·告子下》有言："入则无法家拂士，出则无敌国外患者，国恒亡。然后知生于忧患，而死于安乐也。"可惜后世儒家，多重文治不重武备。晚清理学家倭仁可谓典型。即便面对西方的绝对军事实力，他仍然反对学习西方技术，声称："立国之道，尚礼义不尚权谋；根本之图，在人心不在技艺。"倭仁的话并非没有道理，但在"五事七计"中，"道"虽列在首位，却只是其中之一而已，只凭人心是不可能打赢战争的。

故将有五危，

将领有五种致命的性格缺点：

接下来，孙子列举了将领的五种性格弱点，虽然很多注家认为这"五危"是《始计篇》中五德（智信仁勇严）的缺失造成的，但笔者认为这"五危"并不能通过"五德"来排除，所以孙子才将其单列出来。

必死可杀，

> 决心赴死的将领，可能被敌人杀死；

"必死"通常被理解为"有勇无谋"。有勇无谋的将领确实可能因陷入圈套而兵败身死，但是这样就变成因为"可杀"所以才会"必死"——逻辑关系与原句正相反。"必死可杀"的语义显然是因为"必死"所以"可杀"。

"必死"按其字义就是"必然会死"。为什么"必然会死"？因为将领是在"求死"。"求死"对于大多数现代人而言难以理解，但是在古代的价值观里，"求死"的现象并不少见。最典型的是日本武士。他们不但求死，还经常用十分残酷的"切腹"来结束自己的生命。

明治维新之后，武士贵族的世袭特权被取消，下层百姓也有机会出人头地。虽说如此，通过教育发挥个人才干的只是极少数人。对于大多数人而言，在战场上"为天皇捐躯"就变成了一条能够瞬间获得"荣誉"的捷径。这种"求死"精神的第一次发扬就是日俄战争期间的旅顺围攻战。在历时一百三十五天的围攻中，十三万日军士兵先后参战，伤亡高达五万九千余人。但这场惨烈的战役，在日本国内竟受到了狂热的歌颂。战术思想古板、战略失当，因造成重大伤亡而深深自责的指挥官乃木希典不仅没被问责，反而被狂热的日本国民奉为"军神"。

其后，军国主义思想吞噬了整个日本社会，日本的军事指挥者毫不吝惜士兵的生命，而这些军官与士兵本身也期待着死亡。这种不惧死亡的精神，虽然使日军在面对弱势的敌军时无往不利，但在面对比自己更加强大的敌军时往往会蒙受巨大伤亡。在太平洋战争中，日本军队经常向火力强大的美军阵地发动"万岁冲锋"。这种狂热的、毫不畏惧死亡的进攻方式确实给美军造成了极大的心理震撼，但是这种毫无战术可言的正面突击对于赢得战争胜利没有任何帮助，甚至葬送了许多本来有希望取得的胜利，然后在必然失败的战斗中徒然消耗士兵的生命。当战役失败时，士兵们会自愿或被迫集体自杀，高级指挥官也会从容切腹。日本军国主义者追求的"武士道"就是典型的"必死"。

在古代，追求荣誉是贵族的专利，也是封建时代最基本的价值观。中国的历史同样如此。春秋时代的先轸就是"必死"的一个典型例子。先轸作为晋国的主将，在城濮之战中大胜楚国，之后更是在崤之战中俘获了秦国三名主将。当时晋国的王太后出身秦国，在她的劝说下，晋襄公决定将这三名将领放回秦国。先轸急忙劝阻。但是在劝说晋襄公时，先轸因情绪过于激动，往地上唾了一口，头也不回地离开了。晋襄公感谢他的进言，之后也没有怪罪先轸。但先轸对于自己的失礼十分内疚。之后狄人进犯，先轸带兵阻击。在俘获了狄人首领，奠定胜局之后，先轸脱下自己的头盔，独自冲入敌军阵中，以死赎罪。

"必死"之人并不以死为"害"，反而可能将死亡视作一种追求，所以将领常会不顾危险，冒进突击。将领自己身死阵前，几乎必然会将军队置于险境。

必生可虏，

贪生怕死的将领，可能被敌人俘获；

"必生"就是贪生怕死。将领如果总是希望完全排除死亡的风险，势必在决策中畏首畏尾——为避免失败的可能，甚至不惜放弃获胜的机会。这样的将领一旦陷入困境，很可能会失去继续抗争的勇气而率军投降。

忿速可侮，

脾气急躁的将领，可能因敌人的挑衅而失去理性；

"忿速"就是脾气急躁，容易发怒。这种敌人如果受到挑衅，就会怒火攻心。人在发怒的时候经常会做出失去理智的行为，而不理智的决策可能使军队陷入危机。

廉洁可辱,

珍视名誉的将领,可能因敌人的羞辱而不顾大局;

这里的"廉洁"与现代语义有所不同,主要指"爱惜自己的名誉"或者说"荣誉感、自尊心很强"。这种人如果受到侮辱,就一定要找机会证明自己的清白。他在决策时,可能因为要彰显或挽回自己的名声而做出错误决断。

爱民可烦。

爱惜民众的将领,可能因敌人的骚扰而分散兵力。

"爱民"的本意是"爱惜民众",这常被当作执政者的美德,为什么孙子会将其列入"五危"呢?

如果己方的百姓受到敌军的骚扰或者掠夺,"爱民"的将领一定不忍。为了制止敌军的行为,就要派兵援助。等援兵到了,敌人可能又在别的地方掠夺。如果每个地方都要保护,只能分散兵力或疲于奔命。而这两种情况都会使己方失去战略主动权,终将遭遇失败。

"爱惜民众"确实是一种美德,但是在战争中如果不能权衡"利害",反而可能因小失大,不但保护不了民众,反而会招致战争的失败。

凡此五者，将之过也，用兵之灾也。覆军杀将，必以五危，不可不察也。

这五种问题是将领的过错，会在作战中造成灾难性的后果。将领有这五种性格缺点，必然会导致全军覆没。所以君主在任命将领时必须仔细考察。

存在这五种性格弱点的将领，在决策时无法"杂于利害"。他们可能五德（智信仁勇严）兼备，既有才能，品行也端正，在大部分情况下都能做出正确的决策。但是由于这五种性格弱点，他们在特殊的情况下可能会做出无法挽回的错误决定。所以君主在任命将领时，一定要仔细考察。

那么有这些性格弱点的人才就无法使用了吗？也不是。存在性格弱点的人虽然不一定可以为将，但是可以做参谋，做先锋，管后勤，或者在国内为官治国。君主也可以通过完善决策流程等制度手段，来避免将领因为性格弱点而做出错误的决策。

《九变篇》虽短，内容却十分重要。只是"九变"究竟包含哪些内容，人们始终没有弄清楚。在银雀山汉简中，此篇残缺严重，无法给现代研究提供帮助。也有可能真正的"九变"在秦汉甚至更早的时候就已经失传了。抑或孙子最初就没有详细整理此篇。真正的"九变"可能会是一个永远的谜题。

孙子曰：

凡用兵之法，途有所不由，军有所不击，城有所不攻，地有所不争，君命有所不受。

故将通于九变之利者，知用兵矣。将不通九变之利，虽知地形，不能得地之利矣；治兵不知九变之术，虽知五利，不能得人之用矣。

是故智者之虑，必杂于利害，杂于利而务可伸也，杂于害而患可解也。

是故屈诸侯者以害，役诸侯者以业，趋诸侯者以利。故用兵之法，无恃其不来，恃吾有以待之；无恃其不攻，恃吾有所不可攻也。

故将有五危，必死可杀，必生可虏，忿速可侮，廉洁可辱，爱民可烦。凡此五者，将之过也，用兵之灾也。覆军杀将，必以五危，不可不察也。

11 『行军篇』注

"行军"并不是现代所说的部队移动，这里的"行军"其实包含"行"（行军）与"军"（驻扎）两部分。之前讲的"军争"就是军队之间的赛跑，这场比赛没有塑胶跑道，军队必须穿越各种复杂的地形，所以说完"军争""九变"，孙子就开始讲解"行军"。

孙子曰：凡处军相敌，

但凡行军扎营，探察敌军动向，与敌人对峙，必须要注意以下几点：

"处军"就是"在不同地形行军、驻扎的方法"，"相敌"则是"侦察敌军动向"。侦察、行军、驻扎可谓军事行动中最为基础的部分。从总体时间上来讲，在冷兵器时代，战斗只占战争中的很小一部分，绝大部分时间是行军和驻扎，而与此同时也要时刻侦察敌军动向。再加上最后关于"令素行"的部分，本篇的三个主题都属于"先为不可胜"的范畴。

绝山依谷，视生处高，战降无登，此处山之军也。

通过山地时，要沿着山谷前进，尽量处在地势较高、视野良好的地方，要从高处往山下进攻，而不应该进攻高处的敌人，这是在山地行军驻扎的要领。

"绝"是"穿越"的意思。在山地行进，并不是要翻过一座一座山头，而是尽量沿着山涧谷地走。这些地方地势相对平坦，也方便军队补充饮用水。而且水流也是重要的地标，对于绘图技术尚不发达的古代军队而言，是重要的参考。

而在山地驻军，最重要的一点是保持己方的视野，防止敌军利用山地的遮挡偷袭埋伏。所以要确保控制视野开阔的制高点。扎营虽然不必在地势最高的地方，但绝不能在河谷扎营。一是河谷通常潮湿背阴，士兵容易滋生疾病；二是为了防止突如其来的山洪暴发。

"战降无登"和《军争篇》的"高陵勿向，背丘勿逆"意思相同。处在高地的军队在体力、视野、投射武器的打击距离等方面都有优势，所以要尽量避免仰攻山坡上的敌人。

绝水必远水。客绝水而来，勿迎之于水内，令半济而击之，利。欲战者，无附于水而迎客。视生处高，无

迎水流，此处水上之军也。

通过河流后，要及时远离，不要在河边停留；敌人渡河进攻，不要把他们堵在河里，而要在敌方半数军队渡过河水的时候发动进攻，这是最有利的时机；想要与敌人开战，不要依附于河水列阵迎敌；尽量处在地势较高视野良好的地方，不要迎击顺流而下的军队，这是在水边行军、驻扎的要领。

现代人过河基本是"过桥"而不是"渡河"。在古代，渡河是一件十分麻烦且困难的事情。如果是小河，自然可以轻松涉水而过。但是水若及腰深，行进就十分困难了，而且河底还有软泥和水草。所以军队在渡河时会尽量寻找水浅、流速慢的浅滩过河。河水要是更深、更宽，就只能凭借小船或浮桥渡河了。由于在这两种情况下，军队都不可能在短时间内过河，而且刚刚上岸时人马混乱，所以十分脆弱，一旦遭遇敌军的攻击就会十分被动。但是也不能把敌军堵在河里，因为这样一来，敌军就会直接放弃渡河。但是如果在敌方半数军队已经渡过河的时候发动攻击，由于得不到尚未渡河的部队支援，自己也无法快速撤回对岸，所以敌军就会陷入进退两难的境地，这就叫"令半济而击之，利"。

"绝水必远水"就是说"渡过河水之后，要远离河水"。为什么？因为如果渡河进攻不利，需要撤退，河流就会成为撤退的阻碍。我军甚至会失去退路，被敌人三面包围，如果不能在短时间内突围，就会陷入极为危险的境地。所以我军即便没有遭遇敌军的攻击，顺利渡河，也不应该在河流旁边多做停留。

驻军时同样要依据地形"视生处高",躲避洪水;水流与山势相反,所以"无迎水流"和"战降无登"是相同的意思。

在现代战争中,像河流这种程度的阻碍已经不足为虑,但更大规模的"绝水",也就是渡海登陆作战的难度有过之而无不及。因为一旦登陆作战失败,部队就没有撤回的可能,所以登陆方要拥有绝对的军事优势才能成功实施作战计划。

绝斥泽,惟亟去无留;若交军于斥泽之中,必依水草而背众树,此处斥泽之军也。

通过湿地沼泽,要迅速离去,不要停留;如果在沼泽地与敌人相遇,要靠近水草背靠树林布阵,这是在湿地沼泽行军、驻扎的要领。

沼泽湿地到处都是水坑泥潭,人若是陷入泥潭,就会越陷越深;如果无人援救,就会毙命其中。在沼泽湿地行军要十分小心,更不能停留驻军。因为这种地方潮湿多雾,蚊虫聚集,极易滋生疾病。如果不巧在沼泽湿地与敌军遭遇,就要尽可能待在树多草茂的地方,因为这样的地方土相对坚实,泥潭少,而敌军却不得不冒着陷入泥潭的风险靠近我军。

平陆处埸(yì),而右背高,前死后生,此处平陆之军也。

在平原地形，最好处在平原的边界，背靠地势较高的地方，前方最好是可以让敌人陷入困境的不利地形，身后存在可以保证自身安全撤退的生路，这是在平地行军、驻扎的要领。

处在平地的边界，那么军营前的平地就是未来交战的战场，也是敌军突击我方营地的主要方向，所以是"死"地（和之后《九地篇》的"死地"不同）。虽然背靠丘陵、山地，却要留出通行的"生"路，一是方便粮草补给和援军到达，二是为己方的撤退或迂回留出通道。

凡此四军之利，黄帝之所以胜四帝也。

这四种驻军的法则，就是黄帝战胜其他四帝（四方诸侯）的要领。

"黄帝胜四帝"应该是先秦时代为人熟知的传说战例，但是具体内容现今已经失传。黄帝作为中国传说时代第一个"统一中原"的人物，那个时代的战争必然十分原始。如果黄帝是依靠"处军"之法征服四方的，足见"处军"在军事中的基础性与重要性。

凡军好高而恶下，贵阳而贱阴。养生而处实，军无百疾。丘陵堤防，必处其阳，而右背之。此兵之利，地

之助也。

但凡安营扎寨,尽量在地势较高的地方,而不要在地势低洼的地方;尽量要在阳光充沛的地方,而不要在阴冷潮湿的地方。注意士兵健康,保证物资充实,避免军队滋生疾病。对于丘陵与河堤,处在向阳的一面,要背靠它们。这是在战争中获得有利地位,取得地利辅助的方法。

地势较高、阳光充足的地方,人会感到比较舒适;阴冷潮湿的地方,则容易滋生疾病。很多时候,疾病(包括冻伤、中暑等)给军队造成的损伤比战斗本身更大。尤其是古代人缺乏传染病的相关知识,更缺乏应对与治疗手段,一旦暴发瘟疫只能求助神仙鬼怪——但这显然根本无法减轻疾病造成的损失。所以只能依靠保持士兵的健康与免疫力来使"军无百疾",尽量避免士兵生病才是万全之策。中国古代崇尚"风水学",而风水学的根本其实就是规避那些对人体有害、容易滋生疾病的地区,而在对人体有益、不易发生灾害的地方兴建房屋。可惜后来的"风水"越来越多地带有"迷信"的成分,有些更是渐变为无稽之谈。

上雨,水沫至,止涉者,待其定也。凡地有绝涧、天井、天牢、天罗、天陷、天隙,必亟去之,勿近也。吾远之,敌近之;吾迎之,敌背之。

如果上游下暴雨，水流湍急，应该停止涉水前进，等到水流平稳之后再渡河。凡是绝涧、天井、天牢、天罗、天陷、天隙这样不能通行的天险，一定要尽量远离。要让我军尽量远离这些地形，而让敌人靠近；我军要面向这些地形，让敌军背对这些地形。

上游暴雨，下游极有可能发洪水，所以应该暂停渡河。

"绝涧、天井、天牢、天罗、天陷、天隙"的具体样貌其实不必深究，它们的共通特点是"不可通行"。既然不可通行，那么军队不但机动能力受限，还更容易被敌方包围，所以自己要离得远远的，而尽量要让敌人靠近它们。

军行有险阻、潢井、葭苇、山林、蘙荟者，必谨复索之，此伏奸之所处也。

军队经过山势险峻处、湖泊、芦苇荡、山林、灌木丛这些地区时，要谨慎地反复侦察，这些地方都可以设置伏兵。

这句很好理解，是说在可能有埋伏的地方，事先要小心侦察。说到侦察，之后孙子就开始讲解如何"相敌"了。

敌近而静者，恃其险也；远而挑战者，欲人之进也；其所居易者，利也。

敌人离我方很近，我方却能镇静自若，是因为占据了险要的地形；两军相隔很远，我方却不断挑战，是想让对方接近自己；变更安营的地点，是为了获得更有利的地位。

这几句是说，首先要通过敌方的行动大致确定其战略意图。

众树动者，来也；众草多障者，疑也；鸟起者，伏也；兽骇者，覆也。

树林晃动，是敌人在接近；在茂盛的草丛中设置障碍，是为了让人怀疑有埋伏；鸟飞起来，不落下，是真有埋伏；野兽惊骇地跑来，是敌人发动突袭。

这几句是一组，说的是通过观察草木野兽来判断敌军的动向。

尘高而锐者，车来也；卑而广者，徒来也；散而条达者，樵采也；少而往来者，营军也。

尘土高高飞扬，直刺天际，是战车在疾驰；尘土低矮，四处飞扬，是步兵在推进；尘土分散又此起彼伏的，是在砍伐木材；尘土少但反复出现的，是敌人在安营扎寨。

这一组是通过扬尘来判断敌军的行动。

辞卑而益备者，进也；辞强而进驱者，退也。

使节言辞谦卑但小心戒备的，是想要进攻；使节言辞强硬又咄咄逼人的，是想要撤退。

这两句通过来往的使节来判断敌军意图。

轻车先出居其侧者，陈也；无约而请和者，谋也；奔走而陈兵者，期也；半进半退者，诱也。

战车先出军营，往侧翼移动的，是准备布阵；没有陷入困境，却来求和的，是有所图谋；士兵快速奔跑列阵的，是将领突然让士兵执行自己预先安排的战术；时而前进，时而后退的，是在诱惑对方追击。

这一组是根据敌军的动作来判断其下一步的行动。

敌方是真逃跑还是引诱我方追击？《曹刿论战》写道，曹刿"视其辙乱，望其旗靡"（看到对方的车轮印混乱，旗帜东倒西歪），于是断定对方是真的逃跑。而"半进半退"的一定是假逃跑。"饵兵"的撤退不是一味逃跑——如果一味逃跑，敌军并不一定追得上。走走停停，且战且退，不但保证对方能够追得上，还能不断勾起对方的战斗欲望，直到其进入预定的伏兵地点。"半进半退"有没有可能是真撤退呢？也有可能。不过即便是真撤退，这样的敌军也不应该追击。因为"半进半退"说明敌军虽然撤退，但是仍然组织有序，士气坚定，还能够阻击追兵，甚至发动反击，所以即便追击，一般也捞不到什么好处。

杖而立者，饥也；汲而先饮者，渴也；见利而不进者，劳也；鸟集者，虚也；夜呼者，恐也。

站岗的士兵靠着长枪站立，是因为军中饥饿；取水的士兵自己先大口大口喝水，是因为军中缺水；看到利益却不进取，是因为疲劳；乌鸦小鸟停留在营房上，是因为军营中已经没有人了（或人很少）；士兵在夜里大呼小叫，是因为内心怀有恐惧。

这一组是讲对方士兵的状态。

军扰者，将不重也；旌旗动者，乱也；吏怒者，倦也。

军队混乱纷扰，是因为将领没有权威；旗帜来回晃动，是因为军队已经陷入混乱；尉官（下级军官）经常发脾气，是因为士兵已经军心倦怠，不想打仗了。

这一组是分析军中管理情况。

粟马肉食，军无悬甀，不返其舍者，穷寇也。

杀掉军马作为食物，军队中的水缸也没有水了，士兵们偷偷逃离军营，这是已经无法再战斗的军队。

"不返其舍"是说"士兵寻找小路，逃离军营"。《史记》记载了孙膑减灶退敌的故事。孙膑利用魏国人轻视齐国人的心理，建议田忌命令士兵在进入魏国境内后第一天挖十万人用的灶坑（挖个土坑或垒个环形的土堆，里面放上柴火，用于做饭或取暖），第二天减少到五万，第三天减少到三万。庞涓看到这种情况，嘲笑齐军："我就说齐国人胆子小，没想到刚刚进入我国境内三天，士兵就逃亡过半。"于是只带着少量精锐部队追击齐军，结果中了孙膑的埋伏，全军覆没。且不说真伪，这个故事成立的前提是当时士兵的逃亡十分普遍。如果士兵逃亡极少，那么正常人看到敌军在没有经过战斗的情况下如此大规模减员，必定心生疑惑。名将韩信也曾因为在汉军得不到重用而私自逃亡，这才有了"萧何月下追韩信"的故事。这是士兵私自逃离军营的一个例证。了解了这一点，读者就能更加清楚地理解《九地篇》的一些内容了。

谆谆翕翕（xī），徐与人言者，失众也；数赏者，窘

也；数罚者，困也。

士兵们窃窃私语，毫无顾忌地与人说话，这是将领失去了兵众的信任；经常犒赏士兵，是因为处境窘迫；经常惩罚士兵，是因为陷入困境。

这几句是管理危机逐步深化的写照。处境窘迫就需要通过重赏来寻求勇夫。越是陷入困境，领导者越依赖处罚作为管理的手段。一是因为此时多半已经没有足够的利益来赏赐；二是领导者已经失去了部下的信任，如果不通过强制手段，他的命令很难贯彻。

来委谢者，欲休息也。兵怒而相迎，久而不合，又不相去，必谨察之。

敌人前来低身谢罪的，是想要休兵息战。军队怒气冲冲前往战场，但是很长时间既不交战，也不退兵，这种情况必须谨慎地侦察敌人的动向。

到这里，"相敌"的内容全部结束了。这些内容虽然具体而繁杂，却有一个共通的特点——通过难以作伪的现象，或不经意间流露的细节，以及敌人的反常举动，来判断对方的真实意图。比如，通过烟尘形状的差别来判断敌军的动向；通过士兵的小动作来获知敌军内部的状态；正常情况下，言辞谦逊的人精神会比较松懈,如果一个人言辞谦逊,精神却十分警觉,那么他谦逊的言辞并不是真的。

如果只观察表象,当然只能知道敌军的大概情况。而那些不经意间的细节,往往能使人得到较为准确的情报。所以说"相敌"不仅要看敌人的表象,更要通过仔细地观察和分析,发现敌军的真实情况。所以孙子说:"见胜不过众人之所知,非善之善者也。"能够看到寻常人看不到的事,才是真正有智慧的人。如果所有人都能得看到,算什么本事呢?何况那些表现还有可能是敌军故意制造出来的。

现代的一些成功学"大师"总喜欢说:"细节决定成败。"很多人错误理解了这句话,于是在工作生活中盲目注重细节。其实真正决定成败的并不是细节,而是细节所反映的智慧、耐心、严谨、责任感、同理心等经过长期磨炼而形成的优秀个人品质。寻常人往往只关注寻常琐事中的细节,有智慧的人关注的则是旁人忽略的细节。当初箕子看到商纣王用了一双象牙做的新筷子就大惊失色,为什么呢?作为一个强大王朝的最高统治者,珍宝自然不少。象牙虽然名贵,但相较宝石珍珠,算不上稀奇(殷墟考古发现了众多象牙制品,专家推断商代黄河中下游曾栖息着大量亚洲象)。关键是,纣王用象牙制作生活中常用的筷子——如此寻常之物都要用象牙来做,那么纣王定然十分在意身边所有物品。因此箕子知道纣王已经起了骄奢淫逸之心,而且之后会一发不可收拾。果然,曾经励精图治的纣王渐渐变得昏庸残暴,最终身死国灭。

智者见微知著,窥一斑而知全豹。孙子的这些观察就是极好的应用实例。

兵非多益也，惟无武进，足以并力、料敌、取人而已。先暴而后畏其众者，不精之至也；夫惟无虑而易敌者，必擒于人。

士兵不是越多越好，只要避免武断冒进，并充分整合自身力量，掌握敌军的真实情况，取得士兵的信赖与支持，就足以取胜。先轻敌迎战，之后却畏惧敌人数量众多，是做事极为粗糙、欠缺考虑导致的。那些决策时不经考虑，又轻视敌人的将领，必然会被敌人擒获。

"武进"的意思可能与"无虑而易敌者"相同，都是指"将领在未经谋划的情况下轻举妄动"；也可能和篇题"行军"有关——不注意"处军之法"，随意行军扎营。

打仗并不是士兵多的一方就一定能取胜。如果轻敌冒进，士兵多的一方反而很可能被打败。所以要"并力、料敌、取人"。"并力"就是整合自身力量集中兵力，也可认为是"处军"中的"养生而处实"，包含之前《军争篇》的"四治"等。总而言之，是"聚合我方战斗力"的意思。"料敌"就是在"相敌"之后通过分析，判断敌人的意图和动向。

从这句话也可以看出，孙子认为军队的素质（包括个人体力与集体协调）比军队的规模更加重要。所以"五事七计"有"兵众孰强""士卒孰练"，而没有明确提及军队的规模。

卒未亲附而罚之，则不服，不服则难用也。卒已亲附而罚不行，则不可用也。

将校还未与士兵建立亲密熟悉的关系，只依靠惩罚来约束士兵，那么士兵反而不会信服。士兵不信服将校，将校就难以指挥他们。将校与士兵已经亲密熟悉，但是士兵有过错，应当惩罚时却不忍心惩罚，这样的军队也无法投入战场。

"取人"首先是建立将领与士卒的关系。将领如果一味使用惩罚手段来管理士兵，那么即便处罚是正确的，士兵也不会真正信服将领。为什么？因为士兵还不熟悉法令与将领的领导风格。不熟悉自然容易犯错，如果将领因此严厉处罚，士兵肯定心生抱怨。（可以通过此段回忆一下司马迁所著"三令五申"的故事。孙子当时的做法是否违反了他自己的这段话呢？）

相反，如果将领和士兵之间太过熟悉，甚至有了过错都不去处罚，那么将领之后的命令也会逐渐失去效力。

故令之以文，齐之以武，是谓必取。令素行以教其民，则民服；令不素行以教其民，则民不服。令素行者，与众相得也。

所以要用成文的法令教导士兵，用军事操练让士兵整齐划一，这样必然可以取得士兵的信赖。长期使用一贯的法令来教导操练士兵，士兵就会服从；没有长期使用一贯的法令来教导操练士兵，士兵就不会服从。长期使用一贯的法令，就能够与士兵相互熟悉，建立信任。

这一段就是《始计篇》中的"法令孰行"。

如果想使法令具有公信力，就要明确地用文字公布出来。虽说古代识字率很低，但是成文的法令因其不可变更性，仍然可被士兵当作申辩的凭据，所以能够使士兵信服。如果法令仅仅是口头的，那么难免出现朝令夕改的现象，有的将领甚至会拒不认账。现代很多（失败的）管理者经常出现这种问题。前一天刚做出某项决定，第二天就出尔反尔。这种混乱的管理显然会给企业造成灾难性的影响。

不但要明确写下法令，还要经常训练士兵，使士兵熟悉各种命令相应的动作。士兵平时经常按统一的命令操练，在战场的紧张氛围中才可能有序地执行命令。相应地，将领在士兵熟悉了命令和动作后再施加惩罚，士兵自知犯错，不会有怨言，其他士兵自然也会信服。

而且法令要保持一贯性，对不同身份的各级官兵要一视同仁。如果将领对出身高贵或跟自己亲近的官兵网开一面，在其犯错时不加处罚，那么久而久之，法令就难以服众，甚至会出现贿赂上官以求免责的恶劣风气。所以执行法令一定要注意平等。但是在等级社会，出身高贵者终究不能像平民一样随意责罚——但不能免于责罚。比如，《始计篇》注提到"割发代首"。商鞅变法也是一个例子。商鞅的变法严重触犯了秦国旧贵族的利益，所以太子

（后来的秦惠文王）故意违反法令。商鞅虽然无法对太子用刑，但是严厉处罚了太子的两位老师。商鞅的变法因此得以顺利推行，"行之十年，秦民大说（悦），道不拾遗，山无盗贼，家给人足。民勇于公战，怯于私斗，乡邑大治"。"令素行"是商鞅变法得以成功的一个重要原因。

孙子曰：

凡处军相敌，绝山依谷，视生处高，战降无登，此处山之军也。绝水必远水。客绝水而来，勿迎之于水内，令半济而击之，利。欲战者，无附于水而迎客。视生处高，无迎水流，此处水上之军也。绝斥泽，惟亟去无留；若交军于斥泽之中，必依水草而背众树，此处斥泽之军也。平陆处易，而右背高，前死后生，此处平陆之军也。凡此四军之利，黄帝之所以胜四帝也。凡军好高而恶下，贵阳而贱阴，养生而处实，军无百疾。丘陵堤防，必处其阳，而右背之。此兵之利，地之助也。

上雨，水沫至，止涉者，待其定也。凡地有绝涧、天井、天牢、天罗、天陷、天隙，必亟去之，勿近也。吾远之，敌近之；吾迎之，敌背之。

军行有险阻、潢井、葭苇、山林、蘙荟者，必谨复索之，此伏奸之所处也。

敌近而静者，恃其险也；远而挑战者，欲人之进也；其所居易者，利也。众树动者，来也；众草多障者，疑也；鸟起者，伏也；兽骇者，覆也。尘高而锐者，车来也；卑而广者，徒来也；

散而条达者,樵采也;少而往来者,营军也。

辞卑而益备者,进也;辞强而进驱者,退也;轻车先出居其侧者,陈也;无约而请和者,谋也;奔走而陈兵者,期也;半进半退者,诱也。

杖而立者,饥也;汲而先饮者,渴也;见利而不进者,劳也;鸟集者,虚也;夜呼者,恐也。军扰者,将不重也;旌旗动者,乱也;吏怒者,倦也。粟马肉食,军无悬缻,不返其舍者,穷寇也。谆谆翕翕,徐与人言者,失众也;数赏者,窘也;数罚者,困也;来委谢者,欲休息也。兵怒而相迎,久而不合,又不相去,必谨察之。

兵非多益也,惟无武进,足以并力、料敌、取人而已。先暴而后畏其众者,不精之至也。夫惟无虑而易敌者,必擒于人。

卒未亲附而罚之,则不服,不服则难用也。卒已亲附而罚不行,则不可用也。故令之以文,齐之以武,是谓必取。令素行以教其民,则民服;令不素行以教其民,则民不服。令素行者,与众相得也。

12 「地形篇」注

孙子曰：地形有通者，有挂者，有支者，有隘者，有险者，有远者。

"地形"可以分为"通形""挂形""支形""隘形""险形""远形"。

"地形"不应该指平原、山地、丘陵吗？这六种是什么情况？

就像《孙子兵法》中的"行军"不是现代所说的行军，《孙子兵法》中的"地形"也不是现代所说的地形。孙子所说的"地形"类似于"兵形"，指两军相对时，依据各种地貌条件而形成的不同态势。

值得注意的是，《行军篇》的四类地貌与行军、驻扎有关，本篇的"地形"则与双方直接交战的战场有关。

我可以往，彼可以来，曰通。通形者，先居高阳，利粮道，以战则利。

我方可以前往，敌方也可以到来，叫"通形"。在面对"通形"的情况下，首先占领视野开阔的高地，确保自己后勤补给线的通畅，然后再和敌人交战，就能获得优势。

"通形"是对双方的机动能力都没有明显限制的"地形"。在这种"通形"的情况下，双方都不占明显的便宜，所以很可能长期对峙，故要选择地势较高、视野良好，利于长驻的地方扎营。因为对峙时间长，而且对峙期间不可能通过掠夺对方粮仓来补充粮草，所以一定要确保自身后勤补给线的安全与通畅。

可以往，难以返，曰挂。挂形者，敌无备，出而胜之；敌若有备，出而不胜，难以返，不利。

可以前进却难以撤退的，叫"挂形"。面对"挂形"，如果敌人没有防备，我方出击即可取得胜利；如果敌人已经有所准备，那么进攻不容易获胜，久攻不克又难以撤退，我方会陷入不利境地。

"挂形"指出击容易，但不便于撤退的情况。比如，通过一条狭窄的山谷或河口，前往开阔的平原作战，就属于"挂形"。因为不便于撤退，所以如果能够击败敌人，就不会产生什么影响；但是如果无法击败敌人而不得不撤退，就会因退路狭窄或被河流阻挡而陷入不利境地。

这种处境就像把物品"挂"在高处。因为有凸起或钩子，所以能轻而易举地"挂"牢物品，但是取下"挂"住的东西却要费一番力气。

我出而不利，彼出而不利，曰支。支形者，敌虽利我，我无出也；引而去之，令敌半出而击之，利。

我方出击会陷入不利状态，敌方出击也会陷入不利状态，叫"支形"。在面对"支形"的情况下，敌人虽然有可乘之机，但我方不能出击，因为这只是敌方的利诱而已；相反要想方设法将敌人引出营寨，佯装撤退，在敌人行进到半路的时候袭击它，就能够获得优势。

如果对于双方而言，主动出击都会陷入不利境地，那就是"支形"。比如两军之间有一条较大的河流，主动出击的一方可能被对方"半渡而击"。在这种情况下，不要受到利益诱惑而贸然出击，一定要诱使敌人主动进攻。

"支"的本意是"交差搭在一起的木棍"，形容双方僵持不下，动弹不得。

隘形者，我先居之，必盈之以待敌；若敌先居之，盈而勿从，不盈而从之。

对于"隘形"，如果我方先将其占领，一定要做好防御准备，等待敌人到来；如果敌人先占领了"隘形"，看他是否有所准备，有准备就不要进攻，没有准备则可以进攻。

　　孙子没有解释"隘形"，但其含义不难理解。"隘"是"窄小的交通要道"，也可引申为"能够提供一定的防御优势的小河、高地等（阻碍）"。

　　面对"隘形"，进攻方没有办法发挥兵力优势，但是也没有特别有利的地势条件供防守方利用。兵力劣势的防守方必须自行构筑防御工事，才能有效阻挡敌方进攻。所以在"隘形"下，一方是否进攻，要看对方是否做好充分准备。

　　著名的阿金库尔战役（1415）中，法国的重骑兵就输在了"地形"上。英王亨利五世因为军中痢疾肆虐而不得不带兵前往加来港，从那里乘船返回英国，但在撤军途中遭到法国大军的阻击。法军有约一万一千名重装骑士、一万八千名重装步兵（行军时骑马，战斗时下马作战的骑士）和七千名雇用弩手。英军只有六千人，包括约九百名重装步兵，剩下的五千人是轻装长弓手。亨利五世本想向法国人求和，但是遭到拒绝，英军只好应战。虽说不得不战，不过战场环境对英军倒是极为有利。主战场是一片农田，由于决战前下了一夜的大雨，这片土地变得十分泥泞。农田两旁是骑兵无法穿行的茂密森林。10月25日清晨，双方远远对峙了三个小时。亨利五世决定让军队行进到泥地中央，长弓手们在身前插好了事先准备的尖刺木桩，等待法军的进攻。亨利五世的前移是一个十分聪明的举动，因为这样一来英军的两翼就被树林保护，法军只能选择正面冲锋或绕过整个农田从背后袭击——英军获得"隘形",前后都有柔软的泥地作为缓冲——因为泥地既不利进,也不利退,所以属于"挂形"。

而当时的法军,由于法王查理六世不在军中,所以各个高级贵族无法就作战计划达成一致,有人认为应该让骑兵绕到英军背后发动攻击,有人认为骑兵从正面冲过去就可以碾压英军——这正是法军在三个小时内没有发起进攻的原因。但是贵族们看到英军主动上前时,再也控制不住自己获得头功的冲动,骑兵几乎毫无组织地向英军发起了冲锋。

英军身前的泥地极大减缓了法军的冲锋速度,两翼的法国骑兵由于树林的限制不得不向中间挤压,这使法军的阵形更加混乱。而迎接法军的则是英国长弓手密集的箭雨。在第一波冲锋的一千多名骑兵中,只有很少冲入了英军阵中,大部分在途中就受伤落马。当时的法国骑兵虽然装备着良好的护甲,但是大多数马没有护甲保护。英国的弓箭虽然没有杀伤多少骑士,却射倒了他们的马。由于法国骑士身上的铠甲过于沉重,所以他们一旦倒在泥地上就很难再站起来。而他们和他们死去的坐骑则给后面的法军增加了新的障碍。更加悲惨的是,法军在这次冲锋中损失了所有高级指挥官,这使本就不服号令的法军更加混乱。不过法军毕竟在兵力上占据绝对优势。当法国的重装步兵来到英军阵前时,英国的重装步兵陷入苦战。就在这时,英国的长弓手加入战斗。装备轻便的他们灵活地将法国的重装步兵摔倒在泥地上,而法国重装步兵同样因为过重的铠甲而无法再次站立起来。后续的法军虽然人数众多,却没有人指挥。面对前锋难以置信的惨败,他们选择撤退。如此一来,困在泥地的法国贵族只能任人宰割。

战斗结束后，亨利五世发现大量法国贵族还"挂"在泥地里喘气。由于害怕法军援兵的追击，英军无法收留如此多的俘虏，所以命令长弓手用小刀从铠甲的缝隙处结束了他们的性命。这一战，法国损失了约一万两千人，仅大小贵族就有五千人丧生，包括三位公爵和至少五位伯爵。

险形者，我先居之，必居高阳以待敌；若敌先居之，引而去之，勿从也。

对于"险形"，如果我方先将其占领，必然要占据视野开阔的高地，等待敌人前来；如果敌人先占据了"险形"，那么我方就带兵撤退，不要攻击敌人。

"险形"的地势优势十分明显，就像《蜀道难》形容的"一夫当关，万夫莫开"。占据"险形"的一方，即便没有精心构筑的防御工事，也可以用少量兵力对抗敌方大部队。所以防守方一旦占据"险形"，进攻方就只能另寻他策了。即便防守方看似已经撤离，进攻方也不应该贸然进攻，因为进攻方通常不具备视野优势，防守方可能藏在附近，等到进攻方爬上半山腰时重新占据"险形"，这样进攻方就极为不利了。

远形者，势均，难以挑战，战而不利。

对于"远形",双方都没有地势上的便利,且距离遥远,不适合到敌方营垒前发起挑战,因为这会使士兵疲惫,从而使己方陷于不利状态。

"势均"的"势"不同于之前提到的"势",这里的"势均"指地势平坦。这句话是说地势平坦,但是双方军营相距较远,所以叫"远形"。"远形"可以说是"通形"的放大版。在这样的情况下,主动前往对方阵地挑战的一方会因为距离遥远而在开战前耗费大量体力,而对方则可以"以逸待劳",所以"远形"对主动进攻者不利。

第二次世界大战中,德国空军对英国伦敦的空袭就属于"远形"。由于需要长途飞行,德国的战斗机只能在伦敦上空停留十五分钟,而从本土起飞的英国战斗机则从容得多,英国飞行员在体力和心理上明显占优。

凡此六者,地之道也;将之至任,不可不察也。

这六种情况是利用战场"地形"的方法要点,掌握这些是将领的重要任务,将领必须详细考察。

将领必须了解这六种"地形",才能知道是否应该主动进攻。如果在不应该进攻的"地形"上贸然发动进攻,就会让己方陷入十分不利的境地,甚至战败。

商业同样可以找到"地形"的影子。对于一般的企业经营而言,最常规的做法是保证资金链不断裂即可,这是"通形";如果前期需要投入大量资金,而资金回笼比较慢或不稳定,这是"挂形";有一定技术壁垒的是"隘形",如果竞争对手的市场份额已经很大,就难以进入,反之则还有盈利机会;需要突破技术瓶颈的业务是"险形",通常而言只要突破了技术瓶颈,企业的产品就一定可以盈利,但也有研发失败的风险;"远形"就是那些需要长期经营维护的领域,比如品牌建设,在同一领域中,新品牌只能从小众市场切入,直接在大众市场与成熟大品牌竞争几乎没有获胜的可能。

故兵有走者,有弛者,有陷者,有崩者,有乱者,有北者。凡此六者,非天之灾,将之过也。

战败有"走""弛""陷""崩""乱""北"六种情况。这六种情况不是命中注定的(或意外的)灾难导致的,而是将领的过失造成的。

有人将"不可预测的偶发事件"看作意外,而另一些人将其视为命中注定,这两种态度虽然看上去截然相反,但其实只是视角不同。古人通过星象、占卜、演卦等手段推测战争胜负是常例,在商周时代甚至是出征前的必备步骤,即"庙算"的本貌。周武王伐纣时,就差点因为占卜不利而放弃出兵。幸得在中国兵法的祖师爷吕尚（姜子牙）的劝谏下，周武王不顾不利的占卜结果，继续进兵，果然一战而灭商。

高加米拉战役中的波斯军队便是反面案例。突然出现的月食使波斯军队士气崩溃，因为波斯的经书将月食视为波斯战败亡国的征兆。史学家推测，亚历山大突袭大流士的本阵后，大流士阵亡或逃跑的谣言在军中迅速流传，受到预言影响的士兵不经思考便信以为真，原本占据优势的波斯大军因此瞬间土崩瓦解。如果大流士在战前无法遏止这种流言，为什么不选择暂且撤兵呢？是低估了预言的影响，还是高估了士兵对自己的信任？是出于相信自己的军力，还是高估了自己的指挥能力？还是说甚至连他本人也相信自己的帝国将在军事天才亚历山大面前灭亡？突如其来的月食虽然会对军队产生极为不利的影响，但是这种影响并不是不可消除的。比如，亚历山大的军队也因为月食而出现恐慌，但亚历山大马上告诉士兵："这不是我们灾祸的预兆，而是波斯灾祸的预兆！"马其顿军的士兵因此重新振作起来。

所以孙子告诫我们，战败不是上天安排的灾难，而完全是将领指挥的过错。企业经营者同样不应该将企业的失败归咎于市场、行业的萎缩，因为决策时没有看到经济环境与市场趋势的变化，本身就是"将之过也"。

夫势均，以一击十，曰走；

双方在平地上，用敌人十分之一的兵力与敌人对抗，这种情况就是"走"（落荒而逃）；

"势均"和刚才一样，是"地势平坦"的意思。在没有地形优势的情况下，用很少的兵力与敌人主力对抗，当然不可能打赢。对于肯定打不赢的战斗，士兵在战斗开始之前就会四散逃跑。

卒强吏弱，曰弛；吏强卒弱，曰陷；

士兵强势但尉官（下层军官）弱势，这种情况叫"弛"（管理松弛）；尉官（下层军官）强势士兵弱势，这种情况叫"陷"（动弹不得）；

这两种情况刚好相反。

如果士兵太过强势，而尉官没有权威，那么尉官就无法约束士兵，所以管理自然极为松散。

如果尉官过于强势，而士兵没有地位，那么士兵的主动性就很低，所以往往行动迟缓，效率低下，就像人掉到陷阱里一样伸展不开手脚。

如果领导把下属管得死死的，那么整个企业就会失去活力。在这种情况下，公司中只有高层向下级传达指令，基层员工无法向高层管理者反映管理和业务上的问题。这势必造成基层员工工作效率低下。如果管理层试图通过制定更加严格的规章或提高业绩指标的方式整顿公司业务，这反而会使不合理的业务指标和管理方式得到加强。高层的指令与基层业务之间的裂痕越来越大，各个层级的工作量都在增加，公司的业绩却没有明显的起色，这就是"陷"。产生这种问题的原因，就是缺乏下层向上层反映意见的管道，这使决策的错误无法被纠正。所以由下而上的反馈，也是管理的重要部分。

大吏怒而不服，遇敌怼而自战，将不知其能，曰崩；

校官（中层军官）脾气暴躁，不服从命令，遇到敌人就情绪化地擅自出战，将领（上层军官）不了解各个校官的能力，这种情况叫"崩"（指挥体系崩解）；

"大吏"显然比"吏"层级高，但又达不到将领的级别。在《孙子兵法》中，军官层被分为三个级别，最基层直接管理士兵的是"吏"，最高层制定战略战术决策的是"将"，处于中间层负责把"将"的战略计划付诸实施的是"大吏"。现代军事组织虽然比冷兵器时代复杂庞大得多，但是在职责安排上仍然可以划分为将、校、尉三级。同样地，企业管理也可以分为这三个级别。

"大吏"在指挥权限上拥有很高的自主性。而且在封建时代，将领带领的部队都是自己封地上的小贵族和农民，所以独立性很强。如果"大吏"不服从"将"的决策，甚至不听命令，擅自与敌人交战，这会打乱军队的全盘部署，造成极大的风险。同样地，将领如果不了解手下军官的实际能力，就无法安排合适的职责和任务。这两种情况都会使组织整体失去协调性，一部分甚至各个部分会从整体中崩解，失去统一的控制。

将弱不严，教道不明，吏卒无常，陈兵纵横，曰乱；

将领能力不高，软弱而没有威严，训练时的命令含糊不清，士兵不知道到底该如何行动，布阵杂乱无章，士兵因不知道自己的位置而来回乱跑，这种情况叫"乱"（管理混乱）；

这一条说的其实正是《行军篇》最后关于"令素行"的部分。平时士兵没有熟悉命令，勤加操练，将领朝令夕改，底层官兵就会经常不知道该如何行动，作战队形散乱，更不要说转换阵形了。战场是修罗场，人面对死亡时难免紧张。只有在正常状态下熟练掌握各种战斗技能，才能避免在精神高度紧张的状态下疏失、慌乱。现代军队操练有一条名言："平时多流汗，战时少流血。"

将不能料敌，以少合众，以弱击强，兵无选锋，曰北。

将领不能了解敌人的实际情况，在兵力少于敌人的时候与敌人交战，在己方斗志衰弱的情况下进攻斗志昂扬的敌人，也没有为军队选择合适的先锋，这种情况叫"北"（战败逃跑）。

将领个人能力不足，对兵法也不熟悉，又不能对敌军的实力和真实意图做出准确的判断，那么军队必然会在战争中陷入被动，最后不得不在"以少合众，以弱击强"的状态下与敌方决战。如此一来，战争的结果可想而知。

不过，并不是兵力少的一方一定会战败。如果己方的士兵个个都可以"以一当十"，那么人数的劣势自然需要重新计算。但是有这样实力的士兵自然不会太多，所以只有最重要的任务才会交给这些精锐部队完成。通常情况下，对他们的安排有两种，一种是作为将领的卫队（尤其是君主直接统兵的情况下，更是会选用精锐作为卫队），另一种是作为先锋。先锋顾名思义就是位于军队最前方的部队，他们通常最先接触敌军，而且对阵的一般是敌军的先锋，也就是敌方的精锐部队。而第一次交锋的胜负，会对其他士兵的士气造成很大影响。谁的先锋部队更强，就成了一件十分重要的事情。

一个真实的案例是著名的逍遥津之战。215年，孙权趁曹操主力部队出征汉中的机会，亲率十万大军进攻合肥。当时合肥的守军只有七千人，守将张辽连夜挑选八百人作为精锐敢死队，分给他们牛肉吃。吃饱之后，在黎明时分，张辽亲自率领这八百人突袭孙权的部队。这次突袭完全出乎孙权的预料，魏军势如破竹，仅张辽一人就斩杀了数十名士兵和两名军官，八百名魏军士兵勇不可当，直接突入孙权所在的中军。可惜魏军人数太少，虽然与孙权近在咫尺，但还是被大军包围。张辽只得率部突出重围，返回合肥城。孙权的军队遭此突袭，锐气大挫，之后十多天围城战毫无进展，不得不在拥有压倒性兵力优势的情况下撤退。张辽再次率军追击，差点俘获孙权。在这场战役中，曹操在战略上犯下了重大失误——西征汉中却使东线的守备出现漏洞。孙权乘虚而入，志在必得，没想到却被张辽以一己之力，力挽狂澜。此战过后，曹操在重赏张辽的同时，也反省了自身的错误，增强了合肥的守备力量。

先锋的极端情况就是武将单挑——对阵双方各派出一名代表，或骑马或步战，至死方休，得胜的一方即获得战争的胜利，失败的一方无论人数多少，之前气势如何，都会瞬间变成丧家之犬。这种极富戏剧性的场景虽然杂见于稗官野史，但主要还是出现于东西方的战争文学中。小说家对武将单挑乐此不疲，现代的电影导演也常常会为双方的主将（或主角）增加一场决斗。古代战争中，两军在对峙时选出骁将单挑的情况虽然偶有发生，不过更常见的是勇武之士在乱军之中捉对厮杀。不过这种单挑基本都发生在中下级军官当中，由大将在阵前单挑决定战争胜负的情况虽富有艺术性，历史文献并没有相关记录。《史记·项羽本纪》倒是记载了一则未遂的主将单挑事件："楚汉久相持未决，丁壮苦军旅，老弱罢转漕。项王谓汉王曰：'天下匈匈数岁者，徒以吾两人耳，愿与汉王挑战决雌雄，毋徒苦天下之民父子为也。'汉王笑谢曰：'吾宁斗智，不能斗力。'"

"斗智不斗力"才是兵法的主旨。

凡此六者，败之道也；将之至任，不可不察也。

这六种情况是战败的原因，知道这些是将领最核心的责任，必须仔细考察。

《孙子兵法》本是教人如何追求胜利，但是字里行间充斥着各种失败的教训：和平时代不留心军事，败；战争持续时间过长，败；打败了敌人，但自己损失巨大，虽胜犹败；君主随便干预将领指挥，败；形于人，致于人，败；只知道与敌人争锋，不知道变通，败；士气不足，败；实力不足，败；不懂得"行军"，败；不懂得"地形"，败……这里又集中出现了"六败"。《作战篇》有言："不尽知用兵之害者，则不能尽知用兵之利也。"只有尽可能多地从失败中吸取教训，尽力避免，才有可能实现真正的胜利，否则一不小心就可能成为失败者。

成功各有不同，但失败总是相似的，所以孙子讲"胜"的时候通常只讲逻辑，但讲"败"的时候就会列举原则让后人谨记。

这六种情况，第一项属于战略失误，是未能探明敌军主力造成的；最后一项是将领的个人能力不达标；其余四项都是军队的管理出了问题。这四个问题对于现代企业管理同样极具参考价值。

夫地形者，兵之助也。料敌制胜，计险易远近，上将之道也。知此而用战者必胜，不知此而用战者必败。

合理利用战场的"地形"特点，对作战将有极大帮助。侦察敌人的情况，制订作战计划，计算到达各个目标位置的路况、距离和行军时间，这些都是优秀将领必须掌握的知识。能够掌握这些知识，而且知道如何在战争中运用的将领，一定可以取得胜利。不掌握这些知识的将领，一定会战败。

这几句话可以说是对《军争篇》《行军篇》《地形篇》的总结。

故战道必胜，主曰无战，必战可也；战道不胜，主曰必战，无战可也。故进不求名，退不避罪，唯民是保，而利合于主，国之宝也。

所以，如果通过战争的原理分析后，知道出战必胜，那么君主命令不要交战，将领擅自进攻敌人的行为可以被原谅；如果通过战争的原理分析后，知道出战必败，那么君主命令一定要交战，将领避免与敌人交战的行为可以被原谅。所以，进攻不是为了求取个人的名声，撤退不顾及君主（和舆论）的责罚，只要能够保护民众的安全，符合君主（国家）的利益就会采取行动的将领，是国家的瑰宝。

前面说过，"知之者胜，不知者不胜"。那么在"将知君不知"的情况下，想要夺取胜利，自然要依靠将领的判断，而不是服从君主的命令。专业的领域就要交给专业的人士来处理，但是并不专业的领导经常忍不住指手画脚，尤其是那些自认为"成功"的领导。也正因如此，很多已经"成功"的企业主总是无法把企业做大，因为这些领导缺少"信"。他们并不信任将领、属下，不信任他们的能力，或不信任他们的忠诚，所以总是对他们的行动加以干涉、限制。

若是君主实在忍不住指手画脚，战争的成败就在很大程度上取决于将领是否敢于违反君主的命令。"既不会因为贪图个人名利而奉承君主，也不会害怕个人的责罚而违反命令，这样正直的人是能够避免国君陷入昏聩的宝物。"这句话其实不是在夸奖将领，而是在提醒君主。因为有没有"进不求名，退不避罪"的人（或是说人数多少），并不取决于将领的个人品格是否正直，而是取决于国家政治是否清明。如果"不求名"的人无法得到升迁，"不避罪"的人会受到严厉处罚，那么这样的"国之宝"自然不会出现——总结起来还是"主孰有道"的问题。

视卒如婴儿，故可与之赴深溪；视卒如爱子，故可与之俱死。厚而不能使，爱而不能令，乱而不能治，譬若骄子，不可用也。

对待士兵像对待婴儿一样细心呵护，那么士兵就可以追随将领往深水里走；对待士卒像对待自己的亲儿子一样悉心教导，那么士兵就会与将领同生共死。但如果对士兵的待遇太过优厚，士兵就不可能在战场上发挥作用；如果太过爱护士兵，那么士兵就不会好好执行命令；如果军队发生骚乱，将领却无法恢复秩序，士兵就像娇生惯养的孩子，是不可能打胜仗的。

上一句孙子提到"唯民是保",为避免引起误解,在此孙子又进一步加以说明。

每个父母对婴儿都是百般呵护,但是这种呵护不能沦为溺爱。将领应该"唯民是保",但不能见不得老百姓吃一点苦。就像"将有五危"中的"爱民可烦"一样,如果不能承受眼前的痛苦,那么就要承受那些隐性的、未来的痛苦。

"爱兵如子"在今天看来似乎是用兵常识,但是在古代等级森严的阶级社会中,让出身高贵的上位者真正去关爱"卑贱"的平民,还是十分困难的。如果将领对士兵的关怀只停留在表面上和形式上,就很容易演变成"骄纵"。真正发自内心的关怀,才能真正获得士兵的爱戴——即便这些将领在治军上可能比那些表面上关怀士兵的将领严苛得多。

知吾卒之可以击,而不知敌之不可击,胜之半也;知敌之可击,而不知吾卒之不可以击,胜之半也;知敌之可击,知吾卒之可以击,而不知地形之不可以战,胜之半也。故知兵者,动而不迷,举而不穷。

知道我方士兵的状态良好,可以发动攻击,但不知道敌人也状态良好,不适宜攻击,那么胜算只有一半;知道敌人的状态不好,可以攻击,但不知道我方的状态不好,不能发动攻击,那么胜算也只有一半;知道敌人的状态不好,可以攻击,也知道我方士兵的状态良好,可以发动攻击,但不知道战场"地形"不适宜主动进攻，那么胜算还是只有一半。所以真正懂得指挥作战的将领，行动的时候不会迷惑，出兵作战时不会陷入困境。

是"可以击"，还是"不可击"，要综合《军争篇》讲的双方的治气、治心、治力情况，以及"兵众孰强""士卒孰练""令素行"等因素。除此之外，还要看双方所处的"地形"。否则，没有必胜的把握。

故曰：知彼知己，胜乃不殆；知天知地，胜乃可全。

《孙子兵法》并未涉及"知天"的内容，原因应该还在于术业有专攻。"天"是《始计篇》"五事"之一，主要涉及气候、节气、吉凶等方面的内容，这些内容当时应该有大量专门著作整理论述。而且"天时"可遇而不可求，其间运用兵法的余地很小，所以孙子不做讨论。虽然如此，但是将领必须了解气候、节气等知识，这样才能对大概率出现的天气变化做出预判，从而排除天气可能造成的不利影响，确保战争的胜利。

孙子曰：

地形有通者，有挂者，有支者，有隘者，有险者，有远者。我可以往，彼可以来，曰通。通形者，先居高阳，利粮道，以战则利。可以往，难以返，曰挂。挂形者，敌无备，出而胜之；敌若有备，出而不胜，难以返，不利。我出而不利，彼出而不利，曰支。支形者，敌虽利我，我无出也；引而去之，令敌半出而击之，利。隘形者，我先居之，必盈之以待敌；若敌先居之，盈而勿从，不盈而从之。险形者，我先居之，必居高阳以待敌；若敌先居之，引而去之，勿从也。远形者，势均，难以挑战，战而不利。凡此六者，地之道也；将之至任，不可不察也。

故兵有走者，有弛者，有陷者，有崩者，有乱者，有北者。凡此六者，非天之灾，将之过也。夫势均，以一击十，曰走；卒强吏弱，曰弛；吏强卒弱，曰陷；大吏怒而不服，遇敌怼而自战，将不知其能，曰崩；将弱不严，教道不明，吏卒无常，陈兵纵横，曰乱；将不能料敌，以少合众，以弱击强，兵无选锋，曰北。凡此六者，败之道也；将之至任，不可不察也。

夫地形者，兵之助也。料敌制胜，计险易远近，上将之道也。知此而用战者必胜，不知此而用战者必败。故战道必胜，主曰无战，必战可也；战道不胜，主曰必战，无战可也。故进不求名，退不避罪，唯民是保，而利合于主，国之宝也。

视卒如婴儿，故可与之赴深溪；视卒如爱子，故可与之俱死。厚而不能使，爱而不能令，乱而不能治，譬若骄子，不可用也。

知吾卒之可以击，而不知敌之不可击，胜之半也；知敌之可击，而不知吾卒之不可以击，胜之半也；知敌之可击，知吾卒之可以击，而不知地形之不可以战，胜之半也。故知兵者，动而不迷，举而不穷。故曰：知彼知己，胜乃不殆；知天知地，胜乃可全。

13 『九地篇』注

如果说上一篇讲的是地的"形",那么这一篇讲的就是地的"势"。"强弱,形也;勇怯,势也","通、挂、支、隘、险、远"可以说是根据地的强弱归纳的,"九地"则与"勇怯"相关。

孙子曰:用兵之法,有散地,有轻地,有争地,有交地,有衢(qú)地,有重地,有圮(pǐ)地,有围地,有死地。诸侯自战其地,为散地。入人之地而不深者,为轻地。我得则利,彼得亦利者,为争地。我可以往,彼可以来者,为交地。诸侯之地三属,先至而得天下之众者,为衢地。入人之地深,背城邑多者,为重地。行山林、险阻、沮泽,凡难行之道者,为圮地。所由入者隘,所从归者迂,彼寡可以击吾之众者,为围地。疾战则存,不疾战则亡者,为死地。是故散地则无战,轻地则无止,争地则无攻,交地则无绝,衢地则合交,重地则掠,圮地则行,围地则

谋,死地则战。

这一段,孙子首先列出了"九地"的名称,然后再分别解释,并给出了相应的行动策略。为方便解读,以下笔者将把"九地"的定义与相应的行动策略放到一起解读。

诸侯自战其地,为散地。
散地则无战,

> 诸侯在本国的土地上与敌人交战,叫作"散地"。
> 尽量不要在"散地"作战。

"散地"用现在的话来说就是"本土作战"。本土作战有其优势:一是可以借助耗费巨资修建的城池作为依托,二是后勤补给便利,三是熟悉战场周边的地理环境。

但劣势也很明显。一个是,敌军在我国境内驻扎,周边的土地不仅无法耕种,甚至有可能遭到劫掠。另一个是会分散士兵的注意力——看到敌军四处掠夺,士兵会担心自己留在村里的妻子、孩子,小领主会担心自己封地的安全。这样,士兵与小领主的注意力与意见很可能与主将产生分歧。而且因为在自己的国家作战,士兵很熟悉军营、战场周边的地理环境和道路条件等,一旦军队管理不严或形势落于下风,他们可以轻而易举地逃回家。

所以最好不要在"散地"打仗。

入人之地而不深者，为轻地。
轻地则无止，

进入敌国的领地，但只停留在边境附近，叫作"轻地"。
在"轻地"不要止步。

走出国境，侵入别国的土地，但是没有深入敌国境内，而仅在边境地区徘徊，这种情况称为"轻地"。"轻地"比"散地"好些，但仍不能杜绝士兵打小算盘。
所以在"轻地"不能多做停留，要么继续深入敌国腹地，要么迅速撤回国内。

我得则利，彼得亦利者，为争地。
争地则无攻，

我方占领了可以获得利益，敌方占领了也能获得利益的地方，叫作"争地"。
在"争地"不要发动进攻。

"争地"可以有两种理解，一种是争夺在战术上有利的"地形"，另一种是争夺在战略上对国家有利的地区——战争的主要目的是争夺这样的地区的控制权。孙子说"争地则无攻"，所以"争地"应该指易守难攻的目标——在敌人已经占领"有利地形"

的情况下不要进攻。

"易守难攻之地"也分为两种。现实中,许多山关险隘是天然的国家边境或统一政权内的行省边界,但其中一些临近经济发达、人口稠密的地区,这样的地区通常会被当作要塞城市长期驻防。另一些则地处偏远,和平时期驻军成本高昂,战时需要临时占领。在古代人口十分稀少的时期,后者相当普遍。

"争地"和"军争"有何关联呢?"军争"的目标包括"争地",但不限于"争地"。"军争"主要还是为了夺取具有战略价值的目标,以达到"形人"、夺取战争主动权的目的。

我可以往,彼可以来者,为交地。
交地则无绝,

> 我方可以通行,敌方也可以通行的地区,叫作"交地"。
> 在"交地"要保证通畅,不要被阻断。

"交地"和《地形篇》的"通形"十分相似:"我可以往,彼可以来,曰通。"二者有什么区别呢?"通形"是在战场上战术上的通行便利,而"交地"则是在战略上的通行便利。"交地"的通行便利不是因为地势平坦等因素,而是因为没有人会进行阻碍,即敌我双方都可以利用其行军。先秦时代人口还很稀少,所以即便是中原地区也有大量未经开垦的荒地森林存在。又由于一国的人口大多集中在首都及地区中心城市周围,两国交接之地就经常会有这样人烟稀少的荒地。当时的国与国之间也没有现代这样清晰明确的边界，许多地区虽然名义上是属于一国，但是并不一定就可以被该国的军队进行有效控制。

"交地"的要点是要保持其畅通，或是说确保其"控制权"。因为它对于双方而言都是通畅的，所以很有可能被敌方控制或受敌方袭扰。现代的制海权和制空权其实就是对"交地则无绝"的发扬。海洋和天空虽然不像陆地一样可以被占领，但是依然可以被控制被阻断。在工业时代以后，海洋成了国家间贸易货物的最主要运输通道。一旦海路被敌方切断（"绝"），那么这个国家就会失去大量贸易收入及获得海外资源的能力。两次世界大战中英国对德国的水面封锁与德国对英国的水下封锁，都是想在"交地"上隔绝对手与外界的联系，所以这种封锁也被称为"破交战"（破坏交通线作战）。同样，掌握了制空权也能够大幅限制敌军的地面和海上作战效率。比如在第二次世界大战中，德国的虎式坦克在面对盟军的坦克战中拥有压倒性优势，但是由于德国失去了制空权，所以盟军的地面部队可以呼叫空中支援摧毁这些德军坦克。不但如此，军队的调度和后勤补给过程，也可能因为空中威胁而被阻断。同时，失去了制空权也无法阻止敌军对己方城市的战略轰炸，从而失去长期作战能力，如此一来战争的失败就是一种必然。

诸侯之地三属，先至而得天下之众者，为衢地。衢地则合交，

与多国毗邻的地区往往会形成重要的交通结点，先将其占领的国家能够得到极大的优势（从而威胁周边所有国家），这样的地方叫作"衢地"。

在"衢地"要与周边国家搞好外交关系。

"衢"字的本意是"四通八达的道路"，"三属"是"与多个国家接壤"。"衢地"就是"交通节点"。从现在的公路交通图上，很容易找到这样的交会点，比如武汉就被称为"九省通衢"。因为交通便利，这些地区在和平时期是货物流通的商业中心，战争中则是军队行进的枢纽，所以有极大的战略价值。如果能长期占有这些要地，就能源源不断获得巨大利益，所以叫"先至而得天下之众"。春秋时代的诸侯还不把"统一天下"作为自己的战略目标，他们的主要目标是"称霸"，因此这里的"得天下之众"不是真的得到民众，而是得到"四方民众往来的利益"。

海洋中的"衢地"的重要性同样显而易见，比如直布罗陀海峡、霍尔木兹海峡、马六甲海峡、苏伊士运河、巴拿马运河、黑海、南海等。这些重要航路在人类进入大航海时代之后发挥了重要作用，它们的拥有者常常可以获得巨大利益。强权为了争夺这些水道的控制权，时常爆发战争。

比如苏伊士运河。它最早由法国人于1858年在治理松散的奥斯曼帝国的国土投资兴建，由苏伊士运河公司经营，运河土地的租期为九十九年。1875年，迫于债务和政治压力，法国将运河的部分股份卖给了英国。这条重要的航路对海洋帝国英国的意义不言而喻，而英国也希望完全掌握这条运河的控制权。1882年，处在世界巅峰的大英帝国轻而易举地占领了整个埃及,并运用外交手段,在保证各国船只都享有运河的通行权的前提下,派遣军队对运河进行保护驻军。保证各国船只享有运河通行权这条十分高明,因为若是英国独享运河利益,其他强国必定会联合反对,而这条外交承诺使英国避免了与其他欧洲国家产生直接的利益冲突。第二次世界大战之后,民族自决的风潮席卷全球,暮气沉沉的殖民帝国纷纷解体。1952年,纳赛尔通过军事政变推翻了英国控制的法鲁克王朝,次年建立了埃及共和国。1956年,纳赛尔突然宣布将苏伊士运河收归国有。不过,虽然埃及拥有苏伊士运河的土地,其全部工程却是英法投资建设的,之后的利益也是按照公司股份的形式分配。所以纳赛尔的决定不但带来了政治上的冲击,也极大损害了英法的经济利益。为夺回运河控制权,英法联手以色列发动了第二次中东战争。这之后,第三次、第四次中东战争也都导致运河停航,对世界经济造成了重大影响。所以从1974年开始,联合国维和部队进驻西奈半岛,以确保中东的和平和运河的正常通行。

故而"衢地"的占有者,要么是拥有可以威吓四方的绝对的政治军事实力,要么就和周边(部分)国家搞好外交关系,以免遭到周围国家的联合攻击。

**入人之地深,背城邑多者,为重地。
重地则掠,**

深入敌人国境腹地,背后还有多座未被夺取的敌国城市、要塞的地方，叫作"重地"。

在"重地"要通过掠夺敌方的补给来充实自己。

"重地"与"轻地"相对，是深入敌国腹地的情况。自己的身后可能还有多座未占领的敌国城市、要塞，可谓孤军深入。在这种情况下，军队与本国的后勤补给联系基本断绝，只能通过掠夺敌国的物资来补给。粮食可以掠夺敌军的补给或百姓的存粮，军备则只能通过获取敌军的物资来补充。

行山林、险阻、沮泽，凡难行之道者，为圮地。圮地则行，

森林、崇山、沼泽等难以行军的地方，叫作"圮地"。

在"圮地"，要抓紧时间赶快通过。

"圮"不仅象征地貌的"坍塌、破裂"，也可以表示军队在这些地区的"坍塌、破裂"：一是因为这种地区生存环境恶劣，士兵容易生病；二是这些地区往往道路狭窄，没有大块平地，所以无论行进还是驻扎，军队都会出现不得不分散成小股部队的情况。

因此像《行军篇》的"绝斥泽，惟亟去无留"一样，"圮地"要尽可能快速通过。

所由入者隘，所从归者迂，彼寡可以击吾之众者，为围地。
围地则谋，
疾战则存，不疾战则亡者，为死地。
死地则战。

如果这个地方入口狭窄受阻，想要撤退，道路迂回曲折，敌人用少量兵力就可以阻挡我方大部队进攻，叫作"围地"。

在"围地"要使用谋略（进行长期谋划）。

迅速决战就可以生存，不迅速决战就会覆亡的地方，叫作"死地"。

在"死地"要拼死作战。

后世很多读者经常会将"围地"与"死地"搞混，"死地"更是经常被人误解的概念。

先说"死地"。"陷之死地然后生"的例子不少，但是没能"后生"的例子更多，而且容易被人忽略，因为"后生"失败的案例一般就没有机会出名了。不过，三国时期的马谡是一个例外。

诸葛亮第一次出兵伐魏时，需要派兵守卫街亭以阻挡魏国的援军。对于这个重要的任务，他没有任命老资格的魏延、吴懿为主将，而是派遣年轻的马谡率军前往。不过，深受诸葛亮信任的马谡到达街亭之后，并没有按照诸葛亮的命令"当道下寨"，而是让士兵在旁边的山上扎营。副将王平提出反对意见，指出山上虽然占地利，却容易被包围。马谡答道："置之死地而后生，如果被包围,士兵自然会拼死突围"。于是,他否决了王平的意见。魏军大将张郃到达街亭后,发现马谡驻军在山上。他没有直接进攻,而是迅速切断了山下的水源。口渴的蜀军没过两天就失去了战斗力,即便占有地利,在张郃的猛攻下,仍然被打得溃不成军。由于街亭的失守,诸葛亮的第一次北伐只得草草收场,马谡也因违令兵败被斩首。

显然,"陷之死地然后生"不是每次都灵验,否则"死地"就该改叫"生地"了。所以"置之死地"的风险其实是很高的。"死地"是真"死",还是假"死",取决于能否在短时间内获胜——"疾战则存,不疾战则亡"。如果敌军围而不攻,时间一久,"死地"就是真的"死"地了。比如在街亭之战中,张郃并没有急于进攻马谡的营地,而是切断了蜀军的水源,等到蜀军因为缺水而失去战斗力时,才发动进攻。马谡不能逼迫张郃与自己"急战",自然不可能做到"陷之死地然后生"。

其实"死地"的"死"与地本身关系不大,重要的是人心。只要军队进入拼命的状态,无论处在平原还是山顶,是城内还是河边,都属于"死地"。

同样地,从"围地"的"入隘归迂"的描述上看,军队在其中也很有可能会进退不得,而且原因确实是地形。但"围地"与"死地"最大的区别在于,"围地"可以依托地理条件实现稳固的防守——"彼寡可以击吾之众"。从这个意义上说,"围地"就是常说的"天然要塞"。防守方如果准备充分,完全可以和敌军大部队对抗很长时间。所以面对"围地",要"谋"。"谋"意味着"不能力攻,只能智取";同时也意味着,无论进攻方还是防守方都要做好长久作战的规划。

总而言之,"散地""轻地""重地"与军队所处的战略位置有关;"交地""衢地"与周边的外交态势有关,而且通常位于两国交界的"轻地";"圮地""围地"与周边具体的地理环境有关;"争地"比拼两军速度;"死地"可遇而不可求。

所谓古之善用兵者,能使敌人前后不相及,众寡不相恃,贵贱不相救,上下不相收,卒离而不集,兵合而不齐。

古代被称为善于用兵的将领,能够让敌人前军和后军不能呼应,大部队与小部队不能相互依靠,贵族与平民无法相互救援,上级与下级不能相互配合,士兵离心离德而无法聚集,军队合兵一处却无法齐心协力。

这段话不难理解,说的是军队管理出现的各种问题。关键在于,对于如何使敌军内部出现管理问题,孙子并没有给出具体的方案。

虽然很多"应用研究类"解读将《孙子兵法》应用于管理,但相较于管理,其实《孙子兵法》更偏向于指导管理者如何决策。不过书中确实有一些有关管理的基本理念值得牢记。如果用一个字总结,就是"齐"。君与臣齐,将与校齐,尉与卒齐,兵与阵齐,阵与地齐。做到这些需要高超的管理艺术,孙子也给出了他的管理原则——严与仁齐，任与权齐，令与性齐。只有一支齐心协力的队伍才能将决策者的高妙兵法付诸实施。

敢问："敌众整而将来，待之若何？"曰："先夺其所爱，则听矣。"兵之情主速，乘人之不及，由不虞之道，攻其所不戒也。

试问："如果敌人兵力庞大而且军纪严整，准备大举来犯，应该如何应对？"答："抢先夺取对敌人有很大价值的目标，敌人就只能按我们的意图行动了。"军事行动以速度为第一要务，在敌人来不及反应的时候，通过敌人没有设防的道路，攻击敌人毫无戒备的要害。

这个问题与前文有关。之前说过"散地则无战"，但是如果敌人大军主动侵略我国怎么办？敌人也不是"前后不相及，众寡不相恃"，而是"众整"前来，不可能轻易被击败，应该如何应对？这种情况在现实中很常见，而应对起来又十分困难，所以孙子单独对这种情况做了案例分析。

孙子给出的策略是"先夺其所爱"。这个"所爱"就是"对敌人有重要战略价值的目标"。这个目标可能是本方境内的险要隘口，可能是农田中等待收割的粮食，可能是运输粮草的道路，可能是敌军的后方城市，可能是敌人的某个盟友。总之，就是破坏敌人原有的战略计划，使敌军不得不将注意力转移到新的目标上，从而失去战争的主动权。孙膑所说的"形格势禁"指的就是这种情况。"形格"是说战略部署已经被人限定,所以不再有回旋的余地了——"势禁"。

想要掌握主动权,关键的就是"快"。只有行动足够迅捷,才能在敌方做出针对性的行动之前,实现我方的战略目的。而最好的战略目标就是敌方忽略的漏洞——"由不虞之道,攻其所不戒"。

需要注意的是,这里的"兵之情主速"与《作战篇》的"兵闻拙速,未睹巧之久"并不相同。本篇说的是"在战术上行动迅速",而《作战篇》说的是"在战略上缩短战争持续的时间"。

凡为客之道,深入则专,掠于饶野,三军足食;谨养而勿劳,并气积力;运兵计谋,为不可测,主人不克。

凡是进入敌国的领地,深入敌国腹地,我方的士兵就会精神专注。掠夺敌人富饶的村庄,来充实我军的粮草补给。保持士兵身体健康,防止士兵疲劳,使士兵保持高昂的斗志与体力。计算各条路线的行军时间,做好长远规划,尽量不让敌人发现我军的动向与意图,这样守军就无法击败我方。

讲完"散地"的"为主之道"后,孙子将重点放在"为客之道"——在敌人的土地上作战,无论在战术还是战略上,都对己方更为有利。

"深入则专"是后文重点介绍的内容,意思是在"重地"的军队战斗力更高（之前在《作战篇》已经说明过）。如果按战斗力排序，那么"重地">"轻地">"散地"。之前讲"散地"，这里讲"重地"，不过孙子没有详细说明如何在"轻地"作战。一是因为孙子提出"轻地则无止"，另一个原因大概是在"轻地"作战是当时最为常规的作战形式，所以在孙子看来，不必详细说明。而"重地"作战则是当时的超常规战法，所以孙子认为要详细说明"重地"作战的优势及注意事项。

需要注意的是，我军深入敌境是为了"先夺其所爱""攻其所必救"。我方深入敌境的目标并不是击败"主人"（驻防部队），而是"形人"——通过"形人"使敌军的主力部队变得易于被我方击败。也就是说，这里的"凡为客之道"也是对之前"敌众整而将来"作答的一部分。所以除了获得粮食补给，"掠于饶野"也是使敌军不得不回兵救援的一种手段——自己重要的经济产区"饶野"（城市的周边地区都被称为"野"）遭到掠夺，怎么能坐视不管呢？

除了粮食补给，深入敌境的军队还要时时注意保持军队的战斗力，并隐匿行踪。"并气积力"就是《军争篇》中的"治气""治力"。气盛力足的军队才有战斗力，才能战胜敌军。而藏匿自己的行踪，则可以避免在不利条件下迫不得已作战。

如此看来，深入敌方"重地"并不是简单轻松的任务，既要"掠"，又要"养"，还要"谋"，少了哪个都不行。而且更重要的是，将领在战略决策上不能够出现任何失误。士兵在"重地"确实会变得更加自律，使军队更容易管理。但如果将领在战略决策上出现重大失误，导致军队身陷重围，无食可掠，气惰力屈，那么就算士兵能够在危机时刻奋力死战，从长期来看，整支军队还是难逃覆灭的命运。所以在未击败敌军主力的情况下深入"重地"，无法攻克敌国都城是正常现象，而我方因为运用兵法而不被击败则是偶然现象。这也许正是"重地"作战虽有种种好处，但历史上还是少有将领敢于尝试这种战略的原因吧。

也就是说，用"深入重地"的方式"先夺其所爱"，并以此来击败"众整"的敌军，是兵法运用的最高境界，只有那些深通兵法的将领才能真正将其付诸实践。

投之无所往，死且不北。死焉不得？士人尽力。兵士甚陷则不惧，无所往则固。深入则拘，不得已则斗。是故其兵不修而戒，不求而得，不约而亲，不令而信。吾士无余财，非恶货也；无余命，非恶寿也。令发之日，士卒坐者涕沾襟，偃卧者涕交颐，投之无所往者，诸、刿之勇也。故善用兵者，譬如率然；率然者，常山之蛇也。击其首则尾至，击其尾则首至，击其中则首尾俱至。敢问："兵可使如率然乎？"曰："可。"夫吴人与越人相恶也，当其同舟而济，遇风，其相救也如左右手。是故方马埋轮，未足恃也；齐勇若一，政之道也；刚柔皆得，地之理也。故善用兵者，携手若使一人，不得已也。

把士兵扔到无处可去的地方（与敌人交战），就算死也不能逃跑。怎么才能够不死呢？就是尽力拼杀。士兵深陷困境之中，反而不再恐惧；如果无处可逃，就只能坚守阵地。深入敌方领土，士兵就会拘谨而容易被约束，如果迫不得已就会拼命战斗。所以在这样的状态下，将领不需要强调管理，士兵自己就会小心戒备；不去主动要求，士兵也会奋力效命；没有誓言的约束，士兵也能团结协作；不需要三令五申，将领也能够树立威信。我们的士兵没有多余财物，并不是因为讨厌富有；舍生忘死，并不是因为讨厌长寿。奉命出征的当天，士兵们无论坐着，还是躺着，都泪流满面。但是当他们到了无处可逃的境地时，就能爆发出像专诸、曹刿那样（不要命）的勇气。所以善于用兵的将领，指挥部队就像"率然"一样。"率然"是常山上的一种怪蛇，攻击它的头，尾巴就会来救援；攻击它的尾巴，头就会来救援；攻击它的中间，头和尾都会来救援。有人会问："真的能让士兵像'率然'一样吗？"答案是可以。吴国人与越国人是世仇，但是当他们一同坐在一艘遭遇风暴的船上时，就会像左右手一样互相帮助。把马拴在一起，把车轮埋起来，也不足以让士兵坚守阵地。士兵之所以齐心协力奋勇拼搏像一个人一样，是因为将领治军得当；士兵既勇敢又谨慎，是因为将领善于利用战地环境。所以善于用兵的将领，指挥众多士兵就像手把手操控一个人一样，这是因为环境使士兵不得不听从指挥。

这一部分是在说明为什么"深入则专"，之前在《势篇》注已经解读过了。

将军之事：静以幽，正以治；能愚士卒之耳目，使之无知；易其事，革其谋，使民无识；易其居，迂其途，使民不得虑。

指挥军队作战的原则：（在谋略计划上）要尽量保持静默以至于隐晦；（在军队管理上）要用严正的法规使军心安定；能够蒙蔽士卒的耳目，使他们不知道行动计划；变更已有的行动，更改原定的计划，使我方士兵无法了解我军的意图；改变军队的驻扎地点，故意绕道而行，使我方士兵不会想逃回家乡。

这一段已经在《虚实篇》注中讲过。

禁祥去疑，至死无所灾。若驱群羊，驱而往，驱而来，莫知所之。

禁止迷信的言论，打消士兵的疑虑，到死也不会遇到预言中的灾祸。就像驱赶羊群一样，羊群被牧羊人赶来赶去，自己却不知道要前往何处。

"禁祥去疑，至死无所灾"在《势篇》注解释过。士兵既然已经"无知、无识、不得虑"，当然就像羊群一样。军队选士兵，历来都喜欢选老实的，各国莫不如此，甚至在今天的信息化战争中同样如此。有些人可能会将"驱羊群"与"愚民政策"等同，这无疑是错误的。在集体行动中像羊群一样行动，并不意味着要弱化其中个体的智力水平，而所谓的"愚民政策"则是要压制个体的智力水平及判断力。

帅与之期，如登高而去其梯；

将领突然让士兵执行自己预先秘密策划的战术行动，就像在他们爬到高处后撤走下面的梯子。

"期"是将领事先计划好的策略，但是普通士兵并不知情。在将领突然下达命令时，虽然难免慌乱，但士兵已经有进无退，即便命令不合常法，也不得不遵从。

这多少类似于现代海军的"封密命令"，即"在指定时间（'期'）指定地点（海域）打开的命令"，而具体的时间和地点通常由另一份命令给出。采取这种指令方式的最大原因是为了保密，所以这种命令形式在潜舰部队最为普遍。比如，以书面形式给出详细指令，之后以电报的形式给出开封时间，那么即便电报被敌方截获，敌方也不会知晓命令的具体内容。

帅与之深入诸侯之地，而发其机。

将领带领士兵深入敌国腹地，然后激发士兵的潜能。

《势篇》有"势如彍弩，节如发机"，所以这里的"发其机"指的是释放"势"，也就是"节"。所谓"勇怯，势也"，既然"兵士甚陷则不惧"，那么"深入诸侯之地"就会成为一个释放"势"的好时机。

聚三军之众，投之于险，此谓将军之事也。

以上这些就是率领军队深入险境时，将领要做的事情。

最后这句话是从"将军之事"开始的这段话的结尾，从中可以看出，深入敌军境内就是置身危险境地，一定要管理好士兵的心态。

九地之变，屈伸之利，人情之理，不可不察。

九种地理环境的变化，进退的利害抉择，士兵心理的变化规律，都必须详细了解。

到这里，《九地篇》的前半部分就结束了。"九地之变"就是对九种地理环境的应对策略，"屈伸之利"指"为主"和"为客"在"散地""轻地"和"重地"之间的利害抉择，"人情之理"就是了解如何利用士兵在"重地"的危险环境下的心理变化——简单来说就是理解人性。

这三部分知识，是将领必须了解的。

凡为客之道：深则专，浅则散。去国越境而师者，绝地也。四达者，衢地也；入深者，重地也；入浅者，轻地也；背固前隘者，围地也；无所往者，死地也。是故散地，吾将一其志；轻地，吾将使之属（zhǔ）；争地，吾将趋其后；交地，吾将谨其守；衢地，吾将固其结；重地，吾将继其食；圮地，吾将进其途；围地，吾将塞其阙；死地，吾将示之以不活。

凡是出兵到敌国境内作战，深入敌境时士兵就会团结一心，在边境徘徊时士兵则会散漫。穿越其他国家，去远方国家作战，就是到了与本土完全隔绝的"绝地"。四通八达的地区，是"衢地"；深入敌境，是"重地"；只停留在敌国边境附近，是"轻地"。背后有坚实的屏障，前方有对防守有利的隘口，就是"围地"。无路可去的地方是"死地"。所以在"散地"，我会统一军队的意志；在"轻地"，我会让士兵紧紧跟随大部队；在"争地"，我会（1.在后面催促士兵，2.绕到敌军背后）；在"交地"，我会小心谨慎地防守；在"衢地"，我会巩固与周边国家的外交关系；在"重地"，我会保证部队充足的粮食供应；在"圮地"，我会抓紧时间通过；在"围地"，我会封闭缺口；在"死地"，我会告诉士兵没有逃生的可能。

从这里开始，是《九地篇》的后半部分。

不过与之前稍有不同，这里只定义了"五地"，而且还多了"绝地"。而在后文提及"九地"的相应对策部分，这九种地理环境又重新得到补全，"绝地"也不见了。

前文说"死地"是"疾战则存，不疾战则亡者"，后文说"无所往者"，其实并无本质不同。因为"无所往"，所以不得不战，而且还要速战。否则既无地利依仗，又无后勤支援，时间一久必然战败。"吾将示之以不活"就是逼迫士兵拼死作战，通过在短时间内取得战术上的优势来打破战略上的劣势。

"围地"则是"背固前隘"，对防守十分有利。这里显然是从防守者的视角来讲"围地"，而前文说"所由入者隘，所从归者迂，彼寡可以击吾之众者"则是站在进攻者的角度。所以进攻者要尽量使用"谋"来化解防守方的地利优势，而防御者则要"塞其阙"——封堵要塞毁坏的部分或天然的缺口，让防守变得固若金汤。

孙子在后文给出的策略都带有"吾将"二字。这两个字表明，后文给出的这些策略都是将领在相应的地理区域应该采取的措施。如果不得不在"散地"交战，就要尽量统一军队的志向——"一其志"。在"轻地"，就要保证士兵紧紧跟随大部队行动。至于"交地""衢地""圮地"，前后文的说法基本相同。"重地，吾将继其食"和前文"重地则掠"也基本相同。

故兵之情，围则御，不得已则斗，过则从。

士兵的本能，是被包围了就会防御，逼不得已就会拼死战斗，军队迅速通过就会跟从。

"围则御"显然是指"围地"，"不得已则斗"应该是说"死地"，"过则从"适用于"圮地""绝地""轻地""重地"。

是故不知诸侯之谋者，不能预交；不知山林、险阻、沮泽之形者，不能行军；不用乡导者，不能得地利。

不知道诸侯的国家战略，就不能在战争之前预先做好外交工作。不了解当地的各种地理、地形情况，比如，哪里有山林，哪些地方易守难攻，什么地方有沼泽无法通行等，就不能规划行军路线。不能雇当地人作为向导，就不能充分利用地形和环境的优势。

这段话曾在《军争篇》出现过，不过《军争篇》强调的是后两句，这里强调的是第一句"伐交"——也就是在说"衢地"。

此三者，不知一，非王霸之兵也。夫王霸之兵，伐大国，则其众不得聚；威加于敌，则其交不得合。

这三条，有一条不知道，都不能算是超级大国的军队。超级大国的军队如果攻打普通强国,那么敌人的军队就不能够聚集;向对方发出威吓,那么其他国家就都不敢与其结交。

"王霸之兵"是一支各方面都很出色的战无不胜的部队。但即便这样一支部队,也要"预交""知地利""用乡导"。

"王霸"换成现在的说法就是超级大国。如果超级大国瞄准了哪个国家,那么其他国家为了避免被殃及,就会躲得远远的,所以那个国家就无法通过外交手段("伐交")来抵消"超级大国"的国力优势。甚至连那个国家内部都会出现意见分歧,使国家的决策出现混乱。而在封建时代,"众不得聚"可能表现为封臣"拒不奉诏",使本已处于劣势的国家进一步分裂。

"王霸之兵,伐大国"的典型例子是晋文公伐楚的城濮之战。战争的起因是楚国进攻宋国。为支援宋国,晋国带领多国联军先是灭掉了曹、卫这两个楚国的附庸国,然后向宋国境内进军,准备与楚国决战。在开战前,楚国内部分裂为主战派和主和派两派,前者以主帅子楚为首,后者以楚成王为首。由于双方意见未能统一,最后子楚只得带领部分军队迎战晋文公,这就是"众不得聚"。在真正交战前,子楚还想通过外交手段结束战争,就派使者向晋国提出条件说:"释放曹、卫两国的国君,楚军就放弃围攻宋国。"结果晋国不但不听,还扣押了楚国的使者;然后许诺曹、卫两国的国君,可以让他们复国,不过必须与楚国断交。楚国虽然是南方首屈一指的强国,但是面对晋国的征伐,完全失去了对附庸国的影响力,这就是"交不得合"。

是故不争天下之交，不养天下之权，伸己之私，威加于敌，故其城可拔，其国可隳（huī）。

所以，不去争取与天下诸侯结交同盟，不在天下诸侯心中建立自己的权威，还要伸张自己的私利，想要威胁其他国家，这样反倒会使自己的城池被夺取，自己的国家灭亡。

儒家最喜欢用"王者之兵"批评"战国盗兵"。古代人没有"时代进步"的观念，所以在他们看来，能够"平定天下"的商汤、周武的军队一定强于只能称霸一方的齐桓、晋文的军队，而霸者之兵也一定强过无法称霸的战国之兵。这其实就像"关公战秦琼"，不同时代的军队本是无可比较的。不过儒家的说法并不全无可取之处。比如，《荀子·王霸》这样解释"王霸之兵"："故用国者，义立而王，信立而霸。"正如荀子所说，"王霸之兵"要建立在"信、义"的基础上，不讲信用就不可能获得稳固的盟友，不以道义为目标就不能有效团结诸侯。如果一个国家只根据自身利益而随意发动战争，那么它的盟友会甘心消耗自身的国力吗？当然不会。它的盟友会逐渐背弃它，这就是"众不得聚""交不得合"。没有盟友，它就会被周边的国家围攻、蚕食。如果国内为政得民心，还有机会守住社稷；如果得不到本国百姓的支持，就是"其城可拔，其国可隳"。

拿破仑在最初征服欧洲时，实际上受到许多敌国的开明人士欢迎，因为这可以促使当地陈旧的君主制度改革。但是一段时间之后，这些国家的民众越来越清楚，拿破仑为了法国利益，甚至仅仅为了他个人征服英国的野心——"伸己之私，威加于敌"——可以毫无顾忌地损害他们的利益。因此欧洲的民意逐渐转向反对法国，欧洲各国重新组织了反法同盟，并先后两次击败拿破仑。拿破仑的帝国猝"隳"，他本人最终也落得流放荒岛的下场。

施无法之赏，悬无政之令，犯三军之众，若使一人；犯之以事，勿告以言；犯之以害，勿告以利。投之亡地然后存，陷之死地然后生。夫众陷于害，然后能为胜败。

不需要给予明确奖赏，不需要发布具体的命令，指挥全军，就像指使一个人一样；只要告诉士兵该做什么，不要告诉他们完整的计划；让士兵进入险境，但不告诉他们这样做的好处。将士兵投入将要死亡的境地，让他们陷入无路可逃的困境，反而能够生存，有时候让士兵身处险境，反而能够反败为胜。

回想之前的篇章就会发现，"投之亡地然后存，陷之死地然后生"其实并不是孙子一贯主张的用兵策略。孙子在《虚实篇》主张要"我专而敌分，我专为一，敌分为十，是以十攻其一也"。既然可以"以众击寡"，为什么还要"众陷于害，然后能为胜败"呢？孙子在《谋攻篇》提到"十则围之，五则攻之，倍则分之，敌则能战之，少则能逃之，不若则能避之"。按此推算，我方"众陷于害"时的兵力不应该与对阵敌人相差太大，即双方兵力处在

"敌则能战之"的状态，否则就"逃之""避之"了。如果已经通过"形人而我无形"实现了"我专而敌分"，还不能在兵力上取得绝对优势，那就说明我方在总体战略上居于绝对劣势——敌国的总兵力可能数倍于我方。那么这时只能采用"众陷于害"的策略，不但深入敌境使敌方"形格势禁"，还要依靠"围地"或"死地"舍身一击，以期以最小的代价击溃敌人部分军队（但相对于我方而言，仍可能是一支实力可观的大部队），从而大幅缩小双方的战略差距，达到力挽狂澜的效果，最终反败为胜。

所以"投之亡地"是不得已而用之的最后策略。

故为兵之事，在于顺详敌之意，并力一向，千里杀将，此谓巧能成事者也。

所以制订军事计划，在于详细了解敌人的意图。将己方兵力集中于一个方向攻击敌人，远途奔袭击败敌人，这就是精妙的兵法所能成就的功绩。

就像前文所说的，深入敌境作战时，将领一定要保证无论在战略上还是战术上都不能出现失误，甚至各个细节都要做到完美，这样才有可能在敌人的腹地游刃有余，克敌制胜。否则哪怕一个失误都可能造成致命的失败。因此一定要"巧"（想想《作战篇》说的"巧"胜"拙"）。

是故政举之日，夷关折符，无通其使；厉于廊庙之上，以诛其事。

从决定开战之日起，就应该立刻封锁边关，废弃之前的通关凭证，禁止敌国的使节进出；严禁参加军事决策的人走漏消息，杜绝泄密的可能。

一旦决定开战，就要立刻封锁边境关隘，既不能让对方的使节看到我方的实际情况，也不能让潜伏在我国境内的敌方间谍出关报信。

"廊庙之上"就是《始计篇》中的"庙算"的地点，即做出最高决策的地方。

敌人开阖，必亟入之。先其所爱，微与之期。践墨随敌，以决战事。是故始如处女，敌人开户后如脱兔，敌不及拒。

敌国的边境一旦出现防守漏洞，要立刻率领军队突入敌国境内；抢先占领对方的战略要地，秘密地（对敌我双方都保密）执行自己的战略；严谨地管理己方部队，然后根据敌方部署的变化，确定战胜敌人的策略。所以在战争刚开始时，要像小姑娘一样安静谨慎；敌人一旦出现疏失漏洞，就要立刻变得像敏捷的兔子一样迅速行动，这样敌人就无法应对我方的突袭了。

古代人结婚很早，"处女"一般指十五岁以下未嫁的小姑娘。而"处女"也与"巧能成事"的"巧"有关。"七夕节"在汉代出现时是"乞巧节"，是从妇女希望自己心灵手巧，能做一手好的针线活而发展出来的节日。古代商品经济落后，百姓的大部分衣服是自家缝制的。男人指粗手大，虽然有力量但通常不灵巧。而在针线活上，女性正好发挥其心静手巧的优势。所以"处女"不仅寓意"安静"，也寓意"灵巧"。

"敌人开户后如脱兔"一句，经常被断句为"敌人开户，后如脱兔"。虽然此种短句颇为押韵，但从语义上讲应该是"敌人开户后 / 如脱兔"。

本篇结尾的这段话可以说是整个战争过程的总结，也再次简练地点明了运用兵法的基本思路。《孙子兵法》直接描述战争的篇章到这里就结束了。之后的《火攻篇》和《用间篇》可以看作附录——虽然与战争的关系十分密切，却是单独而专门的问题。

孙子曰：

用兵之法，有散地，有轻地，有争地，有交地，有衢地，有重地，有圮地，有围地，有死地。诸侯自战其地，为散地。入人之地而不深者，为轻地。我得则利，彼得亦利者，为争地。我可以往，彼可以来者，为交地。诸侯之地三属，先至而得天下之众者，为衢地。入人之地深，背城邑多者，为重地。行山林、险阻、沮泽，凡难行之道者，为圮地。所由入者隘，所从归者迂，彼寡可以击吾之众者，为围地。疾战则存，不疾战则亡者，为死地。

是故散地则无战，轻地则无止，争地则无攻，交地则无绝，衢地则合交，重地则掠，圮地则行，围地则谋，死地则战。

所谓古之善用兵者，能使敌人前后不相及，众寡不相恃，贵贱不相救，上下不相收，卒离而不集，兵合而不齐。敢问："敌众整而将来，待之若何？"曰："先夺其所爱，则听矣。"兵之情主速，乘人之不及，由不虞之道，攻其所不戒也。凡为客之道，深入则专，掠于饶野，三军足食；谨养而勿劳，并气积力；运兵计谋，为不可测，主人不克。

投之无所往，死且不北，死焉不得，士人尽力。兵士甚陷则不惧，无所往则固。深入则拘，不得已则斗。是故其兵不修而戒，不求而得，不约而亲，不令而信。吾士无余财，非恶货也；无余命，非恶寿也。令发之日，士卒坐者涕沾襟，偃卧者涕交颐，投之无所往者，诸、刿之勇也。故善用兵者，譬如率然；率然者，常山之蛇也。击其首则尾至，击其尾则首至，击其中则首尾俱至。敢问："兵可使如率然乎？"曰："可。"夫吴人与越人相恶也，当其同舟而济，遇风，其相救也如左右手。是故方马埋轮，未足恃也；齐勇若一，政之道也；刚柔皆得，地之理也。故善用兵者，携手若使一人，不得已也。

将军之事：静以幽，正以治；能愚士卒之耳目，使之无知；易其事，革其谋，使民无识；易其居，迂其途，使民不得虑。禁祥去疑，至死无所灾。若驱群羊，驱而往，驱而来，莫知所之。帅与之期，如登高而去其梯；帅与之深入诸侯之地，而发其机。聚三军之众，投之于险，此谓将军之事也。

九地之变，屈伸之利，人情之理，不可不察。

凡为客之道：深则专，浅则散。去国越境而师者，绝地也；四彻者，衢地也；入深者，重地也；入浅者，轻地也；背固前隘者，围地也；无所往者，死地也。是故散地，吾将一其志；轻地，吾将使之属；争地，吾将趋其后；交地，吾将谨其守；衢地，吾将固其结；重地，吾将继其食；圮地，吾将进其途；围地，吾将塞其阙；死地，吾将示之以不活。

故兵之情，围则御，不得已则斗，过则从。是故不知诸侯之谋者，不能预交；不知山林、险阻、沮泽之形者，不能行军；不用乡导者，不能得地利。此三者，不知一，非王霸之兵也。夫王霸之兵，伐大国，则其众不得聚；威加于敌，则其交不得合。是故不争天下之交，不养天下之权，信己之私，威加于敌，故其城可拔，其国可隳。

施无法之赏，悬无政之令，犯三军之众，若使一人；犯之以事，勿告以言；犯之以害，勿告以利。投之亡地然后存，陷之死地然后生。夫众陷于害，然后能为胜败。

故为兵之事，在于顺详敌之意，并敌一向，千里杀将，此谓巧能成事者也。

是故政举之日，夷关折符，无通其使；厉于廊庙之上，以诛其事。敌人开阖，必亟入之。先其所爱，微与之期。践墨随敌，以决战事。是故始如处女，敌人开户后如脱兔，敌不及拒。

14 「火攻篇」注

孙子曰：凡火攻有五：一曰火人，二曰火积，三曰火辎，四曰火库，五曰火队。行火必有因，因必素具。

火攻有五种："火人""火积""火辎""火库""火队"。实行火攻，必须要有相应准备，这些准备平时就要做好。

这是孙子唯一一次只列出概念，但既没有给出定义，也没有加以分析。没有给出定义，可能是因为"五火"是当时常用或从字面上易于理解的概念。但是孙子同样没有做任何分析，这就比较奇怪了。很可能是这部分文本残缺失传的缘故。

"五火"通常的解释是，"火人"指烧毁敌方军营帐篷从而烧杀敌方士兵，"火积"指烧毁敌军的粮草储备，"火辎"指烧毁敌方的辎重车辆，"火库"指烧毁仓库，"火队"指烧毁对方的旗帜、仪仗等指挥用具。

"火人"的解释看似合理，但其实颇值得推敲。如果烧毁了敌方军营，敌方的粮草、车辆、仓库不就一起烧毁了吗？反倒是士兵住的帐篷最多、最分散、最难以点燃。里面的士兵也是大活人，有脚可以逃跑，有手可以救火。"火人"会不会是其他意思呢？

历代注家在注解"五火"时都是从放火的角度讨论的，不过相较于蓄意纵火，因管理不当导致的失火更为常见。因此相较"火攻"，对于军队更重要的是"火防"。军营中的炊烟、灯火如果管理不善，很有可能酿成火灾。同样，放火的工具要准备，防火的工具更是"必素具"。这才符合孙子"先为不可胜，以待敌之可胜"的思路。而且本篇的后半部分可以说也暗合灭火之意。

如果从灭火的角度讲，"火人"就是教给士兵消防常识；"火积""火辎""火库"就是各类仓库设施的防火；"火队"就是军中专业的消防队。

发火有时，起火有日。时者，天之燥也；日者，月在箕、壁、翼、轸也。凡此四宿者，风起之日也。

发动火攻必须要在特定的时节与日期。时节就是指天干物燥，日期就是指月亮在箕、壁、翼、轸的时候。月亮在这四个星宿是起风的日期。

火攻的另外一个重要因素是天气。草木干燥才容易着火，而大风天则有利于火势蔓延。

"箕""壁""翼""轸"是二十八宿中的四个。在古代，预测天气几乎是不可能完成的任务，只能通过经验大致判断。打仗要是碰巧遇上反常的天气，原有的计划可能全盘泡汤。

比如，三国时期的夷陵之战。很多人引用魏文帝曹丕的话，认为刘备最后失败的原因是"七百里连营"。汉制1里约合415.8米，700里就是291公里，这个距离相当于从夷陵到四川盆地入口开州的距离，即便说的是面积，也差不多相当于现在整个夷陵市区。"七百里连营"很可能是说刘备从四川出发就开始步步为营，而不是在夷陵对阵时建立了规模宏大的营寨。刘备与东吴的陆逊在夷陵对峙时正值夏末，因为酷暑难耐，刘备不得不将军营迁往林木茂盛的地方——很多人认为这是刘备失败的直接原因。陆逊发现蜀军在林木茂盛的地方扎营，所以决定发动火攻。陆逊派突击队每人拿着一把茅草，到蜀军大营放火，林地中的刘备军营瞬间大火弥漫，整个蜀军陷入混乱。吴军趁势从多个方向突击，刘备军大败。

事后来看，刘备将部队驻扎在林木之中是明显的错误。刘备打了一辈子仗，连善于用兵的曹操都对他赞许有加，他真的会犯这样低级的错误吗？更何况刘备在入蜀之前，曾以江陵（荆州）为根据地经营数年，对当地的地理环境和气候变化理应十分熟悉。其实问题正在于此。火攻要求"天干物燥"，然而中国南方的夏天通常闷热多雨，虽然热，但湿度很大。刘备深知这点，所以大概从没考虑过会在湿热的夏季遭到火攻。可惜他虽然在江陵待了数年，对反常的天气终究不如久居南方的吴国人敏感——反常的少雨使火攻变成了可能。刘备之败，败于未得"天时"。

凡火攻，必因五火之变而应之。火发于内，则早应之

于外。火发兵静者，待而勿攻。极其火力，可从而从之，不可从而止。火可发于外，无待于内，以时发之。火发上风，无攻下风。昼风久，夜风止。凡军必知有五火之变，以数守之。

凡是采取火攻，必须根据"五火"的应变策略来采取行动。想要在敌军内部放火，就应该提前在外面准备策应。敌人营内起火，但是敌军却很安静，应该耐心观察等待，不要贸然进攻；等到火势已经很大了，再判断是否可以进攻。如果可以从外面放火，就不需要等待内应，（1. 按照预定的时间行动，2. 按照起风的时间）从外面放火。要在上风位点火，放火之后不要从下风位进攻。如果白天的风时间长，晚上风就会停止。军队必须熟悉"五火"的应变方法，按照风的规律（1. 等待放火的时机；2. 小心防备；3. 保全己方军队）。

之前在《九变篇》分析过，"变"是"攻还是不攻"的意思，那么"五火之变"应该是"五种火攻时是否应该进攻的判断依据"。这段话的描述正符合这样的"变"的概念。

一，采用火攻，必须提前将部队埋伏在敌军营地周围，否则我军还没进攻，敌人可能已经把火扑灭了。趁刚着火时马上发动进攻，敌军既无法全力防守，也无法专心灭火，很容易陷入混乱。

二，火烧起来后，敌人内部却十分安静，并没有嘈杂声，说明敌军的应对很镇定，甚至可能是故意纵火以引诱我方发动进攻。面对这种情况要先等一等，进一步了解情况后再做判断。

三，如果火势已经很大了，那就要判断火势是否会威胁己方军队，如果追赶敌军时，己方也可能葬身火海，那就不要追了。

四，如果天气条件合适，并不一定需要派间谍去敌方军营内部放火，从军营外面放火，借助风势，也足以烧毁敌军营地。

五，是否追击敌人，也要根据风向和风势而定。上风位的火会逐渐烧到下风位，所以不要待在下风位。

火的破坏力巨大，常常瞬间逆转战争的胜败，所以在"风起之日"一定要仔细守备，严防敌人的火攻或火灾的发生。

故以火佐攻者明，以水佐攻者强。水可以绝，不可以夺。

借助火的威力来辅助军事行动，需要明智的统帅；借助水的威力来辅助军事行动，需要强大的军事实力。修建堤坝虽然可以暂时断绝水流，但是不能违背水流的属性，强行发动水攻，而只能在特定的地势借助水的威力。

水攻主要有两种。一种是在河的上游构筑堤坝，等到敌军渡河时决开堤坝，用洪水冲击对方军队，强行将两岸的敌军分割为两部分。历史上，韩信破龙且、李世民破刘黑闼都用的这种战法。不过这种战法具体实施的技术手段一直存疑。另一种是修筑庞大的围堤，然后引河水淹没、围困地势低洼的城市，白起水淹鄢、王贲水淹大梁、日本羽柴秀吉水淹备中高松城都是这样的案例。

灌水围城一是为了彻底断绝城市和外界的联系，二是为了破坏城墙。如果城市的地势较低，积水也会通过城门和城墙的缺口流入城内，浸泡城内的建筑、仓库，使城内的存粮变质、发霉，武器生锈，人们也不能居住在城内的房子里，只能住在房顶上。所以一旦"水攻"成功，被围城市通常坚持不了多久。

火攻需要知道天气、风向等知识，所以叫作"明"。水攻则不但要用强大的兵力围城并阻挡敌军的援兵，还要投入大量劳力修筑堤坝，所以使用水攻的军队必须有强大的实力作为后盾。

常言道，"水火无情"。水和火虽然可以"佐攻"，却无法完全掌控。一旦水攻和火攻失去了控制，反而会造成无妄之灾。所以"明"不仅意味着通晓相关的技术知识，更意味着理性上的"明智"，而这实际上才是《火攻篇》最重要的内容。

夫战胜攻取，而不修其功者，凶，命曰"费留"。故曰：明主虑之，良将修之。

赢得战争的胜利，攻下敌人的城市，但如果不好好巩固胜利成果，那么反倒是一种灾祸，是被称为"费留"的凶兆。所以说，（对于如何巩固胜利的果实，）英明的君主应该认真考虑，优秀的将领应该妥善修整。

"战胜攻取"说明战争已经取得了胜利。胜利之后，如果"不修其功"，那就是"凶"，也就是灾祸。

修补城郭，安抚百姓，医治伤患，埋葬死者，肃清匪盗，这些都是恢复和平所需的重建工作。没有修复的城池很容易被敌人夺取；百姓逃亡，占领的土地就无人耕作；如果不禁绝强盗，这个地区就不可能恢复经济活力。假若通过战争赢得了利益，却因为不知道修整而将其浪费，那就相当于让士兵白白送死，使百姓徒添战祸，这就是"费留"。这无疑是一种巨大罪恶，而且势必招致灾祸。所以对于如何巩固胜利果实，"明主"一定要"虑之"，督促"良将修之"。

这段话为什么放在《火攻篇》？原因很简单，古代攻城时用的火矢、火球等难免会引起火灾，而整座城市在陷入混乱的情况下，经常会意外失火。攻陷城市之后，若不加控制，士兵免不了烧杀抢掠一番。抢掠还只是求财，而烧杀则纯粹是为了泄愤。这段话就是在告诉将领，在战争胜利之后要避免这种行为，尤其是制止纵火杀人。

楚汉战争中，刘邦之所以最终能够夺取天下，很重要的一个原因是在入咸阳时"与父老约，法三章耳：杀人者死，伤人及盗抵罪"。当初楚怀王之所以选择让刘邦而不是项羽向西进攻咸阳，正是因为项羽曾经有过屠城的不良记录。

刘邦刚进入咸阳时，也曾被咸阳的繁华冲昏了头脑。多亏樊哙与张良的及时劝告，刘邦才抑制了个人贪念，与咸阳的百姓"约法三章"，保证他们的生命和财产安全（后世儒家基本都将"约法三章"解读为"刘邦免除了秦朝原本繁多的刑罚，是仁政的表现"。但这种看法显然是错误的。"约法三章"并不是要取代秦国的法律制度，而仅仅是约束自己的士兵不可以烧杀抢掠）。

刘邦查封了宫殿和仓库，在咸阳城外驻扎，这些举动深得秦地百姓民心。反观项羽，不但违反了当初"先入关中者王"的约定，进入咸阳后更是大肆掠夺，并放火焚毁了秦国的宫殿。根据《史记》记载，大火烧了三个月。照此估计，整个咸阳城和周边的农田、村庄、山林差不多都被烧毁了。项羽率军返回楚地时，带走了大量财宝和美女。为了防止刘邦对自己构成威胁，项羽将刘邦安排到了闭塞的汉中，转而将秦地分封给了与自己有交情的三个秦国旧臣——司马欣、章邯、董翳。然而，因为项羽的暴行，秦地百姓并不支持他们。当刘邦率军反攻秦地时，百姓纷纷转而支持刘邦，刘邦因此得以快速占领关中，拥有了能够与项羽一较高下的实力。

项羽的失败远不像太史公描绘的那般浪漫，他无法成功的一个重要原因正是他的残暴——"夫战胜攻取，而不修其功者，凶"。

主不可以怒而兴师，将不可以愠而致战；合于利而动，不合于利而止。怒可以复喜，愠可以复悦；亡国不可以复存，死者不可以复生。故明君慎之，良将警之，此安国全军之道也。

君主不可以因为个人的一时之怒而发动战争，将领不可以因为自己的个人荣辱而与敌人交战。符合利益的行动可以执行，不符合利益的行动应该终止。生气之后可以重新喜悦，愤恨过后还能重拾愉快。但是灭亡的国家不会复兴，死去的人民不会重生。所以对于战争，英明的君主慎之又慎，优秀的将领时刻保持警惕，这样国家才得以安宁，军队才得以保全。

战争与火从来是分不开的，两者也十分相似——如果不加约束，任由其在混沌中滋长，就会成为一种毁灭一切的力量。《左传·隐公四年》有言："夫兵，犹火也，弗戢，将自焚也。"（战争就像火一样，如果不加以控制，最终自身也会被火烧死。）

"战火"之"火"不仅是"火焰"，也是"心火"，或说"怒火"。这种精神上的"火"与现实中的"火"一样，都带有极大的破坏性，那些手握权柄的人更要避免自己的决策被情绪左右。之前《九变篇》"将有五危"就有"忿速"一条，就是"将不可以愠而致战"。作为国家的最高决策者，君主更不能因为个人的私怨而使百姓饱受战火之苦。

与孙子关系密切的伍子胥为了报当年的杀父之仇，极力鼓动阖闾攻灭楚国。吴国虽然攻破了楚国的国都，却未能俘获楚王。吴国当时根基尚浅，无法将楚国庞大的国土全部纳入自己的版图。吴国本可通过与楚王签订和约的方式获得大片领土，可是伍子胥因为私怨坚持要彻底灭亡楚国。结果，吴军最终被秦国的强大援军击败。而在吴国国内，阖闾的弟弟夫概也起兵造反，自立为王。伍子胥的灭楚计划以失败告终。伍子胥对楚国的极端仇恨最终使吴国失去了大部分本可获得的利益。孙子在此处的告诫，可能就是对这场战争的反思吧。

所谓"合于利而动"，就是李德·哈特所说的"战争的目的是为了获得更美好的和平"——在此基础上，才值得发动战争。如果发动"不合于利"的战争，那就是穷兵黩武，空耗国力，必然导致国家"屈力殚货",更何况莽撞的战争多半会招致失败。愤怒是一时之情,一段时间之后自然会消解。之所以要"明君慎之,良将警之",就是因为一时决策失误导致的战争的失败、百姓的死伤、国家的衰亡都是无法逆转的。"兵者,国之大事,死生之地,存亡之道。"面对战争的抉择,一定要保持冷静与理性,决不能因情感或无知而轻举妄动。

最后的这部分文字,其实是以"火攻"为引,反思战争。如果按照"攻火"(灭火)来理解,就是告诫君主和将领要"息心火",切不可轻开战端,战争必须以"更美好的和平"为目的。

孙子曰:

凡攻火有五:一曰火人,二曰火积,三曰火辎,四曰火库,五曰火队。行火必有因,因必素具。发火有时,起火有日。时者,天之燥也;日者,月在箕、壁、翼、轸也。凡此四宿者,风起之日也。凡火攻,必因五火之变而应之。火发于内,则早应之于外。火发兵静者,待而勿攻。极其火力,可从而从之,不可从而止。火可发于外,无待于内,以时发之。火发上风,无攻下风。昼风久,夜风止。凡军必知有五火之变,以数守之。

故以火佐攻者明,以水佐攻者强。水可以绝,不可以夺。

夫战胜攻取,而不修其功者,凶,命曰"费留"。故曰:明主虑之,良将修之。主不可以怒而兴师,将不可以愠而致战;合于利而动,不合于利而止。怒可以复喜,愠可以复悦;亡国不可以复存,死者不可以复生。故明君慎之,良将警之,此安国全军之道也。

15 「用間篇」注

这一章的内容给人一种穿越到"冷战"时期的感觉，全然不像两千多年前的作品。

《始计》开篇就说："兵者，国之大事，死生之地，存亡之道，不可不察也。"《谋攻》最后也说："知彼知己者，百战不殆。"如何实现对敌人的"察"和"知"？答案是"用间"。

间谍的重要性来自情报的重要性。情报就是"知"，而《孙子兵法》全篇都离不开"知"。换句话说，如果没有"知"，就算把《孙子兵法》背得滚瓜烂熟，也不可能将其应用于实践。将《用间篇》放到最后，是为了使"知"的意识贯穿全书。"知"是决策，也就是将战略原则与思维方式应用于现实的基础。

**孙子曰：凡兴师十万，出征千里，百姓之费，公家之奉，日费千金。内外骚动，怠于道路，不得操事者，七十万家。相守数年，以争一日之胜。而爱爵禄百金，不知敌之情者，不仁之至也，非民之将也，非主之佐也，非胜之主也。

发动十万大军远征敌国，百姓和国家每天消耗巨大。因为战争引起的国内外局势动荡，再加上行军沿途的各种损耗，七十万家（全国）都无法正常工作、生活。这样对峙数年，为的就是争夺决战那一天的胜负。在这种情况下，如果还因为不舍得奖赏官职与金钱而无法了解敌人的真实情况，那是极不仁义的行为。这样的将领不是能够保护民众的将领，这样的大臣不是能够辅佐君主的大臣，这样的统帅不是能获得胜利的君主。

首先，孙子回到《作战篇》的内容——战争消耗巨大，"日费千金"。此外，国内正常的经济运转也会受到战争的影响。在国库消耗如此巨大的情况下，如果还舍不得"爵禄百金"，那就太说不过去了。

这些"爵禄百金"是用来干什么的？换取情报。如果读完《孙子兵法》还不知道情报的重要性，那基本白读了。情报分两大部分，一部分是像"五事七计"这样在和平时期就开始积累的，一部分是作战时不断变化的军事情报，《虚实篇》讲的"能因敌变化而取胜"就是要依靠这些具体而准确的军事情报。

一条重要的情报甚至可能决定战争的胜负，而获得这样一条情报的花费远远少于战争造成的经济消耗。如果因为害怕多花一点金钱而失去早日战胜敌军的机会，那岂不是反倒造成了更大的经济损失？所以不愿意在情报上花钱的将领，绝不是好将领。

故明君贤将，所以动而胜人，成功出于众者，先知也。先知者，不可取于鬼神，不可象于事，不可验于度，必取于人，知敌之情者也。

明智的君主、贤能的将领之所以能够调动并战胜敌人，成就常人难以企及的功业，是因为预先知道敌人的部署与行动计划。事先了解敌人的情报，不能求神问鬼，不能从表面现象猜测，不能依靠经验揣度，一定要通过那些了解敌人确切情况的人。

为什么优秀的将领可以战胜敌人呢？就是因为预先知道将要发生的事。如何预判敌军的行动？通过求神问卦？古代人大概会有这种想法，不过失败几次或者看过失败的例子后，就应该明智地打消这种念头了。也不能够通过其他事情做简单的类比。因为事情发生的具体时间、环境及当事者不同，所以结果未必相同。同样地，不能根据表面现象来猜测真实情况。不能简单地根据一个国家的土地面积来猜测其经济实力，也不应该简单地根据兵力的多少来衡量其战斗力的强弱。如果不能深入分析，仅凭这些表面的数字是无法了解对方的真实情况的。

晚清鸦片战争时，清政府对英国的情况就完全是"象于事"、"验于度"。清朝的官员认为英国人以肉食为主，所以如果无法获得清朝的茶叶和大黄，英国人就会便秘腹胀而死。不仅如此，他们看到英国人穿裤子而且不下跪，就认为穿裤子的英国人膝盖不能弯曲，打仗的时候摔倒了，就站不起来。甚至有些人认为，英国的大炮是"妖法"，女性的秽物可以使英国人的大炮无法使用。

根据这样完全不符合事实的情报,如何制定行之有效的策略?岂有不败之理?

想要了解对方的真实情况,最好的,甚至可以说唯一可靠的办法就是询问了解对方真实情况的人。

故用间有五:有乡间,有内间,有反间,有死间,有生间。五间俱起,莫知其道,是谓神纪,人君之宝也。

间谍有五种——乡间、内间、反间、死间、生间。如果这五种间谍能够同时发挥作用,而敌人根本没有察觉,那就可以被称为"神纪",是君主的宝贵人才。

在古代,无法用语言描述的就是"神",比如,清代的《谥法考》有"民无能名,曰为神"。"纪"是"法度、纲领"的意思。"神纪"用现在的话说就是"隐秘组织"。隐秘性和纪律性可以说是间谍组织最重要的两项原则。

对于现在所说的间谍,《左传》多用"谍"字。"间"本意是"可以看到月光的门缝",使用的范围比"谍"广得多。比如,"乡间"只是"间"(情报的来源),而不一定是"谍"(间谍特工)。

乡间者,因其乡人而用之。

"乡间"，因为是生活在敌国本地熟悉具体情况的人而被利用。

"乡人"就是指当地人，所以"乡间"包含的范围和情报的内容一般极为广泛。比如说之前提到的"乡导"其实就是"乡间"的一种，他们主要提供地理环境方面的情报。许多情报其实并不涉及"国家机密"，这些信息可以依靠"乡间"轻松获取。比如在和平时期收集"五事七计"的各种信息，像政府是不是得民心，某个官员名声如何，当地经济的兴衰、生活习惯以及气候等。日本在偷袭珍珠港之前，曾花了很长时间给生活在夏威夷的日侨打电话，询问诸如当地天气状况如何、港口停了多少军舰等问题，以充分收集这些公开或半公开的信息。和平时期，当地百姓普遍缺乏防范心理，所以这些信息很容易获得。虽然这些易于获取的情报通常价值不大，但是通过长期的积累，仍可以较为准确地对一个国家的基本情况和实力做出判断。

等到开战了，如果想要混入敌军的内部，"乡人"往往也是必需的。古代的中国虽然语言文化出于一脉，但是各地的方言口音差别极大。操着不同口音的人混入敌人内部，很容易暴露。因此，想要长期潜伏在敌国或敌军内部，同样需要依靠"乡间"。

内间者，因其官人而用之。

"内间"，因为是敌国的官员所以被利用。

"内间"的级别比"乡间"高得多。最关键的是,他们可以接触高级机密,甚至可以影响敌国的内部决策。如果随军出征,他们还有可能参加高级军事会议。如果能将其中的情报传给我方,那么我方就对敌军的动向了若指掌。像这样关系战争胜败的情报,就算花费千金万金都是值得的。

那些贪财好利,没有真才实学,通过阿谀奉承谋得高位的官员,是拉拢为"内间"的最好目标。所以这些贪官不但在和平时就是国家的蛀虫,到了战争时期更是严重的隐患。还有些人之所以甘愿充当"内间",是因为受到本国的伤害而产生了怨恨。也有些"内间"是因为自己的价值取向而亲近敌方,背离己方。可以说,这三种"内间"都是国家本身的管理问题造成的。如果君主有道,政治清明,令仁法义,即便无法杜绝"内间",但其数量必然大幅减少。

还有一部分人其实也应该算作"内间",即他国官员和王室的妻妾,尤其是从本国嫁到外国的女子。她们可以凭借与伴侣的亲密关系获得情报,甚至可以轻而易举地改变他们的决策。

反间者,因其敌间而用之。

"反间",将敌人的间谍转为己用。

"反间"就是策反了敌方的间谍将其收为己用。读者一定要区分"反间"和"反间计",后者指误导敌国决策者,使他们罢免或杀死本国的贤臣良将。

真正利用敌方间谍的例子，历史上的记载并不多（其实所有的间谍都罕见于史书）。最典型的"反间"的例子发生在"冷战"时期。美苏双方都在对方的情报机关策反或安插自己的间谍，从而获取机密情报。美国中央情报局（CIA）将这些"反间"称为"鼹鼠"，而安插在对方内部的"反间"也能帮助挖出自己内部的"鼹鼠"。

死间者，为诳事于外，令吾间知之，而传于敌间也。

"死间"指在外面散布假消息的人。将假消息的内容告诉我方"死间"，然后再让他传递给敌人的间谍。

"死间"简单来说就是"造谣生事"，难的是如何让敌人信以为真。

让己方间谍将假消息透露给敌方，说起来容易，做起来难。毕竟敌方也不傻，太轻易获得的情报肯定会有所怀疑。所以"死间"一定要将消息的泄露伪装成"事故"。比如，假装不小心被敌人抓到，或因为贪财所以出卖机密。还有一种需要极大的决心和勇气，就是先装作宁死不屈，经受严刑拷打之后佯作不支，最终才将假情报告诉对方。不过无论采用哪种形式，风险都很高，因为等到真正出事时，敌人发现消息是假的，很可能会恼羞成怒地将还活着的"死间"杀掉。由此看来，只有舍生忘死的义士才能胜任"死间"。以上是历代注家的传统看法。

不过，很多"为诳事于外"的人并不一定要冒着死亡的威胁。比如，秦国在长平之战前就造谣说："秦军害怕赵括，因为他老爹赵奢曾经打得秦军惨败。"这样的谣言并不需要直接告诉赵王，在市井闲聊中说出去，人云亦云，自然会逐渐传到高层的耳朵里，而且还难辨真假，甚至更容易被当作民意或共识而信以为真。此外，通过贿赂对方的高官，让他说几句领军将领的坏话，基本也没有被杀的风险。但是既然没有死亡风险，"死间"又为什么要以死为名呢？

生间者，反报也。

"生间"，是将情报传递回己方的间谍。

"生间"不难理解，就是将情报从敌方阵营传递回己方的间谍。"乡间""内间"不可能亲自跑来跑去，传递情报，否则既费时费力，又会徒增暴露的风险，所以会有专人负责传递情报。

"生间"的难度很高，除了脚程快、不避寒暑风雨、通晓道路、行事隐秘、忠实可靠，还要懂得如何安全地通过盘查严密的关卡，甚至要知道如何逃脱敌人的追捕。由于现代影视作品的影响，大众印象中的特工通常体力好、智商高、敏捷灵巧，掌握多门外语，拥有意想不到的特种工具，几乎无所不能。现实中的"间谍"虽然确实需要有过人之能，但远不像艺术作品表现得这么夸张。

如果从"生间"的概念重新来看"死间",会发现"死间"其实执行的是"一次性"任务——只要知道谣言的内容散布出去就可以了,不需要有往返的信息交流。既然"死间"散布完谣言之后就没有其他任务了,那么对于情报系统而言,这部分间谍就相当于"死掉了",而不是说"死间"一定会受到死亡威胁。

故三军之亲莫亲于间,赏莫厚于间,事莫密于间。

军中没有什么其他人比间谍更亲密,没有什么人的赏赐应该超过间谍,没有什么其他事情的保密程度比间谍事务更高。

情报太重要了,所以要重视搜集情报的人。更何况他们还要冒巨大的风险。如果不在精神上和物质上优待他们,他们会以性命为赌注去完成任务吗?说不定还会成为敌人的"反间"。

非微妙不能用间,非仁义不能使间,非圣智不能得间之实。微哉!微哉!无所不用间也。

如果不是细心缜密,就不能运用间谍;如果不是宅心仁厚、有情有义,就不能驱使间谍;如果没有高超的智慧,就不能从纷乱的情报中获得真实信息。微妙啊,微妙啊!无论何处都能用到间谍。

间谍除了待遇优厚，对管理者（用间者）的个人素质也有严格要求。其一，要有智慧；其二，要有道德与人格魅力；其三，做事要严谨细致。没有这三条，就用不好间谍。

对于间谍工作而言，保密是头等大事。所以谨慎细致，避免出现纰漏，是组织间谍工作的必备素质。而能不能从众多谍报，甚至相互抵牾的情报中获得真实有用的信息，则要依靠缜密的分析能力。

综合来说，"微妙""仁义""圣智"这三点在组织间谍机构方面是缺一不可的。

间事未发，而先闻者，间与所告者皆死。

间谍的任务还没有开始，就已经走漏了消息，那么当事间谍与获知秘密者都要被处死。

"仁义"当然是必要的，但对于违背纪律的行为也应做出严厉的处罚。尤其是走漏风声的间谍，一定要处死，容不得任何仁慈之念，否则己方的整个情报体系都有可能因为更多的泄密而崩毁。"隐秘"几乎是间谍身在敌境的唯一保护，失去隐秘性的间谍不堪一击。

凡军之所欲击，城之所欲攻，人之所欲杀，必先知其

守将、左右、谒者、门者、舍人之姓名，令吾间必索知之。

凡是军队要攻击的目标、想要夺取的城池、想要诛杀的人物，必须事先知道守卫的将领是谁，他的亲信、会见的人物、大门的警卫、幕僚等都是谁，一定要让我方间谍调查清楚这些人的个人资料。

情报的搜集不能漫无目的，否则会给分析工作带来困难，甚至招致混乱。比如，今天信息的获取极为便捷，但是"信息爆炸"反而严重干扰了人们分析这些信息的能力。

想要系统地了解某个问题，首先要有计划地获取需要的信息。确定目标之后，要全面细致地了解目标。比如，要攻城，首先要了解这座城的守将是谁，他的个人能力如何，有没有性格弱点或恶习等。除了守将，还要调查守将的亲信。如果无法在将领本人身上找到纰漏，可以看看将领身边的人有没有纰漏。经过这样详细而全面的调查，也可以对比收集到的情报，以验证其可靠性。可以相互印证，能够形成体系的情报更具可信性。

如果找到了守备的破绽，就可以尝试使用谋略夺取城池，从而避免费时、费力，又伤亡惨重的强攻。如果找不到破绽怎么办？孙子在这里还提到了"人之所欲杀"。如果城池必须迅速夺取，守将又深谙兵法，那可以派刺客把他杀掉。这时，获取将领周边人员的信息可以帮助刺客混入敌军内部，接近守将，执行刺杀行动。

因是而知之，故乡间、内间可得而使也；因是而知之，故死间为诳事，可使告敌。因是而知之，故生间可使如期。

因为知道了这些关键的情报，所以可以知道如何使用"乡间"和"内间"。因为知道了这些关键的情报，所以可以让"死间"把散布的谣言传递给敌人。因为知道了这些关键的情报，所以"生间"可以按约定时间把情报送回来。

知道了"守将、左右、谒者、门者、舍人"是谁，才能有目的地结交与这些人有联系的"乡间"；知道了"谒者"都是些什么人，就可以知道以什么身份去接近"内间"；知道了将领的"左右"是谁，"死间"的谣言就有了目标；知道了"门者"的行为习惯，"生间"就可以顺利通过关卡，将情报送回我方。

必索敌人之间来间我者，因而利之，导而舍之，故反间可得而用也。

一定要严查敌方潜伏在我方的间谍，发现之后给他好处，通过诱导他（1.使他离开敌方；2.让他返回敌国），这样就能够得到"反间"并加以利用。

除了知道敌方的"守将、左右、谒者、门者、舍人"等的情况，还要尽力找出敌方派到我方来的间谍。找出敌方间谍本不易，擒获敌方派来的间谍更难，最终成功将其策反无疑难上加难。间谍如此重要，各国自然都会厚待，所以想要策反敌方的间谍必须花大力气。"因而利之"是从物质上诱惑，"导而舍之"是从精神上感化。如果成功地策反了敌军的间谍，我方就可以了解敌方间谍工作内部的情况。虽然难度高，但价值极大。

五间之事，主必知之。昔殷之兴也，伊挚在夏；周之兴也，吕牙在殷。故惟明君贤将，能以上智为间者，必成大功。

五种间谍的内情，君主必须详细了解。历史上，殷商兴起的时候，伊挚在夏朝当官；周朝兴起的时候，吕尚在商朝任职。所以只有英明的君主和贤德的将领才能任用才智过人者为间谍，也必然可以成就丰功伟绩。

"伊挚"就是常说的伊尹，伊挚是他的本名，由于商汤封给他的官职是"尹"（"正"的意思，相当于后世的宰相），所以常被称为"伊尹"。传说伊挚本是奴隶，但从小聪明好学，推崇尧舜之道。他还擅长厨艺，长大后担任夏桀的亲族有莘氏的厨师。在夏朝时，他听说商国的汤很贤德，就借着有莘氏之女嫁与商汤为妃的机会，作为陪嫁的奴隶前往商国。之后他以烹饪比喻治国之道，受商汤赏识，被任命为丞相。为了帮助商国攻灭夏朝，伊挚暗中联络夏桀的妃子妹喜，获得了很多夏朝的内部情报（一种说法是，夏桀另结新欢，妹喜受到了冷落；另一种说法是，妹喜是有施氏向夏桀投降时献出的美女，所以有意暗中灭亡夏朝）。在伊挚的帮助下，商汤最终击败了昏庸无道的夏桀。

"吕牙"就是常说的姜子牙，姜姓吕氏，名尚，字牙，号飞熊，也被尊称为"太公望"。传说他虽然有经天纬地之才，却得不到任用，只能在朝歌当屠夫，到了七十二岁还一事无成，于是到渭水上用直钩钓鱼。某天，周文王占卜，说渭水边有能够辅佐自己称霸天下的贤臣，于是亲自去寻找，结果遇到了吕尚。一番交谈之后，文王发现吕尚确是奇才，于是高兴地说："先王曾说有一个贤人要来帮助周国，那指的一定就是您吧！先王盼望您很久了！（吾太公望子久矣！）"（所以说"太公"原本不是对姜子牙的尊称，而是对文王祖先的尊称。但是因为吕尚自己的年龄也很大，而且功勋卓著，确实也有资格被称为"太公"，后世一直沿用这个称呼。）可惜文王没过多久就病逝了，吕尚继续辅佐他的儿子武王，最终帮助武王灭亡了商朝。

《鬼谷子·忤合》说："伊挚曾经五次投靠商朝，五次投靠夏朝；吕尚三次臣服周文王，三次臣服商纣王。"《史记·齐太公世家》记载："有传言说，太公吕尚博学多才，曾经希望辅佐纣王，但发现纣王昏庸无道，就离开了。"

伊挚和吕尚被后世尊为圣人，是读书人心中的绝对偶像，孙子竟然将他们归为"间谍"，引起后世诸多不解。所以有的注家辩解说："伊挚、吕尚并不是叛变投敌。他们虽然出生在夏朝和商朝，可惜得不到任用，反倒是作为明君的商汤王、周文王任用了他们。"也有注家说:"伊挚、吕尚并不是普通的叛变,他们本想纠正夏桀、商纣的昏庸无道之举,可惜没有成功,最终选择背弃暴虐,投靠仁德。这是顺天应人的义举。"还有注家说:"伊挚、吕尚不是职业的间谍,而是因为长期生活在夏、商,所以能够知道很多内情。"还有注家说:"把伊挚、吕尚归为间谍,是春秋战国时代那些游走各国的纵横家往自己脸上贴金的说法。"还有注家说:"孙子并不是说伊挚、吕尚是间谍,而是说只有像他们那样拥有高超智慧的人,才能作为间谍主管巧妙地使用间谍。"总之,伊挚、吕尚这样的圣人,在道德与行为上不会,也不应有瑕疵。

古代文人由于不了解夏、商时代的社会特点,往往参照自己所处社会的结构,胡乱根据上古的只言片语杜撰故事。后世注家对这些信以为真,自然不能理解伊挚、吕尚的行为。比如,说这两个人是"臣",就大有问题。

一,封建时代早期,各个封国(甚至可以说是部落)的疆域狭小,各个封国之间的关系也是以"联盟"为基础,所谓的"天下之主"只是联盟首领。所以盟主与联盟成员之间的关系并不是后世中央集权时代那样稳固的君臣关系。

二,通常在诸侯封国内担任各种管理职务的绝大多数是君主的亲族。只有少量要职、专业技术人才(比如武术教官、医生、建筑工程师等)才聘请姻亲或小贵族的专业人士担任。

三,他们根本不可能是奴隶出身。在文化资源极端匮乏的上古时代,就算贵族也很难接受包括识字在内的全面的文化教育,一个奴隶就算再怎么聪明,也不可能有机会接受正规教育。相反,一个本来身份高贵、教育程度很高的人倒有可能沦为奴隶。可能因为债务，更多的是因为在战争中被俘。

四，在当时等级森严的社会里，身份卑微之人不可能被任命为高级官员，因为身份高贵的人会将被身份低贱的人指挥视为侮辱，从而拒绝服从命令。在那个时代，身份低微的人想要一跃成为将相是不可能的。孟子说："百里奚举于市，孙叔敖举于海。"其实百里奚原本是虞国大夫，孙叔敖是楚国王室芈姓。即便到了战国时代，下层士族也只是在实现了政治改革的国家才能得到重用。

五，商周时代，只有出身高贵的人才配有姓和氏（比如日本的平民是在明治维新之后才获准拥有姓氏）。这样看来，无论是伊挚，还是吕尚，都应该是出身高贵之人。

六，史籍在记载他们的年龄时，都出现了不合理的长寿，伊挚一百岁，姜太公更是活到了一百三十九岁。不能排除数代同名或使用同样的尊称的可能。

根据这些封建时代的特点，我们可以重新根据传说大致梳理史实。

一，伊挚和吕尚绝不是出身低微之人，甚至极可能是某个封国的国君或继承人，至少也是贵族出身。

二，由于当时的国家联盟松散，所以他们有时和夏桀、商纣结盟去攻打其他国家（部落），有时和商汤、周文王结盟去打仗。于是就给了后人"一时臣服这边，一时臣服那边"的错觉。伊挚曾经因为战败而沦为奴隶，也可能就是在某次"反叛"中被夏桀的亲族有莘氏俘获，不过之后在商汤的帮助下得以复国。

三，他们凭借自己的才能和封国的实力在新的联盟中取得了主导地位,并带领新联盟击败了旧的盟主。

四,这些事情可能发生在数代人之间,由拥有相同姓名身份的几代人完成的。

由此看来,将伊挚、吕尚归在"内间"之列虽不是全无道理,但也比较牵强。不过如果说他们的"上智"是使用间谍的典范,则毫无不妥之处。

此兵之要,三军之所恃而动也。

这是军事行动的要点,是策划、展开军事行动的基础。

这句话是对"用间"的总结。所谓"知彼知己,胜乃不殆;知天知地,胜乃可全",任何成功的军事行动都要以可靠的情报为基础。

决策者要养成搜集情报的习惯,因为一旦开战,对方就会"夷关折符,无通其使",到这时再搜集情报,发展"乡间"和"内间"就十分困难了。

企业家也要经常关注市场信息和行业动态。与军事不同,大量商业信息是公开的。与行业内部人士、学者乃至竞争对手一起讨论行业动态及发展未来等信息,算不上"用间"。但是在现代商业规则中,对于"商业机密"的界定是明确的,使用"商业间谍"是违法行为。商业终究不是"国之大事,死生之地,存亡之道",在竞争中不可以违背市场规则与国家法律,不能不择手段,更不应该将"不择手段"美化为"智慧"。因为破坏规则的"小聪明"最终会破坏市场的健康运转，招致经济危机。所以相应地，国家商业监管部门需要严格处罚企业的违法竞争行为，并尽量杜绝，这样才能保证整个经济体可以维持长期而健康的发展。

孙子曰：

凡兴师十万，出征千里，百姓之费，公家之奉，日费千金。内外骚动，怠于道路，不得操事者，七十万家。相守数年，以争一日之胜。而爱爵禄百金，不知敌之情者，不仁之至也，非民之将也，非主之佐也，非胜之主也。

故明君贤将，所以动而胜人，成功出于众者，先知也。先知者，不可取于鬼神，不可象于事，不可验于度，必取于人，知敌之情者也。故用间有五：有乡间，有内间，有反间，有死间，有生间。五间俱起，莫知其道，是谓神纪，人君之宝也。乡间者，因其乡人而用之。内间者，因其官人而用之。反间者，因其敌间而用之。死间者，为诳事于外，令吾间知之，而传于敌间也。生间者，反报也。

故三军之亲莫亲于间，赏莫厚于间，事莫密于间。非微妙不能用间，非仁义不能使间，非圣智不能得间之实。微哉！微哉！无所不用间也。间事未发，而先闻者，间与所告者皆死。

凡军之所欲击，城之所欲攻，人之所欲杀，必先知其守将、左右、谒者、门者、舍人之姓名，令吾间必索知之。因是而知之，故乡间、内间可得而使也；因是而知之，故死间为诳事，可使告敌；因是而知之，故生间可使如期。必索敌人之间来间我者，因而利之，导而舍之，故反间可得而用也。五间之事，主必知之。

昔殷之兴也，伊挚在夏；周之兴也，吕牙在殷。故惟明君贤将，能以上智为间者，必成大功。此兵之要，三军之所恃而动也。

16 七字总结

以上就是《孙子兵法》正文的全部内容。

读过其他《孙子兵法》注解的读者可能会发现，本书给出的原文及解释与它们存在诸多不同之处。自古以来《孙子兵法》的版本及注释殊异颇多，因辨析过程繁杂，并不适合大众读者，所以笔者将这些内容另外整理为详注本，其篇幅接近简明本的两倍。有意仔细研究《孙子兵法》的读者可以阅读本书的详注本。

在本书的最后一章，笔者将用七个字总结《孙子兵法》。附录将以《孙子兵法》的思维方式详细解读两场历史上的著名战例，以供读者参考。

知

"知"包含三个方面的内容——知识、情报、智慧。这三点是做出正确决策的基础。

知识，大多可以从书本上学到，不过想要应用与实际，还需经验的积累。然而知识的门类繁多，一个人只能掌握有限的知识。所以在真正解决复杂问题时，就需要掌握不同知识的人合作。

情报，是做出符合时局的正确决策的关键。情报可以不尽详细，也可以不尽全面，但不可以出现错误。如果情报的提供者为了自身利益而故意向决策者提供错误的情报，那么对于决策而言，这无疑是致命的灾难。

智慧，并不是说"鬼点子"多，而是说要有健全的逻辑分析能力，以处理模糊繁杂的情报，利用相关的专业知识，制定合理可行的解决方案。聪明是天生的，智慧是修炼的。学会像孙子一样思考，自然能变得更加智慧。

计

"计"就是计算敌我实力。它是《孙子兵法》的第一个主题，但其实是贯穿始终的。开战前要计算双方实力，比较敌我优劣（《始计篇》）；同时也需计算战争的经济耗费（《作战篇》《谋攻篇》）；开战后还要实时关注敌人的兵力部署，找出敌方的部署漏洞，通过计算路程与士兵体力来权衡己方的进军路线（《军争篇》）；等到临敌，不但要计算双方的兵力对比，还有计算地形因素对布阵的影响，以及地势因素对士气的影响（《地形篇》《九地篇》）。

利

"不尽知用兵之害者，则不能尽知用兵之利。"虽然讲"利"，但一定要记住《孙子兵法》中"先知害，后谋利"的特点。《作战篇》《谋攻篇》《军争篇》《九变篇》《行军篇》《地形篇》《火攻篇》都有段落专门讲述"用兵之害"。见利忘害，若不是运气极佳，必然会招致失败，故而智者"先防害而后取利"。

避害的目的最终还是为了趋利。形、势、奇正的目的都是为了利——获得优势。战争的唯一目的也是为了利——更美好的和平。

形

"形"就是运用兵法的过程，其核心原则是"先为不可胜以待敌之可胜"。想要做到这点，就要做好情报工作——藏好己方的情报，尽力获取敌方的情报。而在获得关键的情报之前，首先要做好两件事，一是防止战略部署上的失误，二是避免军队管理上的失当。然后在保持自己立于不败之地的前提之下，不断根据敌方的情报调整自身的部署与计划，所谓"践墨随敌，以决战事"。一旦发现敌人的失误，就要以最快的速度把握机会，当然在此之前还要仔细考虑自身是否拥有把握机会的实力。

奇

如果对方也是良将,部署周密,找不出破绽怎么办?那么就要主动尝试制造破绽。方法就是出"奇"。如果对手没能妥善应对,原有的部署可能就会因此而出现漏洞。至于如何出奇才能让对方出现漏洞——"制胜之形"——那么就要根据当时的对阵情况具体分析了,既"不可先传也",又"不可胜穷也"。

需要再次提醒读者的是,出奇是要以"超能"为基础的。我方情报人员能力更强,才能率先发现敌方漏洞;我方军队能力更强,才能在军争的比赛中胜于对手;我方将帅能力更强,才能统帅军队在没有决策失误的情况下深入敌境;我方的国力更强,政治更加清明,才能在长期的对峙中坚如磐石,内(国内政治)外(在外军队)稳定。

总有一些人希望走捷径,殊不知捷径往往比"大路"更加凶险,故而只有那些能力超群者才有资格通过捷径。

势

出奇的目的就是为了寻求优势。将"势"翻译为具体的现代名词并不容易,笔者将其直述为在具体交战时双方的实力差。势并不仅仅来自兵力、地形这些直观因素,更重要的是来自士兵的人性。

人之性,众则勇,弱则怯,危则慎,惊则惧,饱则安,劳则怠，无望则溃，不得已则斗。优秀的将领可以通过人性将一个个独立的士兵凝聚成一个团结的整体，也可以通过人性将敌方完整的军队分化成追求自身利益的个体——"所谓古之善用兵者，能使敌人前后不相及，众寡不相恃，贵贱不相救，上下不相收，卒离而不集，兵合而不齐。"虽然的确存在许多超越人性的英雄人物，但他们毕竟是超越了平均水平的特例（否则就算不上英雄了），所以并不能参照这些特例来谋势，否则这种"势"或不可成，或难持久。

企业也是同样的道理。创造的产品符合人性才会最终得到人（用户）的认可，而符合人性的管理模式才能激发员工创造符合人性的产品。

其实只要是和人有关的活动，都应该尽力符合人性，法律、教育都是如此。符合人性，就可以做到"如转木石"——"不修而戒，不求而得，不约而亲，不令而信"。

变

"变"通常并不被人重视，这可能是《九变》一篇自古争论颇多的原因吧。变就是"有所不"，简言之就是懂得放弃既定方案。一旦发现原有方案达不到预期效果，甚至会导致失败，就一定要果断放弃，即便违抗君主的命令也应当如此。

如果形没能得势，就需要变，然后从知开始，重新来过。直到通过出奇获得足以赢得胜利的势为止。

而将领有没有权限临机制变，在"有所不"之后是否会受到君主的责罚,则是"主孰有道"的问题。如果上级无法分辨,甚至根本不愿分辨下级的抗命是单纯的拒绝服从,还是为了公利不惜承担责罚,那么就会失去宝贵的人才——"故进不求名,退不避罪,唯民是保,而利合于主,国之宝也"。

历史战例详解一
无法复制的"背水奇迹"

井陉口之战就是俗称的"背水一战",历来被当作以少胜多的经典战例。韩信的胜利通常被归因于"置之死地而后生"——这使汉军爆发了超常的战斗力。然而韩信的胜利真的如此简单吗?要知道历史上除了韩信,几乎所有背水列阵最后都以失败告终。那么在此,笔者就尝试以《孙子兵法》的视角来解读背水列阵的井陉口之战。

井陉口之战最主要的记载来自《史记·淮阴侯列传》。根据太史公的记载,韩信和张耳率领数万士兵,想要穿过井陉口攻击赵国。赵王、成安君陈馀听说汉军要来进攻,于是在井陉口集结重兵,号称二十万大军。广武君李左车建议陈馀:"听说汉将韩信渡过西河,俘虏魏王、夏说,刚刚又血洗阏与,如今又有张耳辅助,准备夺取赵国。这是借助胜利的锐气离开本国远征,其锋芒不可阻挡。我听说千里运送粮草,士兵就会面带饥色,临时砍柴烧火的军队经常吃不饱。眼下井陉这条道路,车辆不能直行,骑兵不能排成队列,数百里的路程,运粮队伍势必远远落到后边。希望您给我三万奇兵，我从小路拦截他们的辎重，您就坚守深沟高垒的军营，不与他们交战。他们向前无法交战，向后无法归国。我出奇兵截断他们的后路，使他们在荒野中无法掠夺粮食，不到十天，就可以将他们二人的头颅送到将军帐下。希望您同意我的计策。否则一定会被他们两个小子俘虏。"陈馀是儒家学者，经常宣称正义之师不用欺诈诡计。他说："我听说兵法讲，兵力十倍于敌人，就可以包围他们；两倍于敌人，就可以交战。现在韩信的军队号称数万，实际上不过数千人。他们行军千里来袭击我们，必然已经极其疲惫。如今像这样避而不战，以后遇到大部队，又该如何应对？诸侯们会认为我们胆小，就会轻蔑地来攻打我们。"于是没有采纳这条建议。

韩信派间谍打探情报，间谍听说陈馀没有采纳李左车的计谋，便回来报告。韩信大喜，这才敢领兵前进。他在距离井陉口三十里处扎营，半夜时传令，选拔两千名轻骑兵，每人拿一面红旗，从隐蔽小径绕道赵军后山，悄悄观察赵军动向。他告诫说："赵军见我军逃跑，一定会倾巢而出，你们就迅速冲进赵军的营垒，拔掉赵国的旗帜，换成汉军的红旗。"接着让副将传令开饭，说："今天打垮了赵军后一起大吃一顿。"将领们都不相信，假意附和。韩信对手下军官说："赵军已经占据了有利地形，建立营垒，他们看不到我军大将军旗，就不肯攻击我军先头部队，怕我们遇到危险便逃跑。"于是韩信派出一万人先过河，然后背靠河水列阵。赵军远远望见后大声嘲笑。日出时，韩信高举大将军旗，大张旗鼓地向井陉口进军。赵军打开营垒，出兵进攻汉军，激战了很长时间。韩信、张耳假装丢弃军旗、战鼓，撤回河边阵地。河边的部队打开营门让他们进入，然后双方又展开激战。赵军果然全军出营争夺汉军的军旗，追击汉军。韩信、张耳进入河边阵地，全军殊死奋战，没有被打败。韩信派出的两千轻骑，等到赵军倾巢而出，争夺战利品时，迅速进入赵军营垒，拔除所有赵国的旗帜，立起两千面汉军的红旗。赵军既不能取胜，也无法俘获韩信等人。想要退回营垒，看到营垒插满了汉军的红旗，大为震惊，以为汉军已经俘虏了赵王。赵军随即大乱逃跑，赵将即使斩杀逃兵，也不能阻止溃逃。于是汉兵前后夹击，彻底击溃了赵军，在汦水（位于今石家庄与邢台之间）岸边斩杀陈馀，生擒赵王歇。

下面分阶段总结战争的过程。

（1）张耳与陈馀曾经一起辅佐赵王歇参加反秦战争，但是两人最后因误会而反目成仇。秦亡之后，张耳由于人缘好被项羽封为常山王（今石家庄附近）——这原本是赵国的一部分。陈馀对此十分不满，于是发兵突袭张耳，夺下常山国，还给赵王歇。为表达感激，赵王歇将代国封给陈馀。陈馀任命夏说为相国，替自己治理代国，自己继续辅佐赵王歇。张耳战败后投靠了汉王刘邦。陈馀对张耳恨之入骨，曾以张耳的人头为条件加入汉军联盟。当发现刘邦并未杀掉张耳后，就改为与项羽结盟。

（2）在井陉口之战开始前，韩信与曹参在八月先击败了魏王豹。之后又于闰九月在阏与击败并生擒了代国的国相夏说。不过在此之后，刘邦调走了韩信一部分精锐部队，而将魏国的降卒交由韩信指挥。

（3）韩信与张耳继续北上。此时，赵王歇与陈馀驻军井陉口，号称二十万大军。井陉是太行八陉之一，西通太原，东出石家庄,南连阏与。井陉县是太行山脉中的一小块盆地,四周都是山路,绵蔓水(河)从北到南流经盆地中央。

(4)李左车建议陈馀,应当坚守营地不与韩信正面交战,他愿意领三万奇兵断韩信的补给线,这样不到十天,韩信必败。但是陈馀没有采纳他的计划。

(5)韩信听到间谍报告说李左车的谋略未得到采纳,才放心地朝井陉口进军。他在距离井陉口还有三十里的地方驻扎下来,半夜召集两千名轻骑兵,让他们每人带一面汉军的红旗,绕道埋伏在赵军军营侧后的萆山(今抱犊寨,位于井陉口东北)。

(6)第二天,韩信向井陉口的赵军营垒进军。他先派一万人渡河,背靠河水列阵。等到天亮之后,他升起将旗,向井陉口推进。

(7)赵军看到韩信不但违背兵法常识背水结阵,还在兵力劣势极大的情况下明目张胆地挑战,都哈哈大笑,旋即出营与汉军交战。

(8)激战一段时间后,汉军丢弃军旗、军鼓等物品,开始后撤,一直撤到河边阵地。赵军全军出击,但是汉军殊死抵抗,赵军难以在短时间内取得胜利。

(9)两千名汉军骑兵看到赵军全军出击,偷偷进入赵军军营,将赵军的旗帜全部换成汉军的红旗。

(10)赵军久攻韩信军不下,想要回营休整,却突然发现自己的军营已经插满汉军的旗帜,以为汉军已经俘获了赵王歇。于是赵军军心大乱,士兵开始大规模逃跑。纵使军官斩杀逃兵,也无法遏止赵军的溃散。

(11)韩信和张耳追击逃跑的赵军,在泜水边斩杀陈馀,并在襄国（也名信都，今邢台）俘获了赵王歇。

整场战斗确实颇具传奇色彩，但后世的解读存在诸多误解。

其中最大的误解就是"置之死地而后生"。如果"置之死地"都能够"后生"，那么"死地"为什么还叫"死地"？孙子对"死地"的定义如下："疾战则存，不疾战则亡者，为死地。"从这个定义可以看出，置之死地而后生的关键并不在于地本身有多"死"，而是要看士卒能不能"疾战"。敌方要是围而不攻，或是己方的部队承受不住敌方的进攻，那"死地"就是真"死地"。韩信之所以敢背水列阵，正是因为他知道陈馀愿意疾战，而且自己的部队能战。何况他还留了后手。

虽然士兵在"死地"可以爆发超常的战斗力，但是当战斗持续时间一久，士兵体力不支的时候，"死地"又会变回真"死地"。所以在"死地"，不但要士兵能战，还必须要在短时间内结束战斗。但是韩信的军队显然不可能在正面击败数倍于自己的敌军，故而必须想办法使敌军的士气崩溃。

为此，韩信不仅派了两千名精锐部队伺机从背后偷袭敌营，还让他们每人带了一面军旗。这种做法有两个好处：一是向赵军表明汉军已经完全占领军营，二是使赵军错误估计汉军的兵力。如果军营被敌方大部队占领，想要夺回自然困难重重，而自己的主君也可能已经被俘——这意味着，就算立了功，也得不到赏赐了。于是赵军瞬间失去了继续战斗的意志，纷纷溃逃。

但是，即便加入奇袭的因素，许多问题仍然难以理解。比如，为什么二十万赵军在拥有绝对兵力优势的情况下仍然没能歼灭韩信的部队？陈馀虽然并不是善战的将领，但毕竟经历过反秦战争的"老将",还曾以迅雷之势夺取常山国,应当不至于在拥有绝对兵力优势的情况下还要倾巢而出,留下一座无人把守的营寨吧?就算不留守备部队,军营里总要有一些看门的、扫地的、做饭的、喂马的人吧。更何况赵王歇还留在营帐之中,理论上他身边至少要留一支精锐的卫队。韩信的两千人人确实是精兵,但为何能够如此轻易地夺取二十万大军的营垒呢?

带着这些疑问,我们再重新梳理一遍战争的过程,就会发现更多的细节值得推敲。

首先,在描述赵军的兵力时,司马迁用了"号称"二字。虽然史学家记载兵力向来很不准确,但是"号称"二字就意味着摆明注水了。这两个字的水分有多大呢?看看"号称"自己有二十万人的陈馀怎么说:"今韩信兵号数万,其实不过数千。"韩信"号称"数万人,陈馀估计只有数千人,那陈馀"号称"的二十万,估计不会超过十万。陈馀之所以做出这样的估计,很可能是因为获得了韩信主力被汉王调走的情报——若果真如此,那么陈馀确实不是一个完全不懂军事的将领。

司马迁的《史记》极富个人倾向性。其中,他对三名武将极为同情,在记述中也极力凸显他们三人的悲剧英雄色彩。这三个人分别是项羽、韩信、李广。对他们的胜利,司马迁往往描述得十分辉煌。井陉口之战中的二十万赵军,就连司马迁也不得不加上"号称"二字,其中的水分定然不少。(值得注意的是,之后韩信大战楚国的龙且又是"号称二十万"。而且又有人向龙且提出与李左车类似的坚守不战的建议,龙且一样不听。这是历史惊人的相似,还是司马迁的创作天赋有限?)

其二，韩信在情报方面拥有压倒性的优势。韩信获得了赵军的战略决策，知道陈馀没有采纳李左车的计划，才敢放心地出兵井陉口。当然，韩信肯定也清楚赵军的兵力远没有号称的二十万，而自己手上却真有几万人。《用间篇》说："先知者，不可取于鬼神，不可象于事，不可验于度，必取于人，知敌之情者也。"韩信的情报都是通过间谍获得的，而陈馀对汉军的判断则是"象于事"，"验于度"。他虽然获得了韩信主力被调走的情报，但是只看到了事物的表面，然后结合自身经验对韩信的实际兵力做出了错判。在这个判断的基础上，陈馀认为自己可以轻易击败韩信，而李左车的计划过于保守，而且还要花费十天时间。注意，李左车的计划要花费十天时间。

开战当日，韩信先派一万人渡河。"半渡而击之"是兵法的常识，但是赵军毫无反应。于是陈馀的战略意图愈发明显——陈馀对张耳恨之入骨，必杀之而后快。不出击，就是为了防止汉军前锋溃败之后韩信和张耳逃跑，所以他一定要确定韩信和张耳已经渡河以后才会发动攻击。韩信在战前精准地判断出了陈馀的这个意图，所以才会放心地先让一部分军队渡河。由此看来，韩信的军队肯定不止一万人，这一万人只是在黎明先行渡河列阵的部队，而不是韩信的全部兵力。韩信和张耳的主力到天完全亮才渡河进攻，两支部队渡河时间应该相差几个小时。这几个小时里，那一万人的先头部队在干什么？所谓的列阵就是简单排个队列，然后在原地傻站着吗？当然不会。在几个小时的时间里，这一万人应该布置了一些用于防御的临时工事，甚至在扎营。《史记·淮阴侯列传》原文就有"水上军开入之"一句。既然可以开门，自然就说明有墙。虽然这么短的时间不可能构筑深沟高垒,但是很多时候,路障、拒马就足以减弱敌军进攻的势头了。

赵军看到韩信在河边设置防御工事,纷纷嘲笑韩信不懂兵法。韩信以寡击众本就是不自量力,此时竟然在河边做长久守备的打算,不是心生怯懦不敢进攻,就是毫无兵法常识。古代徒有虚名的人比真有本事的人多得多,韩信只是近来刚刚与曹参击败了魏王豹和夏说而已("明修栈道,暗度陈仓"系后人杜撰)。在众星闪耀的反秦战争中,韩信毫无名气。背水为阵更是让赵军对韩信产生了轻蔑。所以在赵军看来,犯下这种低级错误的是一个初出茅庐的菜鸟,而不是一位名将用反常手段设置的陷阱。这又是一层失误。

当韩信的部队完成渡河,向赵军营寨逼近时,陈馀急不可耐地主动出击——他生怕错失了机会,让张耳、韩信逃回河对岸。况且赵军认为自己的优势已经足够大,并不需要依靠营寨防守。

然而与陈馀设想的不同,韩信的部队并没有被轻易击败。从地图上看,从绵蔓水到井陉口之间是一条狭长的山谷(宽不足一公里)。赵军虽然占据兵力优势,但因不能从侧后包围韩信军,所以很难发挥该优势。如果韩信军没有一击即溃,陈馀就只能通过车轮战的方式不断消耗韩信士兵的体力,而这势必需要陈馀投入新的部队加强进攻。久而久之,赵军营寨中的防守兵力就会逐步减少。

据《史记》记载,这个阶段的战斗持续了很长时间。也许是韩信认为自己吸引的兵力已经足够多,也许是因为后方背水的营地已经准备完毕,或是两者兼有,韩信又做出了一个关键行动——后撤。韩信不仅后撤,还命令士兵丢弃各种装备、军旗,甚至连主将的将旗都扔掉了。该举动不止伴装战败,而且摆明了给赵军的士兵好处。要知道能够抢夺到敌军的军旗可是大功劳。韩信扔掉这些旗帜、金鼓,不但使自己的军队少了累赘,加快了速度,还拖慢了赵军的追击,使汉军可以安全地撤回河边的阵地。

反观赵军。赵军的军营距离韩信在河边的阵地大约八公里,即便在路上没有交战,士兵跑到河边也会略显疲惫。更何况汉军且战且退,在河边还有简单的防御工事作为依托?韩信的士兵在河边无处可逃,只能专心防守,赵军却因为被河流阻挡,无法从后方包围汉军,自己的兵力优势反而难以发挥。此外,先前在韩信撤退时已经抢到战利品的赵军自然不会拼死作战——相较于已经得到了丰厚的战利品,他们没有必要再以身犯险。所以赵军虽然人数众多,但作战意愿明显低于汉军。

上述过程就是孙子所说的"形人"——"佚能劳之,饱能饥之,安能动之"。《军争篇》说:"善用兵者,避其锐气,击其惰归,此治气者也。"韩信在赵军声势最大的时候选择撤退,是"避其锐气"。自己的部队无路可退,也就不会产生"惰气"。然后故意扔下军旗让赵军夺取,是为了让赵军产生"归气"。

"以近待远,以佚待劳,以饱待饥,此治力者也。"韩信在开战前敲锣打鼓地前进,就是为了吸引赵军主动进攻,让战场尽量远离赵军的营垒。等赵军逐步逼近韩信的水边阵地,体力已经消耗大半,这就叫"以近待远"。汉军虽然没有后勤辎重,但是粮食都是随身携带,稍事休息就能暂时充饥。反观赵军,虽然在大营中补给充足,但是由于之前认为可以轻易击败韩信,所以大约不会携带随身"便当"(阵中食)。时间一久,汉军就是"以饱待饥"。

从《地形篇》的角度讲,渡河进攻对于汉军来说本来是"挂形"("可以往,难以返,曰挂"),是劣势。但是赵军主动进攻,便成了"远形"("远形者,势均,难以挑战,战而不利")。所以从地形上讲,赵军进攻并不占优势。而在韩信的操作之下,赵军转为劣势。

在赵军对背水结阵的韩信军久攻不下的时候,整场战争最华丽的一幕上演了——两千名骑兵夺取了赵军大营。当时的骑兵,绝对是精锐中的精锐。《六韬》说一名骑兵在平原上大约相当于八名步兵的战斗力,在山地至少相当于四名步兵。骑兵的战斗力虽高,但毕竟赵军能够依托坚固的营垒,汉军不大可能轻易夺取。而久经战阵的陈馀也不至于在拥有"二十万"大军的情况下,只顾进攻韩信而完全忘记了军营的警备。更何况军营中还有赵王歇和他的卫队坐镇其中?

既然如此,韩信为什么会信心满满地认为,这两千人能够在短时间内夺取二十万敌军的营垒呢?陈馀也许会轻视韩信这个后起之秀,韩信难道也会犯相同的错误,轻视陈馀吗?肯定不会。韩信之所以有信心派两千人去夺取敌营,是因为在开战之前就已经夺取了敌营!

说得更明白一点,就是在赵军的军营中有汉军的内应,而且这个内应还不是普通的几个间谍,而是层级较高的将领。回想开战之前的情景——有间谍将陈馀否定李左车计划的情报传达给了韩信。如果这次对话不是司马迁杜撰的话(司马迁经常能够莫名其妙地记录下一些极其机密的对话),那么将这个情报传达给韩信的人，应该是赵军中某个高级将领。陈馀和李左车的对话，可能是私下说的，但更大的可能是在军事会议中的争论。这样的军事会议，所有的高级将领都会列席并参与讨论，肯定采取了严密的防范措施，间谍基本不可能混入——要知道"间谍穿上夜行衣趴在指挥官大营的屋顶"，或是"乔装打扮混入对方军营，然后趁着端茶送水的机会正好探听到高级机密"之类的事情只是小说中的情节，现实中不会出现。

试问韩信是如何获得如此高级别的"内间"的呢？答案就在张耳。张耳原本是赵国的核心人物之一，和陈馀曾为好友，两人共事多年。这意味着在陈馀军中可能有很多张耳的旧识（交情深的应该已经被陈馀清除了）。此外，当时的整体形势对赵国并不利。汉军接连吞并了雍、翟、塞、殷、河南等项羽分封的诸侯国，不久前又在极短的时间内攻灭了魏国；而项羽本人则忙于平定四处的叛乱。赵国的高层中，难免存在一些并不看好赵王歇和陈馀的人。所以韩信的进军与其说是建立在知晓赵军战略的基础之上，不如说是已经有赵军将领暗中投诚的缘故。至于陈馀是否考虑过自己手下将领会叛变，实在无从得知——即便他想到了，也没有可能完全预防。

赵军看见韩信兵力远少于己方，又犯下违背军事常识的错误，肯定会认为这是一个捞取功劳的好机会。等到韩信扔掉军旗的时候，赵军士兵更是忙于抢夺战利品。在这种情况下，留下来守卫大营的部队就成了没有油水的闲差——不是留给那些被冷落的将领，就得有人甘心吃亏。前者显然有更多的理由暗通张耳，而后者可能就是蓄谋准备接应韩信的奇袭部队。

当赵军的主力部队被韩信吸引到八公里外的河边，埋伏好的两千名骑兵便现身而出。假意守备军营的部队立时叛变。两支部队里应外合，轻易夺取了整座军营，然后立刻将所有赵军的旗帜换成了汉军的红旗。不过他们并没能俘获留守大营的赵王歇。赵王歇估计也是因为突然的叛变而惊慌失措，并没有跑去找陈馀会合，而是自顾自地直接往都城襄国逃跑。

在河边的赵军久攻不下韩信的背水阵，本已经十分倦怠。他们回头看到自己的军营已经插满汉军的旗帜，也不知道有多少汉军占领了军营，于是瞬间惊慌失措。

心理防线崩溃，号称二十万之众的大军瞬间变成了零。韩信选择了背水的"死地"作为战场，而对于赵军来说，井陉口是自己边境的"散地"。士兵们对周围的环境十分了解，对于哪里有可以逃命的小道，哪条路可以跑回自己的村子，哪些地方可以躲藏，都一清二楚。所以士兵们转瞬间就四散而逃、各奔东西。

不过即便有内应协助，汉军换红旗这个举动还是颇值得玩味的。要知道这两千面军旗不可能是突然出现的，也不可能是在军营里自己制作的，而应该是在出征之前就提前准备好的。可是在那时，韩信并不可能知道陈馀会否决李左车的建议，自然也不可能提前布置这个"夺营换旗"的作战行动。如果再加上他在引诱赵军时故意丢弃的旌旗，韩信军队的旗帜数量显然远远高出正常水平数倍以上。那为什么韩信会拥有远超他部队规模的军旗呢？

司马迁为了凸显韩信的才能和地位，并未在《淮阴侯列传》中记录汉赵战争的全貌。想要了解这场战争的全貌，还需要参考《史记》其他几篇传记。

《曹相国世家》写道:"因从韩信击赵相国夏说军于邬东,大破之,斩夏说。韩信与故常山王张耳引兵下井陉,击成安君,而令参还围赵别将戚将军于邬城中。戚将军出走,追斩之。乃引兵诣敖仓汉王之所。"

《傅靳蒯成列传》写道:"(靳歙)别之河内,击赵将贲郝军朝歌,破之,所将卒得骑将二人,车马二百五十匹。从攻安阳以东,至棘蒲,下七县。别攻破赵军,得其将司马二人,候四人,降吏卒二千四百人。从攻下邯郸。别下平阳,身斩守相,所将卒斩兵守、郡守各一人,降邺。从攻朝歌、邯郸,及别击破赵军,降邯郸郡六县。"

《张耳陈馀列传》:"汉三年,韩信已定魏地,遣张耳与韩信击破赵井陉,斩陈馀泜水上,追杀赵王歇襄国。汉立张耳为赵王。"

结合这三篇的内容,才能看出汉灭赵的全貌。首先,曹参与韩信一起灭了魏国,并在阏与之战中俘虏了夏说。之后,曹参向西围攻邬城(今太原以南)的赵军,韩信则北上井陉口。与此同时,刘邦的主力部队直接从东南的平原地区进攻赵国邯郸、朝歌等南部重镇,节节胜利。在北边,韩信击败了陈馀和赵王歇的赵国主力部队,并向南一路追击,在泜水斩杀了陈馀。之后与刘邦主力部队南北合围赵国的都城襄国,俘虏了赵王歇。

可见汉军的整体战略十分有计划性(《史记》虽未记载,但很可能是张良的谋划)。韩信的部队人数少,却被安排面对赵军的主力。不但如此,这支部队还携带了远超正常数量的军旗,并且安排了赵军主帅陈馀最痛恨的张耳陪同——张耳此战之后直接被封为赵王(理论上只比汉王刘邦低半级),其地位显然远高于韩信

（战后韩信成了张耳的国相），所以这支部队当时名义上的主将应该是张耳而不是韩信。

从这些情况来看，韩信本来的任务只是"声东"——在北方吸引陈馀的注意力。目的是让刘邦的主力部队可以"击西"——从南方大举进攻赵国腹地。而曹参的任务是歼灭西方赵国和代国的残余部队。

了解了汉军的全部战略之后，汉赵两军如果用《始计篇》中的"五事七计"来分析，结果如何呢？

主孰有道　赵王歇只因是原赵国王室后裔而被拥立，并没有突出的才能。而刘邦善于用人，也能抑制个人的私欲，使百姓得以休养生息。这一条无疑是汉胜。

将孰有能　虽然当时韩信并不出名，但是个人能力远超陈馀，汉胜。不过在赵国看来，是赵胜。如果放在整个汉赵战争中，将领的总体素质还是汉胜。

天地孰得　赵国占据井陉口，得地利，加之平原防守也以城池为基础，赵胜。

法令孰行　这一条因为没有明确的记载，所以无法比较。不过在整个井陉口之战中，韩信的将令始终得到坚决执行；而在战役的最后，赵国的将领们即便开始斩杀逃兵，也没能阻止溃败。从这一对比来看，应该是汉胜。但是在井陉口之战初期，赵军并不认为自己在此方面存在劣势。

兵众孰强　如果从韩信的角度来看，显然是赵国的兵力更多。但如果考虑刘邦的主力，估计赵国还是处于劣势。

士卒孰练　这一条也没有明确的记载。同样依据双方在井陉口之战的实际表现来看,应该还是汉军略胜一等。如果扩大到整场战争,汉赵两军的平均水准可能差距并不大。

赏罚孰明 同样没有明确记载。从之后韩信厚待李左车的事例来看,应该还是汉胜。而且刘邦作为君主,应该也是当时各个诸侯王中赏赐最大方的一个。所以这一条还是汉胜。

	汉赵战争	井陉口之战	陈馀在汉赵战争的视角	陈馀在井陉口之战的视角
排除掉三条不能确定的因素	3∶1	2∶2	3∶1	1∶3
将那三条因素以均势判断(各0.5分)	4.5∶2.5	3.5∶3.5	4.5∶2.5	2.5∶4.5
根据推理得出的判断	5∶2	4∶3	5∶2	3∶4

根据"五事七计"分析汉赵两军的优劣势

从汉赵战争的整体情况而言,汉军占据绝对优势,赵军只有不大的地理优势。放到井陉口之战,韩信在兵力和地形上劣势极大,但胜算依然略高于赵军。而在陈馀的视角中,在总体一直处于劣势的情况下,只有面对韩信的战场有较大的优势。

若现在再来看赵军主帅陈馀与李左车的对话,就能明白为什么李左车的"正确建议"没有被采纳了。单就面对韩信而言,李左车的建议毫无疑问是正确的。如果用三万奇兵堵住韩信和张耳的退路,将他们困在井陉的盆地中,等到韩信的兵粮用尽,自然可以不战而胜。但是陈馀不采纳这种建议,不是因为这种策略不正确,而是在战略上面对南路汉军主力的攻城略地,陈馀根本就不愿意花费十天时间。而且此时的他应该已经清楚地意识到，韩信的部队远没有其军旗数量所显示的规模，而汉军的主力已经从南方发动进攻，韩信的部队只是一支兵力不多的诱饵而已。换句话说，此时的赵军已经被汉军"形"了，在整体战略上已经完全陷于被动。

韩信的部队兵力虽少，但是又不能放任不管。如果丢掉井陉口，赵军势必会遭到南北汉军的夹击。只守住井陉口也不妥当，因为韩信和张耳还可以北上代地。而东北的燕国与赵国向来不睦，如果赵国势弱，燕国很可能倒向汉王，从北方进攻赵国。要同时堵住东、北两个出口，至少要三四万人，那么自己的主力部队在回援时可能只有十万出头的兵力，并不足以对抗汉军主力。而且如果陈馀不能直接面对张耳的挑战，肯定不利于安定赵国人心——或许陈馀否决李左车的计策还有一个没有言明的原因，就是怕李左车带着这三万人投靠张耳。考虑到战后韩信对李左车褒奖有加，也不能排除李左车在意见被否决后主动联络韩信。

所以只要张耳和韩信的部队依然存在，那么陈馀就很难在整体战略上挽回被动的局面。因此，陈馀在战略上最好的策略就是先利用兵力优势快速歼灭距离近、兵力少的韩信部队，然后再向南救援襄国、邯郸等地。唯一的问题是，如果韩信不主动与他交战，而是停留在井陉的西部入口，在战略上陈馀反而会十分被动。故而在整个井陉口之战中，陈馀最希望做的就是全歼张耳、韩信的部队。

在之前对阵魏国和夏说的战争中，韩信虽然初露锋芒，但是还未受到特别重视。而少年时空富才华却四处受人奚落的他，急于建功立业,所以并不甘于仅仅充当"声东"的角色。好在作为主将的张耳年纪较大(大约是陈馀的父辈),人缘好,估计性情也比较温和,在军事方面对韩信十分信任,所以韩信才有机会实施自己的战略。

因此,让陈馀惊喜的事情发生了,张耳、韩信的军队竟然没有停留,也没有迂回,而是直奔井陉口而来。陈馀这时想的问题可能是,为什么韩信在兵力差距如此巨大的情况下还会选择主动进攻呢?也许他根本就不在乎这个问题。因为无论如何,陈馀必定不会放弃这个击败韩信、擒杀张耳的机会。

可惜,陈馀的战略正中韩信下怀。陈馀想速战速决,韩信就不必再担心粮草不济;陈馀想杀掉张耳,那在确定张耳过河以前,陈馀就不会主动进攻先渡河的部队,因此汉军就有了充足的时间来构筑河边阵地的防御工事;陈馀主动求战,韩信就可以利用这点让赵军劳师远攻;陈馀虽然知道汉军的大量军旗只是装装样子,但是赵军的普通士兵并不知道。

陈馀在井陉口之战中犯的错误确实不少。比如,看见韩信犯了背水为阵的大错,就忘了穷寇勿迫的大忌,忘了保持自己部队的体力,也没有侦察到韩信的别动队,等等。但最关键的问题还是,陈馀一直不知道,在自己的高级将领团队中,有人早就与张耳暗中联络了,自己的战略和部署早就被韩信知道得一清二楚。

所以韩信的诸多布置虽然巧妙,但是他的战略之所以能够成功,却是以张耳在赵国的声望为基础的。如果没有张耳,韩信既无法得知陈馀与李左车的机密对话,也不可能只用两千名骑兵轻松夺取敌营。虽然韩信的弃鼓旗与背水阵堪称典范,以疑兵击败赵军主力更近乎不可能之事，但是"背水奇迹"的功劳至少有一半要算在后来封为赵王的张耳身上。只不过这部分光环因为司马迁的个人好恶而略去了。

司马迁在《淮阴侯列传》中记载了这样一段对话。众将校验首级与俘虏，庆功完毕，有人问韩信："兵法说：'右倍山陵，前左水泽'。今天将军反而让我们背水列阵，还说打垮了赵军后一起大吃一顿，我们都不相信。结果竟然真的胜利了，这是什么战术啊？"韩信回答道："这也是兵法讲的，只是诸位没发现罢了。兵法不是说'陷之死地而后生，置之亡地而后存'吗？而且我之前和各位士大夫并不熟识，这就是常言所说的'让市民去打仗'。在这种情况下，如果不是在让大家为了自己拼命战斗的死地，而是在有活路的地方，那大家就都逃走了。这样一来，难道还可以打仗吗？"

原文"信非得素拊循士大夫也"一句，传统认为是在说士卒未经训练。这应该是一种误解。从整个井陉口之战的过程来看，士兵们对韩信的命令都是令行禁止，面对优势的敌军也不慌乱，并不是未经训练的表现。而且当时的身份观念还很强，不会将普通士兵称为"士大夫"。所以韩信的意思应该是："我以前身份低，手下又是刚收编的魏国降军，这些身份高的魏国军官不一定听我的。"因此，韩信就把这些松散的部队，投放到一个不得不团结一心的地方作战，这就是孙子所说的"携手若使一人，不得已也"。

然而，后人对这段话的解读只是单方面强调了背水阵的作用，而后人的后人又未加详尽的分析就信以为真，因此就不能得兵法全貌。结果自然就像孙子所说的，"人皆知我所以胜之形，而莫知吾所以制胜之形。故其战胜不复"。

历史战例详解二
多瑙河进行曲

1804年12月2日,拿破仑·波拿巴自行加冕为法国皇帝。他效仿古代的查理大帝,用自己的名字而不是姓氏称呼自己的帝国为"拿破仑帝国"。

虽然从名义上说,这是对革命的逆流。但不可否认的是,在《拿破仑法典》之下运行的法国仍是当时世界上最民主的国家之一。而对于经历了大革命之后的外部战争与内政混乱的普通法国人而言,还有什么比伟大的战争英雄拿破仑成为皇帝更能让人感到安定和自豪的事情呢?

1789年法国大革命爆发后,欧洲局势动荡不安,战争持续了多年。在这期间,年轻的拿破仑凭借其天才的军事才能为法国赢得了无数的胜利,并成为法国人民心中无可取代的英雄。只可惜拿破仑虽然在陆地上战无不胜,却对英国庞大的舰队毫无办法。双方虽然一度达成和解,但不久之后又重新开战。1805年初,拿破仑的大军团正集结在英吉利海峡沿岸待命,准备在法国海军战胜英国舰队后入侵英国本土。

1805 年 3 月，高傲的拿破仑进一步加冕自己为意大利皇帝。这个举动彻底激怒了神圣罗马帝国皇帝弗朗茨二世，因为北意大利此前一直是哈布斯堡王朝的势力范围。当然，感受到拿破仑威胁的并不仅仅是弗朗茨二世。拿破仑这个欧洲历史上首次打破世袭规则加冕的皇帝，同样令其他欧洲世袭君主感到威胁。

1805 年 7 月，奥地利和瑞典秘密加入第三次反法同盟。虽说并未公开，不过此时拿破仑已经察觉了奥地利态度的变化，并着手应对这场危机。

8 月底，奥地利的态度已经十分明朗。拿破仑送去最后通牒，要求奥地利终止备战状态。与此同时，拿破仑还希望通过将法军占领的汉诺威转交给普鲁士来避免其加入第三次反法同盟。9 月 3 日，弗朗茨二世拒绝了拿破仑的最后通牒，奥地利军队开始向南德意志拜仁公国（拜仁在德语中写作 Bayern，不过中文常根据英语 Bavaria 译作巴伐利亚）和意大利北部两个方向进军。意大利北部已经被哈布斯堡家族控制了近三百年，然而经历了两次反法战争的失败，奥地利几乎被完全驱逐出意大利。因此在这次战事中，奥地利最关心的就是重新夺回北意大利的控制权。于是奥地利将自己的军队分成两部分，主力部队约九万五千人由名将卡尔大公率领，向意大利北部进攻，意图击溃驻守在此的七万法军。另一支五万八千人的部队由斐迪南大公（名义上的司令）和老将麦克率领，首先入侵法国的盟友拜仁公国，并以多瑙河畔的乌尔姆为据点等待俄军的到来。俄军的先头部队约五万人由名将库图佐夫率领，预计在 10 月中旬就可以与乌尔姆的奥军会合——这应该比拿破仑到达的时间早三个星期。

不过他们并不知道，早在8月26日（弗朗茨二世拒绝最后通牒前一周），拿破仑就已经命令大军团从北部英吉利海峡沿岸向莱茵河方向转移——这是一场近二十万人跨越六百多公里的大行军。拿破仑的这次战略大转移不仅规模大、距离远，更为惊人的是其速度。除了距离指定地点八百多公里的第七军，其余部队均在二十多天里完成了六百多公里的行军，这比当时欧洲军队惯常的行军速度几乎快了一倍。9月26日，拿破仑的军队开始渡过莱茵河，比俄奥两国的将军们预计的早了近一个半月。

拿破仑的计划简单而直接——在俄军与奥军会师之前，首先占领奥地利的首都维也纳，迫使其退出战争，然后再应付俄国人。

庞大的法国军团没有直接奔向乌尔姆，而是悄悄从北面向东挺进，然后再向南渡过多瑙河，在麦克将军察觉之前就已经切断了他的退路。正所谓"善攻者，动于九天之上"。在两军交火之前，拿破仑就已经通过行军赢得了乌尔姆战役的胜利。于是在10月20日，拿破仑几乎兵不血刃地迫使全部奥军投降，只有少量奥军骑兵护送斐迪南大公逃出了重围——这还是因为拿破仑的妹夫缪拉元帅没有严格执行命令。缪拉虽然是勇猛的骑兵将领，但不够细致，缺乏足够的战略头脑。

虽然拿破仑初战取得了大胜，但是整体战略形势仍然对法军不利。奥军的南线主力部队犹存，而庞大的俄国部队也在步步逼近。于是经过短暂的休整之后，10月26日，拿破仑继续率军挺进维也纳。

此时库图佐夫率领的俄军先头部队刚刚进入拜仁公国。面对气势汹汹的二十多万（包含约五万南德意志盟军）敌军，库图佐夫知道自己只能选择撤退。但是法军的追击同样迅速，经过两次损失惨重的后卫阻击战后，库图佐夫和弗朗茨二世都意识到，俄国的后续部队与卡尔大公不可能赶在拿破仑之前抵达维也纳。所以库图佐夫没有选择撤往维也纳，而是早早渡过多瑙河，准备向北与俄军主力会合。在撤退的过程中，后卫部队在付出了巨大牺牲后，凭借几场精彩的阻击战成功阻挡住了法军前锋——其中一次漂亮的伏击战几乎全歼法军一个师。为了进一步阻止法军追击，库图佐夫在渡河后炸毁了多瑙河上的几乎所有桥梁。

看到库图佐夫败退，弗朗茨二世也慌忙带着最后几万名奥军士兵逃离维也纳，向北寻求俄军主力的庇护。不过他的行动太过慌忙——也可能是为了保护维也纳的市容市貌——维也纳市内的多瑙河大桥被完好无损地留给了拿破仑（也有说法称，奥军本想炸桥，但被迅速赶来的缪拉的骑兵军阻止）。

11月13日，缪拉的骑兵军率先进入维也纳，但是这令拿破仑极为愤怒。因为他给缪拉的命令是对俄军紧追不舍，而不是占领维也纳。不过维也纳终究是维也纳，除了完整的跨河大桥，大量的粮食库存与火炮弹药也成了拿破仑的囊中之物。

占领了维也纳的拿破仑开始重新调整大军团的部署，以开展新一轮行动。此时的拿破仑有两种战略选择：第一种是向北追击弗朗茨二世和库图佐夫，并迎战亚历山大一世率领的俄军主力，从而直接终结战争；第二种是首先南下击溃卡尔大公率领的奥地利主力，解除后顾之忧，然后再北上迎击俄军。由于卡尔大公受到法国意大利军团的阻挠而回军缓慢，短期内不能构成威胁，所以拿破仑毫不犹豫地选择前者。此外，另一个坏消息也迫使拿破仑不得不快速结束战争，那就是普鲁士可能加入反法联盟。

于是拿破仑做出了这样的部署：骑兵军继续北上追击；第三军、第四军和近卫军作为主力紧随其后，前往布吕恩（今捷克布尔诺）；第一军向西北方向前进，警戒从乌尔姆逃走的奥军残余部队；第二军和第六军在南面警戒卡尔大公的奥地利主力；第三军向维也纳东面的布拉提斯拉瓦推进，虚张声势地制造法军主力东进的假象；剩下的第七军担任交通线的警戒；而损失了一个师的第八军则留守维也纳。

当法军占领布尔诺时，弗朗茨二世和库图佐夫也在奥洛莫乌茨与亚历山大一世的俄军主力会合，并占据了地形有利的防御阵地。于是拿破仑率军返回布尔诺，法军与俄奥联军相隔六十公里对峙。

此时的俄奥联军内部就下一步战略产生了严重分歧。已经见识了拿破仑实力的库图佐夫与巴格拉季昂认为，应该保持防御，等待同俄国第三梯队会合，以及卡尔大公的部队回防，甚至等待普鲁士下决心加入反法同盟。如果拿破仑大举进攻，则应果断后撤避其锋芒。而奥军将领和俄军的青年军官们则认为，此时是击败拿破仑的大好时机。后一派的理由是，此时的法军因为千里行军已经疲惫不堪，且不得不为巩固后方而分散兵力，而俄奥联军则在兵力上拥有绝对优势，更何况这支俄军还是伟大的苏沃洛夫公爵调教出的劲旅。此时的俄奥联军拥有八万五千人，其中俄军五万二千人，奥军三万三千人，大炮二百七十八门。而法军只有五万三千人。与这些青年军官同样年轻的亚历山大一世支持后一种观点。11月27日，俄奥联军转守为攻。

11月28日，双方在一个捷克小村庄附近首次交锋，这个小村庄名为奥斯特利茨。在这场小规模战斗中，俄军骑兵击溃了法军，赢得了首胜。这场胜利让俄军的青年军官欣喜若狂。

可他们不知道，拿破仑同样如此。不过拿破仑比这些年轻人沉稳得多。他先命令前线部署的法军后撤，然后让自己的侍从武官担任特使，前往亚历山大一世的营地，准备商讨停战事宜。拿破仑还特别指示，请求沙皇同意与自己举行单独会晤，如果沙皇不愿意，就建议他派一名全权代表来法军大本营谈判。

拿破仑的示弱在俄军司令部内引起了热烈欢呼。本就斗志昂扬的青年军官更是热血上涌，仿佛此时自己已经赢得了战争。亚历山大一世虽然不像他们一般狂热，但也认为拿破仑如果不是万不得已，不会像这样低声下气。因此沙皇果断地回绝了拿破仑单独会见的要求，仅派了一名代表象征性地前去谈判——只是传达俄国的立场，并不打算达成协议。于是拿破仑又做了一番精彩的表演。他在傲慢的俄国代表面前，故意做出焦虑疲惫的样子，迟疑而又无可奈何地拒绝了俄国人的诸多苛刻要求。这个之后被拿破仑称为"轻浮之辈"的俄国年轻军官，"如实"将拿破仑的窘状报告给了沙皇。就这样，亚历山大一世也变得像青年军官一样信心满满，完全不理会老将军们的保守意见。虽然库图佐夫在名义上还是联军的总指挥，不过这位老将已经表现得事不关己了——据说他甚至在军事会议中打起了瞌睡。

如此一来，最害怕使战争长期化的拿破仑如愿以偿地"骗"来了他所期望的速战速决。"辞卑而益备者，进也。"如果此时俄军中有人读过《孙子兵法》，并用这句话警示俄国的青年军官，不知道他们能否冷静下来。

此时的法军在兵力上确实处于劣势。即便紧急调来第一军和第三军增援,法军的人数仍然少于俄奥联军,尤其是达武率领的第三军由于距离较远,还不知道能不能赶上决战。如果不算达武的第三军,此时拿破仑只有六万八千人,俄奥联军的兵力仍比法军多出近四分之一。

除了紧急调集增援,拿破仑还精心挑选了战场——奥斯特利茨村和布尔诺之间的丘陵地带。据说拿破仑在进军奥洛莫乌茨的途中经过该地区时就对身边的将军们说,他希望在这里打一仗。身为杰出将领的拿破仑对地形极为敏感。"夫地形者,兵之助也。"通过巧妙地利用地形,拿破仑相信自己麾下久经战阵的法军足以击败人数占优的敌军。

12月1日,两军进入战场,为第二天的决战做准备——这正是拿破仑加冕一周年的日子。当晚,拿破仑逐一视察部队。法军士兵以极大的热情表达着对这位皇帝的崇拜——数万名法军士兵将干草捆成的火把高举过头顶,照亮了整个夜空。火光之大使俄军误以为法军打算烧毁营地,连夜逃跑。

12月2日,士气高昂的法军和自信十足的俄奥联军进入预设的战场地。虽然很多俄奥联军士兵因为之前的撤退而衣衫褴褛——东拼西凑的奥军则更显混乱——但这丝毫没有动摇那些血气方刚的俄国青年军官。两军都是南北方向展开,法军在西侧处于防守状态,俄奥联军则从东面进攻。

奥斯特利茨战场的地形确实很有意思。战场总体而言北高南低。北面相对平坦,是通往布尔诺的大道,大路的更北面就是山地。战场的中间是普拉钦高地，高地的东西两侧都有溪流流过，并在其东南和南侧形成了几个颇具规模的池塘（一些文献将其称为湖）。所以说普拉钦高地的东南方向是绝对的易守难攻。如果法军占据普拉钦高地的话，那么联军的唯一进攻路线就是北面相对平坦的大道。这样一来会战就变成了单纯的防御战，拿破仑既没有多少战术运用（"出奇"）的空间，俄奥联军又有可能因为久攻不克而转入消极避战。于是拿破仑故意放弃了普拉钦高地——这个战术上拥有优势但在战略上却可能造成被动的战场制高点。

普拉钦高地虽然是战场的制高点，但并不是一个"完整的"制高点。制高点最重要的优势之一是开阔的视野，但是站在普拉钦高地上并不能够将周边情况一览无余——由于丘陵河谷造成的地势起伏，只要将部队部署在丘陵背后，普拉钦高地上的敌军就无法发现——而普拉钦高地的这个特点，正是拿破仑希望利用的。

12月2日清晨，俄奥联军理所当然地占据了普拉钦高地，整个部队浩浩荡荡地由北向南一字排开。北线的联军从大路向法军发动进攻，其主要任务是尽可能拖住北线的法军。中部的联军占据普拉钦高地。南线是联军的主攻方向，目的是从南面切断拿破仑向维也纳的退路，其首要目标就是攻占小溪东岸的塔尔尼兹村和西岸的索科尔尼兹村。还有包括沙皇近卫军在内的一部分俄军留在第二线充当预备队，随时准备支援一线的联军（也就是中国古代阵法中的"余奇"）。

由于联军的意图很容易猜到，所以拿破仑做出了针锋相对的战略部署：法军的主力部署在北线，第一线是拉纳的第五军和贝纳多特的第一军，共两万五千七百人，四十四门火炮，此处有一个小土丘可以作为屏障；缪拉的骑兵军七千四百骑、五千五百名近卫军士兵、五千七百人的掷弹兵师，以及二十四门大炮隐蔽在第一线后一点六公里的谷地中；法军的南线仅布置了苏尔特的第四军两万三千六百人和三十五门大炮负责守备两个小村，不过苏尔特还是将三分之二的兵力隐藏了起来。2日凌晨，达武的第三军的一个步兵师和一个骑兵师终于赶到，并在战场以南五公里处休整。这支部队在两天内急行军一百四十公里，不过代价十分巨大。步兵师原本有七千四百人，其中三千六百人中途掉队，最终抵达的只有步兵三千八百人和骑兵两千五百骑。拿破仑的部署与俄奥联军正相反。一旦联军的后备兵力意图从南线突破，拿破仑就可以用隐藏的优势兵力击溃联军的北线，然后从侧后方突击普拉钦高地，进而包围南线的联军。如果会战能够按照拿破仑的预想进行，这势必会是一场大胜。

可是在会战一开始，局势就出乎拿破仑的预料。

早7时，联军在冬季的大雾中发起进攻。作为南线先锋的奥军表现不佳，但是北线巴格拉季昂率领的俄国步兵和奥军近卫骑兵的进攻极为凶猛。这与双方最初的设想几乎完全相反——南线拥有三四倍兵力优势的联军竟然数次被法军击退，俄军一度占领了这两个村庄，但是达武的援军又迅速将其夺回。南线的法军虽然打得艰难，却使联军的攻势进展缓慢。而在北线，虽然法军在一线兵力上稍稍占优，但是奥地利骑兵对第五军的冲击使其不得不借助小丘才站稳脚跟，拿破仑甚至被迫提前动用隐藏的骑兵军才遏制敌方的攻势。

更加令人诧异的变化随后出现。上午9时左右，晨雾散去，拿破仑惊讶地发现普拉钦高地竟然只有少量部队驻守——这无疑是联军犯下的一个低级错误（中门大开）。拿破仑迅速命令埋伏在普拉钦高地正面的苏尔特的第四军两个师立即攻占普拉钦高地——普拉钦高地的正西面山脚下有一个小水塘，那里密布着干枯的芦苇丛，苏尔特将他的两个师埋伏在那里。（在很多叙述中，苏尔特的这一做法及之后率先夺取普拉钦高地的行动都出自拿破仑的命令，不过从战后拿破仑对苏尔特的夸赞中——拿破仑称赞他为"欧洲第一战术家"——可以猜测，这个埋伏极可能出自苏尔特之手。在苏尔特原本的任务中，他的第四军两万三千六百人至少要面对半数的俄奥联军的猛攻，即便加上达武的第三军增援的七千三百人也比敌军少一万人。理论上，他很难分出多余的兵力用于其他阵线。而且稍有军事常识的人都不会轻易放弃普拉钦高地——当其他战线需要增援时，正常的做法是将预备队投入战场，而不是调动战线上的其他部队。所以埋伏两个师就是打算偷袭普拉钦的说法其实并不可信。苏尔特埋伏在普拉钦高地西面的两个师，可能原本是为了防止俄奥联军从这个方向进攻，或是等南线联军突破防线后出其不意地从侧面袭击他们。而当拿破仑发现普拉钦高地防守空虚时，他不大可能直接命令苏尔特埋伏的两个师前往夺去高地，因为这就意味着南线仅有约一万五千名法军士兵，而对面是四五万名联军士兵。所以说，当时只有苏尔特本人才能确定自己有没有能力拿出两个师的兵力去夺取高地。毕竟如果南翼溃败，他便无法对此处的联军形成合围。后人总喜欢过分夸大某个天才英雄的丰功伟绩，而忽略周围人物的贡献。对于一年后的耶拿-奥尔施泰特会战，人们也喜欢夸耀耶拿会战，而忽略了更为传奇的奥尔施泰特会战,因为耶拿会战由拿破仑指挥,而奥尔施泰特会战则由达武指挥。)

苏尔特的部队虽然遇到小规模的埋伏,但还是迅速夺取了普拉钦高地。亚历山大一世似乎直到此时才意识到高地的重要性,此前正是他将驻守在此的部队派往南线。没有资料表明为什么亚历山大一世会下达这样的命令,也没有资料显示为什么没有人阻止或劝谏这样缺乏基本军事常识的行动。俄军司令部仿佛一片空白,直到大错铸成才如梦初醒,开始组织反击。俄军立即投入所有能够调集的兵力发动反击,包括精锐的俄国近卫军。南线的第二纵队也抽调部分兵力向北反攻。拿破仑派自己的近卫军和掷弹兵师增援普拉钦高地。双方的精锐部队在此地激战了两个小时,最终俄国近卫军败下阵来。11时30分左右,法军完全控制了普拉钦高地。

此时,南线数万名俄奥联军士兵被困在一个狭小的三角地带,西面是始终无法夺取的索科尔尼兹村,北面是被法军占领的普拉钦高地,身后则是沼泽冰湖——虽然在日后的作品经常称此为"湖",但是就其实际规模而言,只能算稍大的池塘。冬季结冻的河流湖泊虽然不再阻碍通行,但是对于需要排成线列的步兵和沉重的火炮而言,冰面依然是无法作战的不利地形。北线的法军在双方争夺高地时就已经转入反攻,中路的联军也丧失了作战能力,此时只剩下南线了。不过在遭到来自普拉钦高地的几轮炮击之后,南线的联军也迅速崩溃。大量士兵和拖拽火炮的马车向身后的冰湖逃跑,加之法军火炮的轰击,破碎的冰湖转眼变成了刺骨的地狱。无数士兵和马车落水——法军声称"冰湖吞噬了两万名联军士兵"——不过大多数士兵还是成功到达对岸,冻死的多是拖拽火炮的骡马。

至此,联军全面溃败。总司令库图佐夫不但负了伤,还差点被法军俘虏。就连亚历山大一世和弗朗茨二世这两位皇帝都和自己的侍从走散了。下午4时30分,天降小雪,拿破仑策马巡视战场,奥斯特利茨战役以法军的辉煌胜利告终。

奥斯特利茨战役中,联军损失了两万六千人,其中一万五千人战死,超过一万人被俘。此外还损失了一百八十六门大炮和四十五面团旗。法军只有一千三百零五人阵亡,六千九百四十人受伤,另有五百七十三人被俘,损失一面团旗。

12月4日,弗朗茨二世与拿破仑达成停战协议。5日,原本前来递交最后通牒的普鲁士大使向拿破仑取得的辉煌胜利表达了由衷的祝贺,并表示希望与法国结成同盟。拿破仑则半开玩笑地回答道:"命运女神把你祝贺的对象改变了。"此人因为反对同法国开战,所以拖延了十天才从柏林出发——好在如此,否则普鲁士就更尴尬了。12月27日,奥地利和法国签订《普雷斯堡和约》,成立不满半年的第三次反法同盟以失败告终。

回溯整个战争的过程,普拉钦高地的丢失无疑是导致俄奥联军最终惨败的直接原因。那为什么俄军会离开普拉钦高地呢?答案是为了增援南线的进攻。没错,南线的俄奥联军虽然拥有近三倍的兵力优势,却无法攻克那两个小村庄。这一幕在一年后的奥尔施泰特会战中重演。达武的第三军的两万四千五百名步兵、一千五百名骑兵,配备四十四门火炮,据守汉森豪森村,击退了六万人的普鲁士主力部队。法军的伤亡比例近四分之一,普鲁士军的损失同样接近这个比例。可以肯定,此时的法国士兵,无论在兵员素质还是战术上,都远胜其他欧洲强国的部队。法军的散兵战术更是让习惯在平原上列队作战的传统线列步兵吃尽了苦头——法军士兵隐蔽在墙壁和树木背后射击,既可以躲避枪弹,又可以对排列整齐的步兵造成重大杀伤。

由此看来,奥斯特利茨的辉煌胜利似乎与拿破仑的关系不大,这一大捷的最主要原因还是苏尔特和达武杰出的战术指挥和沙皇亚历山大一世犯下的低级错误。不过这样的评论其实忽略了拿破仑战略规划上的胜利。从整个战役的过程来看,奥斯特利茨会战的胜利只是一系列胜利之后必然的结果——"胜兵先胜而后求战,败兵先战而后求胜"。

首先是奥斯特利茨战场的选择,这个战场的中部普拉钦高地是"隘形",北边的大道是"通形",战场南线对于主动进攻的俄奥联军而言是标准的"挂形"——"挂形者,敌无备,出而胜之;敌若有备,出而不胜,难以返,不利"。法军据守小村是有备,联军出战不利则缺乏迂回包抄和向后退却的空间。"隘形者……盈而勿从,不盈而从之。"沙皇将普拉钦高地上的驻军调走,就是将其从"盈"的状态变为"不盈",法军自然可以将其夺取。法军夺取普拉钦高地之后,拿破仑调集全部预备队增援,所以虽然俄军的近卫军十分英勇,但最终还是没能夺回这个高地——"盈而勿从"。联军选择南翼作为主攻方向,这从战略规划上而言本是十分合理的。但是由于没有考虑地形因素,主攻反而在最不利的地形展开。相反,拿破仑则集中兵力于左翼的"通形",一旦形成突破便可从容包抄联军侧后。所以说,无论亚历山大一世是否犯错,整个会战的胜利拿破仑是十拿九稳的。"夫地形者,兵之助也。料敌制胜,计险易远近,上将之道也。"奥斯特利茨会战就是这句话的注脚。

"兵以诈立,以利动,以分合为变者也。"为了诱使联军在这个理想的战场与自己决战,拿破仑利用外交渠道进行了一连串欺诈——"故能而示之不能,用而示之不用"。这使沙皇相信此时的拿破仑因兵力分散已经陷入颓势,殊不知拿破仑的退却只是为了占据更有利的战场——"以利动"。会战之前的拿破仑确实兵力分散,但是合理的部署,以及法军优异的战略机动能力,使这些部队可以快速会合。拿破仑叫停奥洛莫乌茨的追击,以及第一军与第三军改变原有的作战目标迅速驰援主力,就是"以分合为变"。为了增强决战中的兵力,甚至连其他战线的零散敌军也可以暂时忽略——第一军驰援奥斯特利茨战场后,斐迪南大公的部队实际上处于"自由"状态。因为拿破仑很清楚,只要击溃敌军主力赢得全胜,就能够终结战争,次要战线上的劣势甚至危机都可以随之化解。

若是再往前看,拿破仑占领维也纳可谓"先夺其所爱""攻其所必救也"。要知道维也纳储备的丰富军用物资与补给,原本是为远道而来的俄军准备的。虽然没有资料显示此时的俄军已经面临后勤问题,但失去维也纳必然会干扰俄军的长期作战。

而且面对高歌猛进的法军,如果像库图佐夫等老将建议的那样暂时退却,俄军还没与法军交战,气势上就先输了一等。对于懂得"军有所不击"的老将而言,这样的选择自然可以接受。但是年轻的沙皇总是有些放不下的盛气。"君之所以患于军者三:不知军之不可以进而谓之进，不知军之不可以退而谓之退，是谓縻军；不知三军之事，而同三军之政者，则军士惑矣；不知三军之权，而同三军之任，则军士疑矣。"无论是在奥斯特利茨，还是一年后的耶拿，沙皇和普鲁士国王虽然不谙军事，却都随军出征，并成为军事上的最终决策者。而在他们做出决策之前，庞大的军队实际上处于没有指挥的状态。1806年之后，欧洲的君主们永久告别了一线战场——当然拿破仑本人是个例外，毕竟他首先是天才将领，然后才是法国皇帝。

如果再往前回溯，其实在乌尔姆战役之后，拿破仑就已经占据战争的胜势了。当时，拿破仑凭借法军高超的战略机动能力，在联军的兵力尚未聚集之时，就"乘人之不及，由不虞之道，攻其所不戒也"。这充分体现了"兵之情主速"，做到了"我专而敌分"，从而获得了"以碫投卵"的胜利。而且拿破仑在原本战略不利的情况下，果断选择战略进攻，逼迫敌方在自己的"散地"作战。从这种战略安排上看，一年之后的耶拿会战与其极为相似。在普鲁士的将军们还在激烈争论该从哪里进军时，拿破仑就已经开始他的迂回进攻了。拿破仑在战略上始终保持攻势，而在具体的两军会战之中，则尽可能利用地形进行战术防御，在取得战场上的优势以后，寻找机会通过反击夺取胜利。

除此之外，拿破仑的情报工作也做得很好。在大军团的士兵开进之前，他先命令各军的军长和参谋亲自考察行军路线和莱茵河可能的渡河地点。他也能够高效而准确地把握各国的政治立场，无论是奥地利的暗中备战，还是普鲁士的左右摇摆。反观俄奥联军，直到法军杀到面前时，他们才知晓法军从什么地方进攻，投入了多少兵力。"明君贤将,所以动而胜人,成功出于众者,先知也。"

拿破仑在给弟弟的信中有这样一句话:"战争的全部艺术就是一个非常合理而十分慎重的防御,继之以一个迅速而大胆的进攻。"虽然并没有证据表明拿破仑读过《孙子兵法》,但他的基本战略思想和孙子的"先为不可胜,以待敌之可胜",以及"立于不败之地,而不失敌之败也"不谋而合。这更证明了这些原则具有的普遍价值。

1805年的奥斯特利茨会战和1806年的耶拿-奥尔施塔特会战,无论在战略还是战术上,都可谓拿破仑的巅峰杰作。抵达了巅峰,意味着后面就是下坡路。乌尔姆大捷的第二天,拿破仑就收到了法国舰队在特拉法加海战中被彻底击败的消息。事实证明,法国不可能在短时间内撼动英国人在海上的传统霸权——这种霸权不仅仅建立在军舰的数量上,更重要的是建在士兵的素质和军官的能力上。

然而,先后击败奥地利、普鲁士和俄罗斯这些传统强国之后,拿破仑想到了逼迫英国妥协的新方法——大陆封锁政策。1807年6月,拿破仑在波兰击败俄军,并与亚历山大一世签订了和约。随后在11月,拿破仑颁布了著名的《柏林敕令》,其主旨是任何欧陆国家不得与英国开展贸易或旅行,没收英国在欧洲大陆诸国拥有的所有资产。这显然是希望通过"不战而屈人之兵"的经济手段来代替入侵英国的军事手段。可惜的是,欧洲很多国家都和英国有巨大的贸易利益,自然不愿意轻易与英国断绝关系。于是为了逼迫他们遵守禁令,拿破仑不得不用军事手段来实现自己的目的——用更多的"战"来实现"不战而屈人之兵",这样的做法定然不会有好的结果。

首先公开拒绝拿破仑的是葡萄牙，于是拿破仑派兵征讨。不过要出征葡萄牙就要借道西班牙。恰好在 1808 年 3 月，60 岁的西班牙国王卡洛斯四世退位，他的儿子费迪南七世继位。拿破仑却凭借法国在西班牙的军队，强行将自己的哥哥约瑟夫扶上了西班牙王位。该举动引发了西班牙大规模叛乱。而英国则打着支援起义的旗号，登陆西班牙与法军作战。这场旷日持久的半岛战争一直持续到拿破仑退位，并严重损耗了法国的军力。

随着时间的推移，其他被逼遵从《柏林敕令》的国家在经济上的损失越来越大，不可避免地对法国的强权产生了不满情绪。于是俄国在 1811 年重新与英国联合对抗拿破仑，这就导致了 1812 年法国远征莫斯科。虽然在战略原则上，这种做法与早年的直取维也纳类似，但是俄罗斯的国土太过广袤，无论是在进军还是后撤的漫长行军中，法军都遭受了巨大损失。而库图佐夫成功劝沙皇放弃莫斯科后，拿破仑力图"先夺其所爱"的兵锋反如泥牛入海，全然失去了着力方向，结果没能换回俄罗斯的屈服，反倒弄得"钝兵挫锐，屈力殚货"。

此后，拿破仑再也没能组织起一支足以和整个欧洲抗衡的强大军队。同时，在拿破仑的"指导"下，各国的陆军也开始大刀阔斧地改革。无论是战斗力，还是军官的战略战术素养，都得到大幅提升。其后，拿破仑先败于莱比锡，再败于滑铁卢，最终被流放到圣赫勒拿岛度过余生。"是故不争天下之交，不养天下之权，伸己之私，威加于敌，故其城可拔，其国可隳"。

拿破仑军事生涯的顶点是其事业的转捩点，但也是现代军事思想的起点。克劳塞维茨与约米尼利用在拿破仑战争期间取得的军事经验,结合过往的战争史,写成了《战争论》和《战争艺术》两部著作。前者是理性的科学,后者是感性的艺术。两者共同成为西方现代军事思想的基石。